初级财务会计(第3版)

主　编　朱振东　赵士娇　陈思灼
副主编　高　虹　李尚越　朱洪春阳
　　　　赵立夫　赵珂琳　刘瑀瑶

北京理工大学出版社
BEIJING INSTITUTE OF TECHNOLOGY PRESS

内容简介

本教材以《会计法》为准绳、以《企业会计准则》和《企业会计制度》为依据,全面系统地阐述了会计的基本理论、基本方法和会计核算程序。其中,着重介绍了会计核算的各种专门方法,又概括性地阐述了会计相关指标分析及会计工作管理,由浅入深、循序渐进地让初学者熟悉和掌握会计基础知识。本教材的内容包括总论、会计科目与账户、复式记账法、借贷记账法的应用、账户的分类、会计凭证、会计账簿、财产清查、账务处理程序、财务会计报告、财务分析指标、会计工作管理。

本教材着重体现了应用型本科教育的特色,突出了实用性和可操作性,既可作为高等院校会计学、财务管理、金融学、审计学等专业以及其他经济管理类专业的会计学基础课程的教材;同时,也可作为从事会计工作相关人员的参考用书,并对会计人员培训和自学有着辅导作用。

版权专有　侵权必究

图书在版编目（CIP）数据

初级财务会计 / 朱振东, 赵士娇, 陈思灼主编. -- 3 版. -- 北京：北京理工大学出版社, 2021.11
　ISBN 978-7-5763-0692-7

Ⅰ. ①初⋯ Ⅱ. ①朱⋯ ②赵⋯ ③陈⋯ Ⅲ. ①财务会计-高等学校-教材 Ⅳ. ①F234.4

中国版本图书馆 CIP 数据核字（2021）第 231506 号

出版发行 /	北京理工大学出版社有限责任公司
社　　址 /	北京市海淀区中关村南大街 5 号
邮　　编 /	100081
电　　话 /	（010）68914775（总编室）
	（010）82562903（教材售后服务热线）
	（010）68944723（其他图书服务热线）
网　　址 /	http：//www.bitpress.com.cn
经　　销 /	全国各地新华书店
印　　刷 /	涿州市新华印刷有限公司
开　　本 /	787 毫米×1092 毫米　1/16
印　　张 /	16.75
字　　数 /	469 千字
版　　次 /	2021 年 11 月第 3 版　2021 年 11 月第 1 次印刷
定　　价 /	89.00 元

责任编辑 / 王俊洁
文案编辑 / 王俊洁
责任校对 / 刘亚男
责任印制 / 李志强

图书出现印装质量问题,请拨打售后服务热线,本社负责调换

第1版前言

　　初级财务会计是会计学科体系的重要组成部分，是会计学、财务管理等专业的基础课程。为了适应现代市场经济发展，满足21世纪会计教学与实务操作的需要，让更多喜爱经济、特别是喜爱会计工作的人员能尽快地熟悉会计的基本知识和基本理论，掌握会计核算的基本方法和会计实践操作技能，我们特以《企业会计准则》《企业会计制度》为依据，本着厚基础、宽口径、重技能的学习思路编写了这本应用性较强的《初级财务会计》教材。

　　本教材以基本理论为先导，以实践技能为重点，根据相关的法律、法规、政策、制度，本着必须、够用的原则，比较系统地阐述了会计的基本理论、基本方法和基本操作技能，突出强调初学者的动手能力。本教材在每章前简明地介绍了学习内容，在每章后又编排了思考题和各种类型的练习题，其目的在于指导初学者通过本教材的学习，增强理论与实践的结合，为未来专业会计的学习和实际工作打下较为坚实的基础。

　　本教材编写具有以下主要特点：

　　（1）适时更新内容，突出案例解读。本教材依据新的会计准则、会计制度，以及近年来出台的会计法规、政策等更新内容，通过经典案例帮助初学者掌握会计理论和会计方法。

　　（2）体系安排合理，结构设计严谨。本教材按照会计核算专门方法，从设置科目、复式记账、填制凭证、登记账簿、成本计算、财产清查到编制报表，由浅入深、层层递进，层次清晰紧凑。

　　（3）理论联系实际，实践巩固理论。本教材理论阐述本着必要、够用的原则，语言清晰、简明，且注重在实践中的具体运用；练习题型丰富，内容全面，有助于学生对会计理论的消化理解。

　　本教材由朱振东、尹桂凤、吴安平担任主编，由吴安平兼任主审，卢珊、赵立夫担任副主编，参编者包括王悦、李尚越、唐定芬。本教材编写具体分工如下：朱振东编写第四章、第十章、第十一章、内容简介及前言，尹桂凤编写第一章、第八章，吴安平编写第六章，王悦编写第二章，卢珊编写第三章、第五章，李尚越编写第七章，唐定芬编写第九章，赵立夫编写第十二章。初稿完成后，由吴安平对全书进行了审阅，最后由朱振东负责总纂、定稿。

本教材在规划、编写过程中参阅了大量相关的专著、教材、论文等文献资料，吸取了其中的宝贵经验，在此谨向各位有关编著者表示真诚的谢意。

由于作者水平所限，本教材在体系和内容方面难免存在缺陷甚至是错误，恳请专家、学者和读者给予批评指正。

执笔　朱振东

第3版前言

"初级财务会计"是经济、管理类学科专业课程中重要的专业基础课程之一，作为从事或将要从事财务会计、财务管理、金融等工作的人员，必须熟悉、掌握会计的基本理论和基本核算方法，同时也为其他会计知识的进一步学习奠定理论基础。

《初级财务会计》第2版继第1版出版后，在长春科技学院高职学院及建筑学院的会计、财务管理、工商管理、金融学、农林经济管理、国际经济与贸易等专业使用，用于初级财务会计的教学，并受到了广大读者的一致好评。为了完善教材内容，使其更加紧密地联系目前经济发展状况，解决使用过程中部分章节层次不够清晰等问题，我们开展了对《初级财务会计》一书的修订工作。本教材既可作为普通高等院校经济、管理类专业的基础课程教学用书，也可作为相关工作人员的自学参考用书。

《初级财务会计》（第3版）继承了第2版概念准确、理论系统、文字简练、重点突出的特点，更加注重理论性与实践性的结合，也更加注重教材的适用性。首先，根据2021版《企业会计准则——应用指南》相关内容的变化，更新了第2版教材中的陈旧知识，使教材内容更加前沿化、系统化；其次，更新了教材中的大部分例题数据，使读者在掌握会计基础理论及会计核算方法的同时，能够加深对财务会计实际工作内容的了解；最后，更新了部分课后习题，方便读者检验学习情况，也方便教师教学使用。

《初级财务会计》（第3版）教材由朱振东、赵士娇、陈思灼担任主编，高虹、李尚越、朱洪春阳、赵立夫、赵珂琳、刘瑀瑶担任副主编。本教材编写具体分工如下：朱振东编写第一章、第十章；赵士娇编写第七章、第八章；陈思灼编写第三章、第五章；高虹编写第九章；李尚越编写第四章；朱洪春阳编写第六章；赵立夫编写第二章；赵珂琳编写第十一章；刘瑀瑶编写第十二章。最后由朱振东完成审稿、总纂、定稿。

由于编者水平所限，本教材在体系、结构及内容方面难免还存在缺陷或不足，恳请专家、学者和读者给予批评指正。

执笔　朱振东

目 录

第一章 总论 (1)
- 第一节 会计的意义 (1)
- 第二节 会计对象与会计要素 (8)
- 第三节 会计核算的基本准则 (14)
- 第四节 会计方法体系 (17)
- 第五节 会计确认与计量 (18)
- 复习思考题 (20)
- 综合练习题 (20)

第二章 会计科目与账户 (23)
- 第一节 会计科目 (23)
- 第二节 账户 (27)
- 复习思考题 (29)
- 综合练习题 (29)

第三章 复式记账法 (32)
- 第一节 复式记账原理 (32)
- 第二节 借贷记账法 (34)
- 第三节 借贷记账法的试算平衡 (42)
- 复习思考题 (44)
- 综合练习题 (44)

第四章 借贷记账法的应用 (50)
- 第一节 资金筹集的核算 (51)
- 第二节 供应过程的核算 (54)
- 第三节 生产过程的核算 (61)
- 第四节 销售过程的核算 (66)
- 第五节 财务成果的核算 (70)

第六节　资金退出的核算 …………………………………………… (77)
　　复习思考题 …………………………………………………………… (78)
　　综合练习题 …………………………………………………………… (79)

第五章　账户的分类 …………………………………………………… (87)
　　第一节　账户分类概述 ……………………………………………… (87)
　　第二节　账户按经济内容分类 ……………………………………… (88)
　　第三节　账户按用途和结构分类 …………………………………… (90)
　　第四节　账户的其他分类 …………………………………………… (101)
　　复习思考题 …………………………………………………………… (102)
　　综合练习题 …………………………………………………………… (102)

第六章　会计凭证 ……………………………………………………… (106)
　　第一节　会计凭证的种类和意义 …………………………………… (106)
　　第二节　原始凭证 …………………………………………………… (107)
　　第三节　记账凭证 …………………………………………………… (113)
　　第四节　会计凭证的传递与保管 …………………………………… (117)
　　复习思考题 …………………………………………………………… (119)
　　综合练习题 …………………………………………………………… (119)

第七章　会计账簿 ……………………………………………………… (123)
　　第一节　会计账簿的意义和种类 …………………………………… (123)
　　第二节　会计账簿的设置和登记 …………………………………… (126)
　　第三节　会计账簿的登记规则 ……………………………………… (131)
　　第四节　对账和结账 ………………………………………………… (134)
　　第五节　会计账簿的更换与保管 …………………………………… (136)
　　复习思考题 …………………………………………………………… (137)
　　综合练习题 …………………………………………………………… (137)

第八章　财产清查 ……………………………………………………… (141)
　　第一节　财产清查概述 ……………………………………………… (141)
　　第二节　财产清查的方法 …………………………………………… (144)
　　第三节　财产清查结果的账务处理 ………………………………… (148)
　　复习思考题 …………………………………………………………… (154)
　　综合练习题 …………………………………………………………… (155)

第九章　账务处理程序 ………………………………………………… (159)
　　第一节　账务处理程序概述 ………………………………………… (159)
　　第二节　记账凭证账务处理程序 …………………………………… (160)
　　第三节　科目汇总表账务处理程序 ………………………………… (190)
　　第四节　汇总记账凭证账务处理程序 ……………………………… (198)
　　复习思考题 …………………………………………………………… (200)
　　综合练习题 …………………………………………………………… (200)

第十章　财务会计报告 …… (205)
 第一节　财务会计报告概述 …… (205)
 第二节　资产负债表 …… (209)
 第三节　利润表 …… (215)
 第四节　现金流量表 …… (221)
 第五节　所有者权益变动表 …… (229)
 第六节　财务报表附注 …… (232)
 复习思考题 …… (233)
 综合练习题 …… (233)

第十一章　财务分析指标 …… (238)
 第一节　财务资料分析的作用 …… (238)
 第二节　财务资料分析的常用指标 …… (239)
 复习思考题 …… (246)
 综合练习题 …… (246)

第十二章　会计工作管理 …… (248)
 第一节　会计工作管理体制 …… (248)
 第二节　会计工作组织形式 …… (251)
 第三节　会计档案管理 …… (252)
 复习思考题 …… (255)
 综合练习题 …… (256)

参考文献 …… (258)

第一章

总 论

本章内容提示

本章从认识会计的产生与发展开始，要求学生应了解会计在社会历史发展进程中所具有的经济意义及目标；熟悉会计的概念、对象、要素，以及基本职能；理解会计信息质量要求、会计要素的计量基础及会计的确认与计量原则；掌握会计等式的原理、会计核算的基本前提，以及会计核算的专门方法体系，为全面学习初级财务会计打下良好的基础。本章包括的内容：会计的意义、会计对象与会计要素、会计核算的基本准则、会计方法体系及会计确认与计量。

第一节 会计的意义

一、会计的产生及发展

会计作为经济管理的组成部分，是人们对生产活动进行组织和管理的客观需求。它是为了适应社会生产实践和经济管理的客观需要而产生的，并随着社会生产的发展而发展。

（一）会计的产生

物质资料的生产是人类社会赖以生存和发展的基础。人类为了谋求生存，必须取得吃、穿、住等各种物质资料，人类为了获取这些物质资料，总是关心自己的生产劳动。无论是个人还是社会，都特别注意劳动的成果。

商品的价值量是由社会的必要劳动时间来决定的，而劳动总量又是有限的。人们为了维持生存和发展，总是力求以尽可能少的劳动消耗，获得尽可能多的劳动成果。为达到这一目的，并不断地提高经济效益，就必须对物质资料的再生产过程进行必要的管理和控制。这就需要对再生产过程中所发生的人力、物力消耗和劳动成果进行观察、计量、记录、计算、对比、分析，借以掌握整个生产过程和结果，以反馈信息，指导和管理生产，促进生产的进一步发展。这样，就产生了会计。也就是说，会计产生的基本前提是社会生产实践活动。

（二）会计的发展

会计起源于生产实践，是人们对生产实践的经验总结。正因为如此，会计的产生和发展，就必须同人们组织和管理生产的客观需要相联系，并且随着社会经济的发展而发展。纵观会计的发展历史，它经历了一个从低级到高级、从简单到复杂、从盲目到科学、从片面到完善的发展过程。会计的这个发展过程大致经过了三个阶段。

1. 古代会计（1494年以前）

古代会计，从时间上划分，一般是指15世纪（1494年）以前的会计。这一历史阶段由于生产力较低，商品经济不发达，会计的发展也比较缓慢。最初，会计只是生产职能的附带部分，即在生产活动之外，附带地把收入、支出等记载下来。随着生产力的发展，出现了剩余产品和社会化生产，会计才作为一项单独的工作从生产职能中分离出来，成为特殊的、由专人从事的独立职能。这一时期会计特有的方法尚未形成，会计还没有形成一门独立的学科。

2. 近代会计

大约在12—14世纪期间，由于资本主义商业发展很快，意大利等地中海沿岸的一些国家城市的商业和金融业特别繁荣。日益发展的商业、金融业，要求不断改进和提高已经流行于这些城市的记账法。为了满足经济发展的实际需要，在1494年，意大利数学家卢卡·帕乔利在他的著作《算术、几何、比与比例概要》一书中系统地介绍了复式记账法，并给予其理论上的阐述。复式记账理论的提出，是近代会计发展的主要标志，它的产生是一个划时代的革命，是会计发展史上的第一个里程碑，标志着会计由古代会计进入近代会计。

复式记账法不仅是一种会计记录方法，更重要的是它提供了一系列科学的会计学观念，并构建了以日记账、分类账和总账三种账簿为基础的会计制度。随着借贷记账法在工业企业中的应用，折旧、资本与收益的划分、成本计算、定期报告与报表审计制度都发展起来了，这些内容的不断完备使会计成为一门独立的学科。

18世纪末至19世纪初，英国工业革命促使英国经济领先世界其他国家和地区，股份有限公司的出现带动查账公司的出现，产生了职业会计师并出现了注册会计师协会。从此，扩大了会计的服务对象，发展了会计的核算内容，会计的作用获得了社会的承认。因此，可以说股份公司的出现和注册会计师协会的成立，是会计发展史上的第二个里程碑。

3. 现代会计

20世纪50年代，资本主义经济发展迅速，市场竞争日趋激烈，对会计提出了更高的要求。在一些科学技术和工业比较发达的资本主义国家，现代数学方法和电子计算机进入了会计领域，会计手工操作逐步转变为电子计算机操作，使会计技术达到了一个新水平。此外，随着科学技术的突飞猛进，生产社会化程度的不断提高，以所有权与经营权相分离为特征的股份公司经济组织得到迅速发展。基于企业所有者和经营者的不同需求，以及为了达到加强企业内部管理、降低成本、提高竞争能力、获取最大利润等目的，企业会计必须加强成本管理和预算管理，为企业经营者提供更为及时准确的会计信息。这样，管理会计就从企业会计中分离出来，形成了财务会计和管理会计两大分支。

财务会计，主要侧重于向企业外部信息使用者提供有关企业财务状况、经营成果和现金流量等情况的信息，其反映的是企业过去已经发生的信息，为外部有关各方提供所需数据资料。

管理会计，主要侧重于向企业内部管理者提供进行经营规划、经营管理、预测决策所需的相关信息，其反映的是企业未来的信息，为企业内部管理部门提供所需的数据资料。

现代管理会计的诞生和发展是近代会计走向现代会计的重要标志，是会计发展史上的第三个里程碑。

（三）我国会计的发展历史

1. 远古会计

在我国上古时期，就有"结绳记事（数）""刻竹作书"的简单会计。根据史学家考证，远在公元前21世纪，我国原始氏族公社在甲骨卜辞中就有狩猎禽兽的数量记载，这是我国会计登记的最初雏形，这种简单的会计，反映出它与自然的关系。随着剩余产品的增多和私有制的产生，社会出现了阶级，会计由原来的管理、考核劳动时间和劳动成果的工具，变成了为统治阶级利益服务的工具，这时的会计又与生产关系的变革相联系。

2. 西周时期

根据古书记载，我国早在西周时，就专门设置了管理全国钱、粮、税负的官吏，并对会计核算制度、方法等做了有关规定。当时，在周朝设置了掌管王朝财政经济收支全面核算的官吏，即"司书"和"司会"。"司书"是记账的，主要负责对财务收支进行登记；"司会"主要负责对记账者进行监督。

3. 秦汉时期

到了秦汉以后，会计和统计开始分别在不同账册上处理。处理会计的账册叫"簿"，处理统计的账册称为"籍"，从而出现了名为"簿书"的账册，成为我国账簿的雏形。

4. 唐宋时期

到了宋朝，会计的发展日趋完善，在计算技术和账簿组织方面，都积累了丰富的经验，发明了"四柱清册法"。这种方法起初用于寺庙，后来经整理改进用于官府、衙门办理钱粮报销和移交手续等。这种方法的实质是：将一定时期内的钱粮收支分为四部分，即"旧管""新收""开除"和"实在"。可用公式表示为：旧管+新收=开除+实在，这一公式是对"四柱清册法"的总结，也适用于现在管钱管物的账簿结账关系。

该方法一直沿用到今天，既可检查日常记录，又可分类汇总日常收支，对日常收支可起到系统、全面、综合反映的作用。它的运用，是我国会计方法的一次重大发展，使会计工作有了一个比较连续、系统的记录，它是我国古代会计科学取得优异成绩的显著标志，在我国会计发展史上占有重要的地位。

5. 明末清初

明末清初，商业和手工业更加趋向繁荣，我国会计已经开始以货币作为统一的计量单位，并出现了以四柱为基础的"龙门账"，使用该方法时，把全部账目划分为"进""缴""存""该"四大类，相互之间的关系可用"进-缴=存-该"表示。其中，"进"指全部收入；"缴"指全部支出；"存"指全部资产；"该"指全部负债（包括业主投资）。设"总清账"分类进行记录，在计算盈亏方面属于双轨计算。

年末分别编制"进缴表"和"存该表"，两表盈亏数相等，称为"合龙门"。龙门账的

"进缴表"和"存该表"相当于现今会计的资产负债表和利润表。这些是我国传统会计的精华，是中国对世界会计的特殊贡献。

6. 民国时期

由于资本主义经济的发展，西方的借贷记账法、股份制企业、上市公司等在中国逐步推进，中式会计便逐渐被西方记账方法所替代。

7. 中华人民共和国成立以后

中华人民共和国成立以后，我国会计的发展经历了一个曲折的过程。20世纪50年代，在高度集中的计划经济体制下，经济形式统一，企业生产经营的各项活动都被国家严格控制，国家下达生产计划，配备人员进行投资，并供应原料与设备，最终包销产品、收缴利润。会计核算仅仅是记账、算账和报账，其管理职能没有全面发挥。

改革开放之后，我国进入市场经济时期，国家在会计领域进行了一系列重大变革，使会计在经济管理中的地位不断提升。1985年颁布的《中华人民共和国会计法》（以下简称《会计法》），它是调整我国经济生活中会计关系的法律规范，更是会计法律制度中层次最高的法律规范；是制定其他会计法规的依据和指导会计工作的最高准则。1992年，按照社会主义市场经济的要求，我国对会计模式进行重大改革，颁布了与国际惯例接轨的《中华人民共和国企业会计准则》（以下简称《企业会计准则》）和《中华人民共和国企业财务通则》（以下简称《企业财务通则》）。2001年实施全新的《中华人民共和国企业会计制度》（以下简称《企业会计制度》），统一和规范各行业的会计核算口径。2002年和2005年又在《企业会计制度》基础上进行调整，实施了《中华人民共和国金融企业会计制度》（以下简称《金融企业会计制度》）和《中华人民共和国小企业会计制度》（以下简称《小企业会计制度》），简化和规范了小规模企业的会计核算方法，促进了小企业的健康发展。

2006年又出台了新的《企业会计准则》（含1个基本准则和38个具体准则），更加强调"年度内"的核算，实现了我国会计准则体系与国际财务报告准则的趋同，并于2007年1月1日起在上市公司中执行，同时也鼓励其他企业使用。

综上所述，在其产生之初，会计主要作为一种记录行为存在。随着经济的发展与社会的进步，科学技术的日新月异，特别是资本市场的建立与发展，会计对社会经济的信息作用与控制功能日益显现。就功能而言，现代会计已经发展成集信息与控制功能于一体的现代管理学科。其中，以提供企业（或其他经济组织）经济信息为目的的会计为信息会计，以实现经济控制功能为目的的会计为控制会计。从控制功能发生效应的范围来看，控制会计又可分为微观与宏观两个层面的分支学科。其中，以实现微观企业（或其他经济组织）经济控制功能为目的的会计为微观控制会计，以实现宏观经济控制功能为目的的会计为宏观控制会计。

（1）信息会计学——会计学。会计学是以提供经济信息为目的的会计，主要运用于微观企业及其他微观经济组织。对于微观企业而言，会计是一个信息系统，其目的是为企业内、外的使用者提供决策有用的经济信息。依据会计系统所提供的会计信息的内容不同，企业会计分为财务会计与管理会计。

管理会计是对内提供信息的会计；财务会计是对外提供信息的会计，是对传统会计的继承与发展。

现代财务会计学主要研究会计目标、会计准则、会计要素、会计方法、会计行为（如确认、计量等)、会计报告、会计环境等问题。现代财务会计学主要包括初级、中级和高级财务会计学等内容。其中，初级财务会计学主要研究会计确认、计量、记录和报告的基本原理与基本方法；中级财务会计学主要以特定经济实体为对象阐述其正常经济交易或事项的确认、计量、记录和报告的具体方法；高级财务会计学则主要阐述企业特殊的经济交易、事项或特殊企业的经济交易事项的确认、计量、记录和报告的具体方法。

(2) 微观控制会计学——企业财务学。微观控制会计学的目的在于实现微观企业(或其他经济组织) 经济活动特别是财务活动的有效控制，因此，通常被称为企业财务学或企业财务管理学。财务管理(即"理财") 是企业财务的主要职责，其内容主要包括控制企业财务活动、协调企业财务关系、合理配置企业财务资源。

财务管理以微观企业为研究对象，主要研究市场经济环境中作为市场主体的企业的筹资、投资、分配等行为的控制与优化问题，其内容主要包括企业的投融资、资产、成本、收益管理和财务评价等。

(3) 宏观控制会计学——审计学。审计学是现代会计的控制功能向宏观经济管理层面的延伸，主要体现在政府审计控制和注册会计师审计控制两个方面。

政府审计控制是政府通过审计方法对整个国家的经济资源进行合理配置，对整个国民经济活动实施有效控制。其控制是由政府审计机关来完成的，主要是对政府预算资金使用的合法性和有效性进行控制。

注册会计师审计控制是对企业特别是上市公司财务报告信息质量所实施的控制，其目的是维护资本市场正常运转的基础。

二、会计的职能、含义与目标

(一) 会计的职能

会计的职能是指会计在经济管理中具有的客观功能。它是伴随着会计的产生而同时产生的，也必将随着会计的发展而发展。正确认识会计职能，对于正确提出会计工作应担负的任务，确定会计人员的职责和权限，充分发挥会计工作应有的作用十分重要。

中华人民共和国成立初期，最普遍的提法是把"观念的总结"理解为"反映"，把"过程的控制"理解为"监督"，即会计的职能为"反映和监督"。进入 20 世纪 80 年代，我国将经济建设纳入重要日程，为了加强经济核算，提高经济效益，会计在经济管理中的地位和作用得到重视，人们对会计职能有了进一步的认识，普遍将会计职能表述为"核算和监督"。因为"核算"比"反映"更具广泛的含义，不仅有记账、算账、报账的含义，还有审核的含义，核算不仅包括事后核算，还包括事中和事前核算。

我国《会计法》规定："会计机构、会计人员依照本法规定进行会计核算，实行会计监督。"即会计具有核算和监督两大基本职能。

1. 会计核算职能

会计核算职能是会计的首要职能，是指会计通过确认、计量、记录和报告等环节，从数量方面反映企业单位已经发生或已经完成的各项经济活动，并通过记账、算账和报账等核算工作，为经济管理提供会计信息的功能。它是会计最基本的职能。会计核算职能具有以下特点：

(1) 利用价值指标从数量上反映经济活动。会计以货币为主要计量单位，综合记录、核算各企事业单位的经济活动情况，为信息使用者提供必要的会计信息。各单位进行会计核算常用的计量单位有实物量度、劳动量度和货币量度三种，其中货币体现的价值计量是一种综合计量，它可以将不同性质的经济资源统一起来并加以计量和比较，以便为信息使用者及时、快捷地提供有用信息。

（2）综合反映会计主体正在或已经完成的经济活动。传统的会计反映职能强调事后核算，仅限于记录和核算已经发生的经济活动。这种核算是根据已经发生的和完成的经济业务所取得的书面凭证进行记录，原始数据具有真实性和可验证性，以保证所提供的会计信息真实可靠。但是，随着社会经济的发展，经济活动日趋复杂，各单位经济管理对会计的要求越来越高。会计仅限于事后的记账、算账和报账已明显不够，特别是在信息化社会条件下，会计的核算职能逐渐发展为事前、事中和事后核算。

（3）会计核算具有全面性、连续性、系统性。会计核算具有全面性、连续性、系统性等特点，有利于全面掌握经济活动的情况，考核经济效果。"全面地反映"是指对会计主体发生的经济活动，必须反映它的全部内容。凡是发生的经济业务，都应加以全面记录，不能有所遗漏。"连续地反映"是指对经济业务的记录必须按业务发生的时间顺序进行连续不间断的记录与核算。"系统地反映"是指对会计要素按科学的方法进行分类，采用复式记账的方法进行相互关联的系统加工、整理和汇总，以便分门别类地提供管理上所需要的会计信息。只有这样，才能提供连续、系统、完整的会计信息。计算机等信息技术在会计核算中的应用，不仅提高了会计工作的效率和质量，还能根据实际需要为经济管理提供实时的、动态的会计信息资料。

2. 会计监督职能

会计监督职能也称为会计控制职能，是指利用会计核算所提供的信息，根据国家的法律、法规和制度，对会计主体经济活动的真实性、合理性和合法性进行的检查。

会计监督职能有以下特点：

（1）会计监督具有强制性和严肃性。会计监督是依据国家有关的政策、法令、制度对经济活动进行监督。我国《会计法》赋予了会计机构和会计人员监督的权利，监督者必须恪尽职守；同时也规定了监督者的法律责任，必须严格遵守。

（2）会计监督具有连续性。社会再生产过程不间断，会计核算就要不断地进行下去，在整个过程中，始终离不开会计监督。各会计主体每发生一笔经济业务，都要通过会计进行反映，在反映的同时，还要审查它们是否符合法律、制度、规定和计划。

（3）会计监督具有完整性。会计监督主要是利用价值指标，对企事业单位的财务活动进行事前、事中和事后监督，即对每一特定会计主体的财务活动进行分析、预测、控制和考评，确保资金运营顺畅、控制合理、经营成果良好、财产安全。具体来看，事前监督是指在过程之初，对计划的预测、合同合法性及合理性的核查、原始凭证真实性的核实等；事中监督是指在过程之中对计划、预算执行所做的控制；事后监督是指在过程之后，对会计资料所做的分析检查、总结评价。

3. 会计核算和会计监督的关系

会计的两大基本职能相辅相成，辩证统一。会计核算是进行会计监督的基础，没有正确、完整的经济活动数据资料，会计监督就没有依据。同时，会计监督又是保障会计核算资料真实、正确的必要手段。如果只有会计核算而不进行会计监督，会计核算就失去了意义。

（二）会计的含义

当代会计界对会计的认识主要有两种最具代表性的观点：一种是管理活动论，另一种是信息系统论。持管理活动论观点的人认为，会计的本质是一种经济管理活动。会计是以货币为主要计量单位，通过专门方法，对企业、事业和行政单位的经济活动进行连续、系统、全面、综合的核算和监督，借以加强经济管理、提高经济效益，它既是经济管理的工具，又是经济管理的重要组成部分。持信息系统论观点的人认为，会计的本质应理解为一个经济信息系统。因为会计工作的目标是报出会计报表，人们了解一个单位，首先可以通过它的会计报表获取信息，可见，会计是以提供财务信息为主的经济信息系统，特别对于一个上市公司而言，财务会计报告就是企业经营的晴雨表，人们可以通过对报表的理解进行自己的决策和判断，因而会计又称为"企业语言"。

管理活动论和信息系统论这两种学术观点虽然不同，但两者并不矛盾，提供信息本身就是管理活动的一个至关重要的组成部分。通常情况下，我们可以把会计定义如下：

会计是以货币为主要计量单位，以凭证为依据，运用专门的核算方法，对再生产过程的资金运动进行全面、连续、系统的核算和监督，并为有关方面提供财务信息的一种经济管理活动。这一定义概括了会计的对象、职能和特点。

1. 会计的对象

会计的对象是再生产过程中的资金及资金运动。企业的生产活动具有周而复始的鲜明特征，而会计只对其资金及资金运动进行核算。

2. 会计的职能

会计的基本职能是核算和监督，此外还有预测、决策、控制和分析等扩展职能。

3. 会计的特点

（1）以货币为主要的计量单位。在经济管理活动中，计量单位有实物计量（如吨、度、立方等）、劳动计量（如工时、台班等）和货币计量（如人民币、美元、欧元等），而这三种计量中只有货币计量具有综合性，能够全面反映经济活动的全过程。当然，会计核算中也不排除其他的计量方式。

（2）以真实、合法的凭证为依据。

（3）运用专门的技术和方法对各单位经济活动进行连续、系统、全面、综合的反映和监督。

（三）会计的目标

会计的目标也称会计目的，是指会计工作所要达到的终极目的——向会计信息使用者提供对决策有用的信息。

具体地讲，会计的目标是向会计报告使用者提供与企业财务状况、经营成果和现金流量等有关的会计信息，反映企业管理层受托责任的履行情况，有助于财务会计报告使用者做出经济决策。

企业管理层和外部信息使用者之间存在信息不对称的情况，财务会计作为对外报告的会计，通过向外部会计信息使用者提供有用的信息，帮助财务报告使用者做出相关的决策。同时，因企业管理层经营管理企业的资产基本上是投资者投入或向债权人借入的，因此，投资者和债权人需要及时或经常性地了解企业管理层保管、使用资产的情况，以便评价企业管理层受托责任的履行情况和工作业绩的完成情况。

会计对其主体的经济活动进行核算,提供反映其主体经济活动的信息,因此,研究我国会计的目标主要涉及两方面的内容。

1. 会计信息的使用者

会计信息的使用者主要包括投资者、债权人、政府及其有关部门(如财政、税务、审计、检察院)和社会公众等。会计需要为国家宏观管理和调控提供会计信息,为企业内部经营管理提供会计信息,为企业外部各有关方面提供会计信息。

2. 会计信息使用者需要对决策有用的信息

为了使信息使用者正确做出相关决策,会计所提供的信息一定要对决策有用。会计信息主要有三个方面:一是反映企业特定时点财务状况的信息;二是反映企业特定会计期间经营成果的信息;三是反映企业特定会计期间现金流量的信息。

第二节 会计对象与会计要素

一、会计对象

会计的对象是会计核算和监督的内容,是指能用货币表现的经济活动,即资金及资金运动。会计并不能核算和监督社会再生产过程中的全部经济活动,而只能核算和监督再生产过程中可以用货币表现的内容。货币作为衡量其他商品价值的一般等价物,其首要职能是价值尺度,即以自身价值为统一尺度来衡量其他商品的价值。

由于各单位的性质不同,其资金来源也不尽相同,表现出的资金运动方式也各有特点。

行政单位的资金来自国家财政拨款,属于非偿还性资金,其资金运动的方式为直线式,只要做到收支平衡即可。事业单位的资金有一部分是国家财政拨款,另一部分是事业性收费,如学校收取的学费、医疗机构收取的医疗费等,其资金运动方式也是直线式,达到收支平衡。企业是以追求利润为目的的营利性经济组织,为了所从事的生产和销售活动,必须拥有一定数量的资金。企业资金运动方式为循环周转式,其资金运动表现为资金投入、资金运用和资金退出三个过程。下面以制造业企业为例来说明企业的资金运动及过程。

(一)资金处于相对静止状态,表现为资产、负债和所有者权益的统一

资产反映的是资金作为价值的物质承担者的具体存在形态,具体包括房屋、建筑物、机器设备等固定资产,货币资金、应收账款、存货等流动资产;负债和所有者权益反映的是资金所体现的经济关系,具体包括短期借款、应付职工薪酬、应付账款、长期借款、应付债券,以及实收资本、资本公积、盈余公积和本年利润等。因此,任何单位在任何情况下,从数量关系上看,全部资产总额与负债及所有者权益总额必然总是恒等的。所以有"资产总额=负债总额+所有者权益总额"。

(二)资金处于显著运动状态,表现为资金投入、资金使用和资金退出

资金投入,即所有者投入形成的所有者权益和债权人投入形成的债权人权益;资金在企业内部的运用,即资金循环和周转;资金退出,即偿还债务和上交税金等。

二、会计要素

会计要素是在会计基本前提的基础上,对会计对象进行的基本分类,是会计对象的具体化,是用于反映会计主体财务状况、确定经营成果的基本单位。

我国会计准则规定,会计要素包括资产、负债、所有者权益、收入、费用和利润,这六大会计要素又可分为两大类。

一是反映财务状况的会计要素,又称资产负债表要素。财务状况反映企业在一定日期的资产和权益情况,是资金运动相对静止状态的表现,是构成资产负债表的基本单位,包括资产、负债和所有者权益。

二是反映经营成果的会计要素,又称利润表要素。经营成果是反映企业一定时期从事生产经营活动所取得的最终成果,是资金运动的显著变动状态的主要表现,是构成利润表的基本单位,包括收入、费用和利润。

(一) 资产

1. 资产的定义

资产是指由过去的交易或事项形成,并由企业拥有或控制的,预期会给企业带来未来经济利益的经济资源。资产可以具有实物形态,如房屋、机器设备、库存现金、商品和材料等,也可没有实物形态,如以债权形态出现的应收款项,以及特殊权利形态出现的商标权、土地使用权等无形资产。

2. 资产的分类

资产按其流动性可分为流动资产和非流动资产。

(1) 流动资产,是指企业可以在一年内或超过一年的一个营业周期内变现或者耗用的资产。包括库存现金、银行存款、其他货币资金、交易性金融资产、应收及预付款项、存货等。

(2) 非流动资产,是指企业在一年或超过一年的一个营业周期以上变现或者耗用的资产。包括长期股权投资、长期应收款、投资性房地产、固定资产、无形资产、长期待摊费用等。

3. 资产的特征

(1) 资产是由企业过去的交易或事项所形成的。资产是现实的资产,不能是预期资产,未来的交易或事项可能的结果不能确认为资产。

(2) 资产是企业拥有或控制的。一般情况下,一项资产予以确认,企业必须对其拥有所有权(即产权)。特殊情况下,企业虽然不拥有产权,但可以实际控制,按"实质重于形式"原则的要求,也将其作为资产予以确认,如融资租入固定资产。

(3) 资产预期会给企业带来经济利益。资产具有交换和使用价值,可给企业带来净现金流入。不能带来未来经济利益的,只能作为费用或损失。同样,企业已经取得的某项资产,如果其内含的未来经济利益已经不复存在,就应该将其剔除,如待处理财产损失或库存已失效或已损失的存货,它们已经不能给企业带来未来经济利益,就不应再作为资产。

4. 资产的确认条件

将一项资源确认为资产,首先应符合资产的定义,其次应同时满足以下两个条件:

（1）与该资源有关的经济利益很可能流入企业。
（2）该资源的成本或价值能够可靠地计量。

（二）负债

1. 负债的定义

负债是指企业由过去的交易或事项所形成的，预期会导致经济利益流出企业的现有义务。

2. 负债的分类

负债按其流动性可分为流动负债和长期负债。

（1）流动负债，是指偿还期限在一年或者超过一年的一个营业周期内的债务。包括短期借款、应付票据、应付账款、预收账款、应付职工薪酬、应交税费、应付利润等。

（2）长期负债，是指偿还期限在一年或者超过一年的一个营业周期以上的债务。包括长期借款、应付债券、长期应付款、预计负债等。

3. 负债的特征

（1）负债是由过去的交易或事项形成的现时义务，将来必须清偿。未来的交易或事项将产生的结果不能确认为负债。

（2）履行该义务会导致经济利益流出企业。

4. 负债的确认条件

将一项义务确认为负债，首先应符合负债的定义，其次应同时满足以下两个条件：

（1）与该义务有关的经济利益很可能流出企业。

（2）未来流出的经济利益的金额能够可靠地计量。

（三）所有者权益

1. 所有者权益的定义

所有者权益是指企业资产扣除负债后由所有者享有的剩余权益，它是投资人对企业净资产的索取权或要求权。

2. 所有者权益的来源

（1）投资者投入的资本，包括构成企业注册资本的实收资本和投入资本超过注册资本的资本公积。

（2）留存收益，是指企业历年实现的净利润留存于企业的部分，主要包括盈余公积和未分配利润等。

3. 所有者权益的特征

（1）除非发生减资、清算或分派现金股利，企业不需要偿还所有者权益。

（2）企业清算时，只有在清偿所有的负债后，所有者才能得到剩余权益。

（3）所有者凭借所有者权益能够参与利润分配。

4. 所有者权益的确认条件

由于所有者权益体现的是所有者在企业中的剩余权益，因此，所有者权益的确认主要依赖资产和负债的确认；所有者权益的金额主要取决于资产和负债的计量。

（四）收入

1. 收入的定义

收入是指企业在日常活动中形成的，会导致所有者权益增加的，与所有者投入资本无关的经济利益的总流入。收入包括销售商品收入、劳务收入、利息收入、使用费收入、租金收入、股利收入等，但不包括为第三方或客户代收的款项。

2. 收入的分类

按企业经营业务的主次不同，收入分为主营业务收入、其他业务收入和投资收益。

（1）主营业务收入，一般是指营业执照注明的主营业务所取得的收入。

（2）其他业务收入，一般是指营业执照注明的兼营业务所取得的收入。

（3）投资收益，一般是指对外投资所取得的收益。

3. 收入的特征

（1）收入是企业在日常活动中形成的。偶发的交易或事项产生的资金流入，只能形成利得。

（2）收入的取得应当导致经济利益的流入。即收入可能表现为资产的增加或负债的减少，或两者兼而有之。收入最终能导致所有者权益的增加。

（3）所有者投入的资本不是收入。

4. 收入的确认条件

（1）与收入相关的经济利益很可能流入企业。

（2）经济利益流入企业的结果会导致企业资产的增加或者负债的减少。

（3）经济利益的流入额能够可靠地计量。

（五）费用

1. 费用的定义

费用是指企业在日常活动中发生的，会导致所有者权益减少的，与向所有者分配利润无关的经济利益的总流出。费用与收入是相对应的概念，是企业为取得收入而付出的代价，其本质是资产的转化形式，是对企业资产的消耗。

2. 费用的分类

费用按其经济用途不同，可分为生产成本和期间费用。生产成本包括直接材料、直接人工、其他直接费用和制造费用，期间费用包括管理费用、财务费用和销售费用。

3. 费用的特征

（1）费用应当是企业在日常活动中发生的各项支出。如日常经营中的职工薪酬、折旧费、管理费用等，不包括偶发的损失。

（2）费用的发生会导致经济利益的流出。费用可能表现为资产的减少或负债的增加，或两者兼而有之。

（3）费用最终能导致所有者权益的减少，但导致企业所有者权益减少的经济利益流出中，需排除向投资者分配的利润。比如，用银行存款购买材料属于资产有增有减，用银行存款偿还贷款属于负债减少,都不是企业的费用,没有使所有者权益减少。

4. 费用的确认条件

(1) 与费用相关的经济利益很可能流出企业。

(2) 经济利益流出企业的结果会导致企业资产的减少或负债的增加。

(3) 经济利益的流出额能够可靠地计量。

(六) 利润

1. 利润的定义

利润是企业在一定会计期间内的经营成果,是企业在一定会计期间内实现的收入减去费用后的净额。因此,也可以说利润是一个特定的会计概念,是通过会计方法计算出来的企业在一定期间内生产经营的财务成果,是收入与费用相抵后的盈余。

2. 利润的构成

利润包括收入减去费用后的净额、直接计入当期利润的利得和损失等。其中,收入减费用后的净额反映的是企业日常经营活动的业绩;直接计入当期利润的利得和损失,反映的是企业非日常经营活动的业绩,是指应当计入当期损益、最终会引起所有者权益发生增减变动、但与所有者投入资本或向所有者分配利润无关的利得和损失。利润的构成包括营业利润、利润总额和净利润。

3. 利润的确认条件

利润反映的是收入减费用、利得减损失的净额,因此,利润的确认主要依赖收入、费用、利得、损失的确认;利润金额的计量主要取决于收入、费用、利得、损失金额的计量。

三、会计恒等式

(一) 会计恒等式的表现形式

一个企业的资产与权益是两个不同的方面,是从两个不同角度观察和分析的结果。债权人和投资者将其拥有的资本供给企业使用,对于企业运用这些资本所获得的各项资产就相对地享有一种索取权,即为相应的权益。资产与权益是相互依存的,有一定数额的资产,必然有相应数额的权益,反之亦然。所以,在数量上,任何一个企业拥有的资产与权益的总额必定相等,可用数学等式来表示资产与权益的关系:

$$资产 = 权益$$

$$资产 = 负债 + 所有者权益$$

"资产=负债+所有者权益"等式又称会计恒等式,它概括地将会计对象公式化了。该等式反映了企业任何一个时点资产的分布及其构成,同时也反映了企业资金的相对静止状态,因此,也称为静态等式。

企业实现的收入总是要扣除费用计算利润的,因此,收入、费用和利润三个要素间也存在着稳定的等式关系,可表述为:

$$收入 - 费用 = 利润$$

该等式反映了企业在某一会计期间资产是如何利用、回收及增值资金这一动态过程的,因此，也称为动态等式。

期末，将计算出的利润进行分配后，剩余的利润仍归所有者享有，并转入所有者权益。因此，可以将上述两个会计公式结合起来，形成会计的扩展等式：

$$资产=负债+所有者权益+（收入-费用）$$
$$资产+费用=负债+所有者权益+收入$$

会计等式是各会计主体设置会计账户或会计科目、复式记账、编制会计报表的理论依据。它是会计核算的基石，具有极其重要的意义。

（二）会计等式的恒等性

会计要素之间存在着数量相等关系，即资产=负债+所有者权益。首先应明确，等式两边的情况不论如何变化，都不会影响会计等式的恒等关系。在会计实务中，影响会计等式的经济业务有四种类型：等式两方等额增加；等式两方等额减少；等式左方资产项目内部有增有减，增减金额相等；等式右方权益项目内部有增有减，增减金额相等。对于等式两边的会计要素来说，它们的每一种变化都意味着经济业务的发生，下面我们用实例来验证某企业发生的经济业务是否对会计等式产生影响。

1. 等式两方等额增加

企业购买材料花费20 000元，货款未付。该项业务的发生，一方面使企业资产方的原材料货款增加了20 000元，另一方面也使企业负债方的应付账款增加了20 000元。会计等式两方的项目等额增加了20 000元，所以会计等式的恒等性不变。

2. 等式两方等额减少

用银行存款归还前欠货款26 000元。该项业务的发生，一方面使企业资产方的银行存款减少了26 000元，另一方面也使企业负债方的应付账款减少了26 000元。会计等式两方的项目等额减少了26 000元，所以会计等式的恒等性不变。

3. 等式左方资产项目内部有增有减，增减金额相等

提现1 000元备用。该项业务的发生，一方面使企业资产方的库存现金增加了1 000元，另一方面也使企业资产方的银行存款减少了1 000元。会计等式左方的资产项目内部一增一减1 000元，所以会计等式的恒等性不变。

4. 等式右方权益项目内部有增有减，增减金额相等

用银行借款归还前欠货款15 000元。该项业务的发生，一方面使企业负债方的短期借款增加了15 000元，另一方面也使企业负债方的应付账款减少了15 000元。会计等式右方的负债项目内部一增一减15 000元，所以会计等式的恒等性不变。

企业以资本公积100 000元转增资本。该项业务的发生，一方面使企业所有者权益中的实收资本增加了100 000元，另一方面也使企业所有者权益中的资本公积减少了100 000元。会计等式右方的所有者权益项目内部一增一减100 000元，所以会计等式的恒等性不变。

尽管企业的经济业务错综复杂，使得会计要素不断发生增减变化，但变动的情况不外乎以上四种类型，因此，不论企业在何时何处发生经济业务，都不会影响会计等式的恒等性。

第三节　会计核算的基本准则

一、会计核算基本的前提

会计核算的基本前提是会计人员对会计核算所处的变化不定的环境做出的合理判断，是企业进行会计确认、记录、计量和报告的前提条件，也称基本假设。会计基本假设包括会计主体、持续经营、会计分期和货币计量。

（一）会计主体

会计主体是会计为之服务的特定单位。它为会计主体界定了会计确认、记录、计量和报告的空间范围。它可以是一个企业，也可以是一个企业的某一特定部分；可以是一个独立的法律实体（即法人），也可以是非法律实体；可以是一个营利组织，也可以是一个非营利组织。

企业应当对其本身发生的交易或事项进行会计确认、记录、计量和报告，主要包括以下内容：

（1）会计为之服务的应是一个独立从事生产经营活动、自负盈亏的经济实体。不发生经济业务的单位不构成会计主体，企业内部的某个核算单位也不是严格意义上的会计主体。

（2）每个会计主体要与其他会计主体相区别，并独立于它的所有者之外。

（3）法律主体一定是会计主体，但会计主体不一定是法律主体。例如，甲公司投资乙公司3 000万元，拥有乙公司60%的表决权资本，则甲、乙公司形成母子公司关系。甲公司和乙公司均为独立的会计主体，但为了全面反映甲、乙公司组成的企业集团整体的财务状况和经营成果等，就需要将企业集团作为会计主体编制合并财务报表。但甲、乙公司组成的企业集团并不是一个独立的法律主体。

（二）持续经营

持续经营是指会计主体的生产经营活动无限期地延续下去，在可以预见的未来，会计主体不会因为清算、倒闭、解散而不复存在，是一种时间上的界定。一旦企业进入破产清算，则不适用常规的会计核算方法。

持续经营的假定为会计主体按照既定的用途使用资产，按照既定的合约条款清偿债务，会计人员选择会计政策和估计方法为企业计提折旧，采用权责发生制进行核算等奠定了基础。

例如，某公司建造厂房，预计使用寿命20年，考虑到该公司将会持续经营下去并且不少于20年，所以公司可以合理地预见该固定资产将长期发挥作用，服务于生产经营过程。因此，可以采用恰当的折旧方法，将该固定资产的成本分摊到各个会计期间。

（三）会计分期

会计分期是指人为地将会计主体持续不断的经营活动分割成一个个首尾相接、等间距的会计期间，据以结算账目，编制财务会计报告，从而及时向有关各方面提供反映经营成果和财务状况及现金流量的会计信息。

企业将持续不断的生产经营活动进行会计核算，划分出段落和层次，合理划分会计期间,以便计算期间损益,并在期末定期提供有关企业财务状况和经营成果方面的信息。

分期核算有三层含义。

(1) 分期核算的要求。即会计核算应当划分会计期间,分期结算账目和编制财务会计报告。

(2) 会计期间的界定。会计期间可分为会计年度和会计中期,会计年度为公历1月1日至12月31日;会计中期是指短于一个完整会计年度的报告期间,包括半年度、季度和月度。

(3) 时间概念的界定。即会计期末为月末、季末和年末。

(四) 货币计量

货币计量是指会计主体在会计核算中以货币为主要计量单位,记录、反映会计主体的经营活动。在货币计量的前提下,包括三层含义。

(1) 以货币为主要计量单位对经济业务进行确认、记录、计量和报告的核算。

(2) 选定某一币种作为记账本位币,即作为日常登记会计账簿和编制财务会计报表时所使用的价值尺度。

(3) 假定币值稳定。会计核算中很少考虑客观存在的通货膨胀或通货紧缩的因素。

会计核算的四个基本前提是有先后顺序的,即首先有空间范围的规定,设定了某个会计主体单位,然后假设该单位永远存在,而在其持续不断的生产经营过程中进行人为的时间上的分割,定期结账和报账,而记账、算账、报账采用货币计量的方式。

二、会计信息质量要求

会计信息质量要求实际上是在会计基本假设基础上针对会计报表的质量提出的规范性要求。

(一) 可靠性原则

企业会计核算应当以实际发生的交易或事项为依据,如实反映企业的财务状况、经营成果和现金流量。报出的会计信息内容真实、项目完整、资料可靠、保持中立,杜绝会计信息失真。提供虚假财务会计报告的相关人,包括企业法人代表要承担法律责任。在投资者与企业经营者之间,因为所有权与经营权相分离,要求财务会计报告保持中立,如实反映,同时报表的数据信息具有可验证性。

(二) 相关性原则

相关性即有用性,企业提供的会计信息应当能够反映企业的财务状况、经营成果和现金流量,以满足会计报告使用者的经济决策需要。财务会计报告使用者依据自己的立场对报表中的会计信息进行评判,做出相应的经济决策。报表信息应具有预测价值、反馈价值和及时性等功能。

(三) 可理解性原则

可理解性原则是要求企业提供的会计信息应当清晰明了,便于理解和使用,让一般文化水平的各界人士都能读懂报表。

(四) 可比性原则

1. 纵向可比

同一企业不同时期发生的相同或相似的交易或事项,应当采用一致的会计政策,不得随意变更；确需变更的，应在附注中说明，即纵向可比。其目的是分析企业发展的趋势。

2. 横向可比

不同企业发生的相同或相似的交易或事项，应当采用规定的会计政策，确保会计信息口径一致、相互可比，即横向可比。其目的是为国家宏观经济调控提供基础数据资料。

（五）实质重于形式原则

企业应当按照交易或事项的经济实质进行会计核算，而不应当仅仅将它们的法律形式作为会计核算的依据，如融资租入固定资产、售后回购、售后回租等业务。其目的是保证会计核算信息与客观经济事实相符。在财务会计报告中，融资租入的固定资产被当作企业的固定资产列示。

（六）重要性原则

企业在会计核算过程中对交易或事项应当区别其重要程度，采用不同的核算方式。就项目的性质和金额大小两方面判断其对财务会计报告使用者经济决策的影响，有较大影响的会计事项应充分反映。

（七）谨慎性原则

企业在进行会计核算时，不得多计资产或收益，少计负债或费用，不得计提秘密准备。企业在经营过程中有很多不确定的因素和风险，为使企业生产经营保持稳定，会计人员应坚持谨慎保守的工作作风，如为应收款项计提坏账准备，为各项资产计提减值准备等，避免损失发生时影响企业正常生产经营活动。

（八）及时性原则

会计信息具有时效性，企业对已经发生的交易或事项，应当及时进行会计确认、记录、计量和报告，不得提前或延后。

三、会计核算基础

（一）会计核算基础

我国会计实务中存在权责发生制和收付实现制两种会计核算基础。

企业的会计核算必须采用权责发生制，即以本期实际发生的业务为标准来确定本期收益和费用的方法。凡是在本期实际发生的收益与费用，不论其款项是否在本期收到或付出，都作为本期的收益和费用处理；反之，凡不是在本期发生的收益和费用，即使其款项是在本期收到或付出，也不作为本期的收益和费用处理。

权责发生制讲究的是同一会计期间的收入与其费用相配比，目的在于合理确定各期的财务成果。

收付实现制则是以本期实际收到或付出的现金为标准，来确认本期收益和费用的方法。该核算基础目前主要在政府行政单位采用。

（二）记账方法

企业发生的经济业务一律采用借贷记账法登记入账。

记账文字使用中文作为会计记录文字；少数民族地区除使用中文外，还可以同时使用当地通用的一种民族文字；境内的外商投资企业、外国企业和其他外国组织的会计记录，可以同时使用一种外国文字。

按现行制度规定，我国企业一般以人民币为记账本位币；业务收支以外币为主的，也可以外币为记账本位币，但编制的会计报表必须折算为人民币；境外企业以当地的法定货币为记账本位币，向国内报送会计报表时，应折算为人民币。

第四节 会计方法体系

一、会计方法

会计方法是指执行和完成会计任务所采用的方法。会计由会计核算、会计分析和会计检查三部分组成。其中，会计核算是基础，基础会计和中、高级财务会计都是会计核算的内容，而财务管理、管理会计则注重会计分析，审计属于会计检查，它们是在会计核算基础上的延续与发展。基于上述会计内容，其会计方法包括会计核算方法、会计分析方法和会计检查方法。

二、会计核算方法

所谓会计核算方法，是指对会计对象进行连续、系统、完整的记录、计算、反映和监督所应用的具体方法。主要包括设置会计科目、复式记账、填制和审核会计凭证、登记账簿、成本计算、财产清查和编制财务会计报告。本书是以会计核算的主要方法为要点展开阐述的。

（一）设置会计科目

会计科目是指对会计对象的具体内容分门别类地进行核算和监督所规定的项目。会计人员根据本单位管理的需要和经济内容的特点设置会计科目，并按照会计科目开设账户，取得核算指标，进行记录、计量和计算。会计科目是会计人员对单位经济业务进行核算的"武器"。

（二）复式记账

复式记账是指对发生的每一项经济业务，均以相等的金额在相互联系的两个或两个以上账户中进行登记的方法。采用复式记账可清晰地反映经济业务的来龙去脉和资金运动的全过程。

（三）填制和审核会计凭证

会计凭证是指记录经济业务发生、明确经济责任的书面证明，是登记账簿的依据。填制和审核会计凭证是以会计凭证为记账依据，保证会计记录真实、完整、可靠，审查经济活动是否合理、合法的一种专门方法，是会计工作的首要步骤。

（四）登记账簿

登记账簿是指会计人员根据审核无误的会计凭证，在账簿中进行完整、连续、系统的登记的方法，是承上启下的中心环节。

（五）成本计算

成本计算是指按照一定的成本计算对象，把生产经营过程中的费用进行归集，以确定各成本计算对象总成本和单位成本的一种专门方法。

(六) 财产清查

财产清查是指通过对货币资金、实物资产和往来款项进行盘点和核对,以确定其实存数与账存数是否相符的一种专门方法。其目的是保证会计核算资料的真实性和正确性。

(七) 编制财务会计报告

财务会计报告是指定期总结单位在一定时期内的经济活动过程和结果的书面报告,是会计工作的目标和总结。

会计核算的七种方法相互联系、密切配合,共同构成了一个完整的会计方法体系。当会计主体经济业务发生时,首先要根据业务内容取得或填制会计凭证并加以审核,并根据审核无误的会计凭证,运用复式记账法在账簿中进行连续、系统、全面的登记和核算。月末,根据生产过程中发生的各项费用以及各种需要确定成本构成的业务,进行成本计算,对凭证、账簿记录要通过财产清查加以核实。通过财产清查在保证账证、账账和账实相符的基础上编制财务会计报告。会计核算方法之间的联系如图1-1所示。

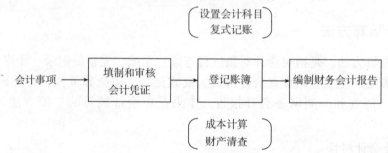

图1-1 会计核算方法之间的联系

第五节 会计确认与计量

会计确认、计量的结果不仅通过会计记录反映,而且包括在会计记录中。即在会计处理过程中,并没有单独划分出确认、计量阶段,确认和计量融合在会计记录的各种具体方法之中。

将经济信息转换成会计信息是一个极为复杂的过程。因此,会计作为一项有序管理活动,要想把企业日常发生的大量经济业务加工制作成会计信息,并提供给有关使用者,必须做到两点:一是大量经济业务只有按一定的标准或规定确认之后,才允许进入会计核算系统进行加工;二是已经进入会计核算系统的信息要作为有用的信息输出,输出的信息又必须再一次经过确认,才能保证其有效性。

确认是会计核算的基础,会计确认的核心问题是会计计量,即只有能够按一定的规则量化的会计信息,才能进行确认;反之,则不能确认。如企业签订的购销合同、职工的构成、设备利用情况等不能用货币表现的经济业务,就不能进行确认。会计对经济业务进行确认、计量的目的,是为管理活动提供有用的、正确的会计信息,要实现这一目的,就需要借助会计报告。

一、会计确认

所谓会计确认，是指按照规定的标准和方法，辨认和确定经济信息是否作为会计信息进行正式记录并列入财务报表的过程。会计处理过程实质上是一个信息变换、加工和传输的过程，会计确认是信息变换的关键环节。会计确认通常包括初次确认和再次确认。

（一）初次确认

初次确认实际上是将经济信息转换为会计信息，并进入会计核算系统的筛选过程，即初次确认要解决会计记录的问题。初次确认实质上就是确认经济业务能否用货币计量，能用货币计量的经济信息就可以转换为会计信息，就能成为会计核算的对象。通过初次确认可以保证会计信息的真实性。

（二）再次确认

再次确认是指对会计核算系统输出的经过加工的会计信息的确认，即根据管理者的需要，对初次确认的账簿资料进行继续加工、浓缩、提炼，或加以扩充、重新归类、组合的过程，解决会计报表的提示问题。通过再次确认，可以保证会计信息的真实性和有用性。

二、会计计量

会计确认的核心问题是会计计量，即对输入会计核算系统的经济信息，会计以什么标准来进行初次确认；对会计核算系统输出的信息，又以什么标准进行再次确认。

会计计量，是指为了将符合确认条件的会计要素登记入账，并列报于财务报表而确定其金额的过程。企业应当按照规定的会计计量属性进行计量，确定相关金额。

会计计量与会计确认总是不可分割地联系在一起，未经确认的，就不能进行计量；没有计量的，确认也就失去了意义。只有经过计量，应输入的数据才能被正式记录，输出的数据才能最终列入财务报表。

会计计量贯穿于会计核算的始终。初次确认的经济数据通过计算、汇总、比较、衡量与分配等复杂的计量，在有关的凭证、账簿中进行归集，并使之系统化、条理化；再次确认的经济数据经过传递、输出、汇总等计量，在有关的财务报表中加以确定。

会计计量过程包括计量对象的实物量的计量和计量对象的货币表现。这两方面的内容又包括确定会计计量单位、会计计量属性，以及二者相结合的会计计量模式。

（一）会计计量单位

会计计量单位是指计量尺度的量度单位。会计计量单位的选择经历了漫长的发展过程，从最早的某些象征性符号，如结绳记事的"结"，到向各种实物量度、劳动量度进化。人类进入商品经济社会后，形形色色的实物量度已经无法对企业的经济活动进行全面、综合的反映，于是货币作为商品内在价值尺度的必然表现形式，就取代了实物量度和劳动量度单位，成为会计统一的计量尺度，进而确定了货币作为会计的主要计量单位。

货币具有名义货币和实际购买力货币两种，一般情况下，不同国家在进行会计计量时会选择本国法定的名义货币作为计量单位。

（二）会计计量属性

会计计量属性也称会计计量基础，是指所用量度的经济属性，即按什么标准、从什么角度计量,是从不同的会计角度反映会计要素的金额的确认基础。会计计量属性包括历史成本、重置成本、可变现净值、现值和公允价值。

(1) 历史成本,是指按照形成某项会计要素时所支付的实际成本进行计量。

(2) 重置成本,又称现行成本,是指按照现在形成某项会计要素时可能支付的成本进行计量。

(3) 可变现净值,是指出售某项资产时可能收回的金额(扣除可能发生的费用后的净值)。

(4) 现值,是指对未来现金流量以恰当的折现率进行折现后的价值。

(5) 公允价值,是指公平交易中,熟悉情况的交易双方自愿进行资产交易或债务清偿的金额。

(三) 会计计量模式

会计计量模式是指一定的会计计量单位与一定的会计计量属性的不同组合,这是具体实施会计计量的重要条件。对于同一交易或事项进行会计确认与计量,如果采用不同的计量单位与计量属性,就会产生不同的计量结果。会计计量模式,通常有如下组合:历史成本与一定的名义货币组合,历史成本与实际购买力货币组合,现行成本与一定的名义货币组合,现行成本与实际购买力货币组合等。不同的计量模式表现出不同程度的相关性和可靠性,所以,各单位应根据会计报告的要求来选择。

复习思考题

1. 什么是会计?会计的基本特征有哪些?
2. 会计核算方法体系包括的内容有哪些?
3. 会计的基本职能、对象、作用分别是什么?
4. 会计核算的基本前提(会计假设)是什么?
5. 你认为会计信息质量要求的首要原则是什么?最重要的原则又是什么?

综合练习题

一、单项选择题

1. 会计以( )为主要计量单位。
   A. 商品　　　　　B. 实物　　　　　C. 货币　　　　　D. 劳动
2. 会计对象是会计核算和监督的内容,具体是指( )。
   A. 经济活动　　　　　　　　　　B. 货币表现的经济活动
   C. 财产物资　　　　　　　　　　D. 工作计划
3. 会计具有双重属性,即( )。
   A. 社会性与综合性　　　　　　　B. 连续性与系统性
   C. 系统性与完整性　　　　　　　D. 社会性与技术性
4. 会计的核算职能不具有( )。
   A. 连续性　　　　B. 系统性　　　　C. 主观性　　　　D. 全面性
5. 会计的基本职能是( )。
   A. 分析与预测　　B. 评价与检查　　C. 核算与监督　　D. 控制与决策

6. 下列项目中，不属于工业企业资金循环与周转的阶段是（　　）。
A. 供应阶段　　　　B. 生产阶段　　　　C. 销售阶段　　　　D. 分配阶段
7. 会计分期存在的基础是（　　）
A. 会计主体　　　　B. 法律主体　　　　C. 持续经营　　　　D. 货币计量
8. 分期结算账目和编制财务会计报告的基本假定是（　　）。
A. 会计主体　　　　B. 持续经营　　　　C. 会计分期　　　　D. 货币计量
9. 为企业应收账款计提坏账准备符合（　　）原则。
A. 重要性原则　　　B. 谨慎性原则　　　C. 及时性原则　　　D. 实质重于形式原则
10. 会计报表中的数据应具有可验证性，符合（　　）原则。
A. 可靠性原则　　　B. 相关性原则　　　C. 可比性原则　　　D. 可理解性原则
11. （　　）贯穿于经济活动的全过程，是会计最基础的工作。
A. 会计监督　　　　B. 会计核算　　　　C. 核算和监督　　　D. 会计控制
12. 一般来说，会计主体与法律主体（　　）。
A. 不是对等概念　　B. 相互一致　　　　C. 不相关　　　　　D. 可相互替代
13. （　　）是会计执行事后核算职能的主要形式。
A. 信息反馈　　　　　　　　　　　　　B. 参与决策
C. 记账、算账、报账　　　　　　　　　D. 控制经济活动
14. 企业会计的（　　）应当以持续经营为前提。
A. 会计信息　　　　　　　　　　　　　B. 会计计量
C. 确认、计量和报告　　　　　　　　　D. 财务报告
15. 会计监督主要是通过（　　）来进行的。
A. 数量指标　　　　B. 价值量指标　　　C. 实物量指标　　　D. 劳动量指标
16. 企业会计的确认、记录、计量和报告应当以（　　）为基础。
A. 现金制　　　　　B. 收付实现制　　　C. 实收实付制　　　D. 权责发生制
17. 现代会计的主要特征之一是（　　）。
A. 以货币为主要计量单位　　　　　　　B. 无须统一的计量单位
C. 货币、实物、劳动三者计量并重　　　D. 以价值为主要计量单位
18. 目前，我国行政单位会计主要采用（　　）基础。
A. 收付实现制　　　B. 应收应付制　　　C. 应计制　　　　　D. 权责发生制
19. （　　）是指短于一个完整的会计年度的报告期间。
A. 年度　　　　　　B. 中期　　　　　　C. 时间　　　　　　D. 3 年
20. 在诸多社会环境中，对会计的产生和发展起决定作用的是（　　）。
A. 政治环境　　　　B. 经济环境　　　　C. 教育环境　　　　D. 其他环境

二、多项选择题
1. 会计核算的基本前提包括（　　）。
A. 会计主体　　　　B. 持续经营　　　　C. 会计分期　　　　D. 货币计量
2. 会计史上的里程碑有（　　）。
A. 复式记账法　　　B. 四柱清册　　　　C. 管理会计分离　　D. 龙门账
3. 下列属于会计信息质量要求的原则有（　　）。
A. 配比原则　　　　B. 权责发生制　　　C. 重要性原则　　　D. 可比性原则

4. 会计核算包括（   ）。
A. 事中核算　　　　B. 参与经济决策　　C. 事前核算　　　　D. 事后核算
5. 企业的资金运动表现为（   ）的过程。
A. 资金投入　　　　B. 资金运用　　　　C. 上缴税金　　　　D. 资金退出
6. 下列组织可以作为一个会计主体进行核算的有（   ）
A. 独资公司　　　　B. 销售部门　　　　C. 子公司　　　　　D. 母公司
7. 会计按其报告的对象不同可分为（   ）。
A. 成本会计　　　　B. 基础会计　　　　C. 财务会计　　　　D. 管理会计
8. 我国企业会计期间分为（   ）。
A. 年度　　　　　　B. 月份　　　　　　C. 日期　　　　　　D. 中期
9. （   ）确立了会计核算的时间长度。
A. 会计主体　　　　B. 持续经营　　　　C. 货币计量　　　　D. 会计分期
10. 会计基础包括（   ）。
A. 权责发生制　　　B. 收付实现制　　　C. 永续盘存制　　　D. 实地盘存制

三、判断题

1. 货币计量的基本前提是会计核算只能使用货币作为唯一的计量单位。（   ）
2. 在会计核算中，对预期发生的损失不得入账，但对预期获得的收益应入账计算。
（   ）
3. 会计期间就是会计年度。（   ）
4. 在我国境内设立的企业一律采用人民币作为记账本位币。（   ）
5. 可比性原则，既包括宏观的横向可比，也包括企业不同会计期间的纵向可比。（   ）
6. 会计核算的基本前提又称基本假定，是因为其缺乏客观存在的基础。（   ）
7. 法律主体都是会计主体，但会计主体不一定是法律主体。（   ）
8. 企业的秘密准备金即账外资金的设立，符合谨慎性原则。（   ）
9. 会计随着生产的发展而产生，随着生产的发展而发展。（   ）
10. 企业的法人代表应该对会计报表的真实性负责。（   ）
11. 会计的基本职能有会计反映和会计分析。（   ）
12. 财务会计所提供的各种经济信息主要是满足企业外部管理的需要。（   ）
13. 管理会计所提供的各种经济信息主要是满足企业外部管理的需要。（   ）
14. 会计的基本职能是核算和监督，而核算是会计的首要职能。（   ）
15. 会计监督都是事后进行的。（   ）

会计科目与账户

本章内容提示

本章的内容包括会计科目和账户。会计科目是组织会计核算、设置账户的基础,账户又是进行复式记账的前提。因此,通过本章的学习,学生应理解会计科目的含义和设置原则,熟悉账户的结构与内容,掌握会计科目及账户的名称、内容。

第一节 会计科目

一、会计科目的含义

会计科目是指对会计对象的具体内容即会计要素所做的进一步分类的项目。

资产、负债、所有者权益、收入、费用和利润六大要素是对会计对象所做的基本分类,但它们对企业发生的纷繁复杂的经济业务无法细致准确地反映和描述,也无法为企业的经营管理提供有质量保证的分门别类的会计信息。因此,还需要对粗放型的会计要素予以细化,进一步设置具体的会计科目,以对经济业务进行正确核算。设置会计科目是会计核算的七种专门方法之一,会计科目是会计人员进行会计核算工作的必备工具。建立本单位完整的账户体系就是选择并设置符合本单位经济业务特点的会计科目。

二、会计科目的作用

会计科目是进行各项会计记录和提供各项会计信息的基础,在会计核算中具有重要作用。

(1) 会计科目是复式记账的基础,复式记账是进行会计核算的基本理论。

(2) 会计科目是编制记账凭证的基础,会计凭证是确定所发生的经济业务应记入何种科目以及分门别类登记账簿的依据。

(3) 会计科目为成本计算与财产清查提供了前提条件。会计科目的设置,有助于成本核算,使各种成本计算成为可能;而账面记录与实际结存的核对,又为财产清查、保证账实相符提供了必备条件。

（4）会计科目为编制财务报表提供了方便，财务报表中的许多项目与会计科目是一致的，其填列方式也是根据会计科目的本期发生额或期末余额填列的。

三、设置会计科目的原则

在我国，会计科目设置方法由财政部通过颁布会计准则制定。企业应按该制度的规定设置和使用会计科目，在不影响会计核算要求和会计报表指标汇总以及对外提供统一的财务会计报告的前提下，可以根据实际情况自行增设、减少或合并某些会计科目。

任何一个作为会计主体的单位都必须设置一套适合自身特点的会计科目体系。无论是国家有关部门统一制定会计科目，还是企业单位自行设计会计科目，均应按照一定的原则进行。设置会计科目时应该遵循以下几项原则：

（一）合法性原则

合法性原则指所设置的会计科目应当符合国家统一的会计制度的规定。

（二）相关性原则

相关性原则指所设置的会计科目应为有关各方提供所需要的会计信息服务，满足对外报告与对内管理的要求。

（三）实用性原则

实用性原则指所设置的会计科目应符合单位自身特点，满足单位实际需要。

四、会计科目的分类

每个会计科目都有自己特定的核算内容，但会计科目之间有着内在、必然的联系，组合在一起才能形成核算体系，完成核算任务。为了多层面了解会计科目，将其做如下分类：

（一）按经济内容分类

会计科目按会计对象的经济内容分类是其最基本、最常规的分类方法，按此标准把会计科目分为六类。

1. 资产类科目

如"银行存款""应收账款""原材料""固定资产""无形资产"等科目。

2. 负债类科目

如"短期借款""应付账款""应付债券""应交税费""长期借款"等科目。

3. 共同类科目

如"清算资金往来""货币兑换""衍生工具"等科目。

4. 所有者权益类科目

如"实收资本""资本公积""盈余公积""本年利润""利润分配"等科目。

5. 成本类科目

如"生产成本""制造费用""劳务成本"等科目。

6. 损益类科目

如"主营业务收入""其他业务收入""投资收益""主营业务成本""管理费用""销

售费用""营业外支出"等科目。

（二）按核算指标的详细程度分类

会计科目按提供的核算指标的详细程度，分为总分类科目和明细分类科目。

1. 总分类科目

总分类科目是按一级科目开设的，提供总括的核算资料，如"应收账款""原材料""库存商品"科目等，一级科目由财政部统一规定。

2. 明细分类科目

按二级、三级、四级等科目开设的为明细分类科目，提供详细的核算内容，如"应收账款"科目下按债务人进行明细核算，"原材料"科目下按材料品种或规格进行明细核算。

以"其他应收款"科目为例，说明会计科目之间的级次关系，见表2-1。

表2-1 "其他应收款"科目的级次

总分类科目	明细分类科目	
	二级科目（子目）	三级科目（细目）
其他应收款	关联单位	利达公司
		平安保险公司
	个人	张强
		李冰

五、会计科目的编号

会计科目编号的主要作用是在会计电算化中使用，是财务软件编程人员必须重视的。第一位是表明类别的，"1"代表资产类，"2"代表负债类，"3"代表共同类，"4"代表所有者权益类，"5"代表成本类，"6"代表损益类。"1001~1999"中，后三位是资产类科目中一级科目的序号，财政部发表的会计科目表一级科目编号出现很多跳跃，是方便单位根据自己行业特殊需要自行增减。以"交易性金融资产"科目为例，见表2-2。

表2-2 "交易性金融资产"科目及其明细科目

科目级次	科目编号	科目名称
一	1101	交易性金融资产
二	110101	债券投资
三	11010101	成本
三	11010102	公允价值变动
二	110102	股票投资
三	11010201	成本
三	11010202	公允价值变动

六、会计科目表

企业常用会计科目表见表2-3。

表2-3 企业常用会计科目表

	一、资产类	1604	在建工程
1001	库存现金	1605	工程物资
1002	银行存款	1606	固定资产清理
1012	其他货币资金	1701	无形资产
1101	交易性金融资产	1702	累计摊销
1121	应收票据	1703	无形资产减值准备
1122	应收账款	1711	商誉
1123	预付账款	1801	长期待摊费用
1131	应收股利	1811	递延所得税资产
1132	应收利息	1901	待处理财产损溢
1221	其他应收款		二、负债类
1231	坏账准备	2001	短期借款
1401	材料采购	2201	应付票据
1402	在途物资	2202	应付账款
1403	原材料	2203	预收账款
1404	材料成本差异	2211	应付职工薪酬
1405	库存商品	2221	应交税费
1406	发出商品	2231	应付利息
1407	商品进销差价	2232	应付股利
1408	委托加工物资	2241	其他应付款
1411	周转材料	2501	长期借款
1471	存货跌价准备	2502	应付债券
1501	债权投资	2701	长期应付款
1502	债权投资减值准备	2711	专项应付款
1503	其他权益工具投资	2801	预计负债
1504	其他债权投资	2901	递延所得税负债
1511	长期股权投资		三、共同类
1512	长期股权投资减值准备	3001	清算资金往来
1521	投资性房地产	3101	衍生工具
1531	长期应收款	3201	套期工具
1601	固定资产		四、所有者权益类
1602	累计折旧	4001	实收资本
1603	固定资产减值准备	4002	资本公积

续表

4101	盈余公积	6301	营业外收入
4103	本年利润	6401	主营业务成本
4104	利润分配	6402	其他业务成本
五、成本类		6403	税金及附加
5001	生产成本	6601	销售费用
5101	制造费用	6602	管理费用
5201	劳务成本	6603	财务费用
六、损益类		6701	资产减值损失
6001	主营业务收入	6711	营业外支出
6051	其他业务收入	6801	所得税费用
6111	投资收益	6901	以前年度损益调整
6201	其他综合收益		

第二节 账 户

一、账户的含义

会计科目只是对会计要素进行分类核算的项目或标志，不具有一定格式的记账实体，也不便于编制会计报表。所以，设置会计科目以后，还必须根据设置的会计科目开设相应的账户，在账户上分类记录各项经济业务的增减变化情况。

设置账户是分类连续反映各项经济业务发生所引起的各会计要素之间增减变动及其结果的一种专门方法。所谓账户，就是指根据会计科目开设的，用来分类记录经济业务内容的具有一定格式和结构的记账实体。

根据总分类科目开设的账户为总分类账户（一级账户），以货币计量方式提供总括的核算指标；根据明细分类科目开设的账户为明细分类账户（二、三级账户），在明细分类账户中可以从货币计量和实物计量两方面提供详细核算指标。总分类账户所属的各明细分类账户余额合计与总分类账户余额相等。

总分类账户是其所属明细分类账户的统驭账户，对明细分类账户起着控制作用；明细分类账户是总分类账户的从属账户，对总分类账户起着补充说明的作用。

二、账户的基本结构

为了记录经济业务的发生所引起的会计要素的增减变动情况，必须按会计科目设置一系列账户，并为账户设置一定的格式和结构，如实地反映各会计要素增减变动的方向、金额及其结果。账户的基本结构由两部分组成：一部分登记增加，另一部分登记减少。至于哪一方登记增加，哪一方登记减少，则取决于记账的方向和账户的性质。但无论是何种方法、何种性质的账户，左右两方的增减意义都是相反的，即如果左方登记增加，则右方登记减少，如果左方登记减少，则右方登记增加。账户左右两方金额相抵后的差额，称为账户的余额。账户一般有四个金额：期初余额、本期增加额、本期减少额及期末余额，这四个金额之间的数量关系，可以用下列公式表示：

$$期末余额＝期初余额+本期增加额-本期减少额$$

在实际工作中，账户的基本结构和格式见表2-4。

表2-4 账户的基本结构和格式

年		凭证编号	摘要	借方	贷方	借或贷	余额
月	日						

从表2-4中可以了解账户所反映的基本内容：
（1）账户的名称（即会计科目）；
（2）日期和凭证编号（记账日期和记账来源）；
（3）摘要（所发生经济业务的简要说明）；
（4）增加和减少的金额及其余额。

在教学中，常常将账户简化为左右两方，分别反映其增加额和减少额，即丁字账或T型账，如图2-1所示。

借方	账户名称（会计科目）	贷方

图2-1 T型账

三、账户的分类

账户按照所提供经济核算指标的详细程度不同，分为总分类账户和明细分类账户。

（一）总分类账户

总分类账户是按照一级科目开设的，对经济业务内容进行总括核算。其特点是：
（1）提供总括的经济指标；
（2）只能用货币进行计量。

总分类账户是编制会计报表的主要依据，如"原材料""应付账款"等账户，反映企业各会计要素的总体增减变动情况。

（二）明细分类账户

明细分类账户是按照明细科目（即二级科目、三级科目等）开设的，对总分类账户的内容进行详细分类核算。其特点表现是：
（1）提供具体而详细的核算指标；
（2）除使用货币计量外，还可使用实物计量。

明细分类账户为总分类账户的内容提供必要补充说明，是编制会计报表的基础资料。如"原材料"账户按照材料类别设置具体细目进行核算，如"甲材料""乙材料"等；"应付账款"账户下按各具体债权人进行明细核算。

（三）总分类账户与明细分类账户的关系

1. 总分类账户对其所属的明细分类账户具有统驭控制的作用

总分类账户提供的总括资料，是对有关明细分类账户资料的综合；明细分类账户所提供的明细核算资料，是对总分类账户资料的具体化。因此，总分类账户对其所属的明细分类账户具有统驭控制的作用。

2. 明细分类账户对总分类账户具有补充说明的作用

总分类账户是对会计要素各项目增减变化的总括反映，提供总括的资料；而明细分类账户反映的是会计要素各项目增减变化的详细情况，提供某一具体方面的详细资料，有些明细分类账户还可以提供实物量指标和劳动量指标等。因此，明细分类账户对总分类账户具有补充说明的作用。

3. 总分类账户与其所属的明细分类账户在总金额上应当相等

由于总分类账户与其所属的明细分类账户是根据相同的依据进行平行登记的，其所反映的经济业务内容是相同的，其总金额必然也是相等的。

四、账户与会计科目的关系

会计科目与会计账户是两个不同的概念，它们既相互联系，又相互区别。

（一）两者的联系

（1）名称相同，会计科目即为账户的名称。

（2）反映的经济内容相同，账户和会计科目反映的经济业务内容一致，两者都是对会计要素的分类反映。

（二）两者的区别

（1）会计科目只是账户的名称，只规定基本核算内容和范围，本身没有结构。

（2）账户不仅有明确的核算内容，还应具有一定的格式和结构，用来登记经济业务，并能反映会计要素的增减变动情况和结果。

由于会计科目与账户的名称相同，在实际工作中，会计科目和账户常被作为同义语来理解，相互通用，不加以严格区别。

复习思考题

1. 会计六大要素的定义、确认条件是什么？
2. 会计科目与账户有哪些区别与联系？
3. 总分类账户与明细分类账户的特点各是什么？
4. 简述利润的构成。

综合练习题

一、单项选择题

1. 一个账户的增加发生额与该账户的期末余额一般都应在该账户的（　　）。
   A. 借方　　　　　B. 贷方　　　　　C. 相同方向　　　　D. 相反方向

2. 会计科目和账户之间的联系是（　　）。
   A. 互不相关　　　B. 内容相同　　　C. 结构相同　　　　D. 格式相同

3. 对每一个会计要素所反映的具体内容进一步进行分类，需要（　　）。
　A. 设置会计科目　　B. 设置账户　　C. 复式记账　　D. 填制凭证
4. 会计要素是对（　　）的基本分类。
　A. 会计主体　　B. 会计客体　　C. 会计对象　　D. 会计分期
5. 会计科目的实质是（　　）。
　A. 反映会计对象的具体内容　　　　B. 为设置账户奠定基础
　C. 记账的理论依据　　　　　　　　D. 对会计要素的进一步分类
6. 设置账户是（　　）的重要方法之一。
　A. 会计监督　　B. 会计决策　　C. 会计分析　　D. 会计核算
7. 下列会计科目中，属于损益类科目的是（　　）
　A. "主营业务收入"科目　　　　　　B. "生产成本"科目
　C. "应收账款"科目　　　　　　　　D. "制造费用"科目
8. 账户之间最本质的区别在于（　　）
　A. 账户的用途不同　　　　　　　　B. 账户的结构不同
　C. 账户反映的经济内容不同　　　　D. 借贷方向不同
9. 账户的期末余额指（　　）
　A. 期初余额+本期增加额-本期减少额
　B. 期初余额-本期减少额
　C. 本期期初余额+本期增加额
　D. 本期增加额-本期减少额
10. 账户的期末余额一般在（　　）
　A. 账户的左方　　B. 账户的右方　　C. 增加方　　D. 减少方

二、多项选择题

1. 关于会计科目，下列说法正确的有（　　）。
　A. 会计科目是对会计要素的进一步分类
　B. 会计科目按其所提供指标的详细程度，可以分为总分类科目和明细分类科目
　C. 会计科目可以根据企业的具体情况自行设定
　D. 会计科目是复式记账和编制记账凭证的基础
2. 会计科目是进行各项会计记录和提供各项会计信息的基础，在会计核算中具有重要意义，因为（　　）。
　A. 会计科目是复式记账的基础　　　B. 会计科目是编制记账凭证的基础
　C. 会计科目是填制原始凭证的基础　D. 会计科目为成本计算提供了前提条件
3. 设置会计科目应遵循的原则有（　　）。
　A. 合法性原则　　B. 相关性原则　　C. 合理性原则　　D. 实用性原则
4. 下列属于总账科目的有（　　）。
　A. "原材料"科目　　　　　　　　　B. "甲材料"科目
　C. "利润分配"科目　　　　　　　　D. "未分配利润"科目
5. 总分类账户与明细分类账户的区别在于（　　）。
　A. 反映经济业务内容的详细程度不同　B. 反映的经济业务内容不同

C. 登记账簿的依据不同　　　　　　D. 作用不同

6. 账户一般应包括下列内容中的（　　）。
A. 账户名称　　　　　　　　　　　B. 日期和凭证号数
C. 摘要　　　　　　　　　　　　　D. 增加、减少的金额及余额

7. 账户分为左、右两方，至于哪一方登记增加，哪一方登记减少，取决于（　　）。
A. 所记录的经济业务的内容　　　　B. 企业经营管理的需要
C. 会计核算手段　　　　　　　　　D. 所采用的记账方法

8. 下列对会计科目和会计账户之间的关系，表述正确的有（　　）。
A. 两者都是对会计对象具体内容的科学分析
B. 两者口径一致，性质相同
C. 会计科目是会计账户的名称
D. 会计账户具有一定的格式和结构，而会计科目不具有结构和格式

9. 下列选项中，属于企业资产类账户的有（　　）。
A. "应收账款"账户　　　　　　　　B. "预收账款"账户
C. "应付账款"账户　　　　　　　　D. "预付账款"账户

10. 下列选项中，属于企业所有者权益类账户的有（　　）。
A. "利润分配"账户　　　　　　　　B. "本年利润"账户
C. "投资收益"账户　　　　　　　　D. "盈余公积"账户

三、判断题

1. 会计科目是对会计要素的具体内容进行分类核算的项目。（　　）
2. 总分类科目下设的明细分类科目太多时，可在总分类科目与明细分类科目之间设置二级科目。（　　）
3. 设置会计科目必须与会计制度完全一致。（　　）
4. 管理费用和制造费用一样，都属于成本类科目。（　　）
5. 一级账户又称总分类账户或总账户。（　　）
6. 会计科目是设置会计账户的依据，是会计账户的名称。因此，会计科目与会计账户都具有一定的结构，用于反映会计要素的增减变动情况和结果。（　　）
7. 对于一个账户的同一方，可能既记录某类经济业务的增加，同时又记录该类经济业务的减少。（　　）
8. 会计账户按照会计要素进行分类，可分为资产类、负债类、所有者权益类、收入类、费用类及利润类六类账户。（　　）
9. 账户的基本结构是由会计要素的数量变化情况决定的，从数量上看，不外乎增加和减少两种情况。（　　）
10. 账户期末余额的方向，与本期增加额方向一定一致。（　　）
11. 共同类科目可能具有资产性质，也可能具有负债性质。（　　）
12. 在总分类账户中只使用货币计量单位反映经济业务。（　　）

第三章

复式记账法

> **本章内容提示**
>
> 本章主要介绍了复式记账法。任何一笔经济业务的发生，都要从两个侧面反映其资金的增减变动，这就是会计记录中的复式记账法。通过本章的学习，学生应理解和熟悉复式记账的理论；掌握借贷记账法下的基本内容、会计分录编制，以及试算平衡；熟悉借贷记账法下的总账与明细账的平行登记；熟练登记T型账并结出本期发生额和期末余额。本章包括的内容：复式记账原理、借贷记账法、借贷记账法的试算平衡。

第一节 复式记账原理

一、记账方法

经济业务的发生必然引起会计要素的增减变动，把这种变动记录下来，再把某段时期变动的结果表现出来，这就需要采用一定的记账方法。

所谓记账方法，是指在会计核算中，根据一定的记账原理、记账符号、记账规则和规定的计量单位，利用文字和数字在账簿中登记经济业务的方法。

按照记账方式的不同，记账方法可分为单式记账法和复式记账法。

单式记账法是一种比较简单的记账方法，它是指在会计核算中，对每一项经济业务只进行单方面的、不完整的记载，也就是只在一个账户中记录一笔账。一般关注的经济业务内容是库存现金、银行存款和债权、债务等事项的增减变化，不考虑其他要素的变化，登账手续简单。例如，用现金3 000元支付工人工资，只在账簿中登记"库存现金"减少了3 000元，却没登记这笔款项用于何处。再如，用银行存款20 000元购买原材料，只在账簿中登记"银行存款"减少20 000元，却没记录原材料增加。又如，销售产品取得收入11 300元，未收到货款，账簿中记录"应收账款"增加11 300元，却没表明是如何形成的债权。由此可以发现，单式记账法在账户设置和记录上是不完整的，没有形成完整的账户体系，账户之间没有对应关系，不能全面反映经济业务的来龙去脉，也不便于检查账户记录的正确性。这种记账方法后来被科学的复式记账法所取代。

当前，我国企业、机关、事业单位和其他组织均采用复式记账法。

二、复式记账法

（一）复式记账法的含义

复式记账法是指以资产和权益的平衡关系为记账基础，对每一项经济业务所引起的资金运动，都要以相等的金额同时在两个或两个以上相互联系的账户中进行登记的一种记账方法。例如，上述用现金支付工人工资，不仅登记"库存现金"减少3 000元，还登记"应付职工薪酬"同时减少3 000元。用银行存款支付了原材料的价款，在登记"银行存款"减少20 000元的同时，登记"原材料"增加20 000元。销售产品未收回货款，一方面登记"应收账款"增加11 300元，同时登记"主营业务收入"增加10 000元和"应交税费——应交增值税（销项税额）"增加1 300元。在复式记账法下，由于对每项经济业务都以相等的金额在相互联系的账户中做双重记录，因此，账户之间存在紧密的对应关系，这样不仅可以了解每项经济业务的来龙去脉，还可以用试算平衡的方法检验账簿记录的正确性。

（二）复式记账法的理论依据

复式记账法的理论依据有两个：从广义的方面来讲，其理论依据是哲学中关于事物普遍联系的原理。根据事物普遍联系的原理，所有事物都不是孤立存在的，它必然与其他事物相联系，企业发生的经济业务也不例外。从狭义方面来讲，其理论依据是资产与权益的平衡理论，即会计恒等式。从资金运动角度讲，资产与权益是同一资金的两个侧面，任何时候都是相等的，而经济业务的发生会引起资产、负债、所有者权益两方同等金额的增减变化，会引起资产、负债、所有者权益一方内部有关项目一增一减的变化，而且金额相等，因此，经济业务的发生不会破坏会计恒等式的平衡关系。复式记账法就是运用这种理论，把发生的每一项经济业务都在两个或两个以上账户中以同等金额加以记录，以反映经济业务的全貌。

（三）复式记账法的特点

1. 账户结构具有同一性

由于所有经济业务引起有关账户的数量变化不外乎增加和减少两种情况，因此，在复式记账法下设置的所有账户的结构都包括两个基本部分，一部分记录增加，另一部分记录减少。

2. 账户之间相互联系

由于经济业务的发生会引起会计恒等式两边相互联系的项目同增或同减，或恒等式一边有关项目有增有减，因此在复式记账法下，对每一项经济业务都必须在两个或两个以上相互联系的账户中同时反映。这样不仅可以了解每一项经济业务的来龙去脉，而且通过连续的账户记录，还可以全面、系统地反映各项经济活动的过程和结果，形成完整的账户体系。

3. 可以试算平衡

采用复式记账法，都是以相等的金额对每项经济业务在不同账户中进行登记，这样，所有账户的有关发生额必然保持一种平衡关系，根据这种必然相等的关系，就可以检查账户中的记录是否正确，便于及时查找原因，加以更正。

复式记账法的特点决定了它是一种科学的、能全面反映经济活动的记账方法，因此，它在会计核算方法体系中占有重要地位。在日常会计核算工作中,从编制会计凭证到登记账簿,都要遵循复式记账原理。

第二节 借贷记账法

借贷记账法,是指以"资产=负债+所有者权益"为理论依据,以"借"和"贷"为记账符号,以"有借必有贷,借贷必相等"为记账规则的一种复式记账法。

借贷记账法起源于13世纪的意大利。借贷记账法中"借""贷"两字,最初是以其字面含义记账的,反映的是"债权"和"债务"的关系。随着商品经济的发展,借贷记账法中"借""贷"两字逐渐失去其本来含义,演变为纯粹的记账符号。

一、借贷记账法下的账户结构

在借贷记账法下,账户的基本结构分为左右两方,左方为借方,右方为贷方。所有账户的借方和贷方都要按相反的方向记录,即一方登记增加额,另一方登记减少额。至于哪一方登记增加额,哪一方登记减少额,则要根据账户所反映的经济内容,也就是账户的性质来决定。账户的期初、期末余额一般与记录增加额方向一致。以下对不同性质的账户分别予以说明:

(一)资产类账户结构

资产类账户借方登记增加额,贷方登记减少额,期初、期末余额一般在借方。其期末余额的计算公式如下:

期末借方余额=期初借方余额+本期借方发生额-本期贷方发生额

资产类账户结构如图3-1所示。

借方	资产类账户	贷方
期初余额 本期增加额		本期减少额
本期借方发生额合计		本期贷方发生额合计
期末余额		

图3-1 资产类账户结构

(二)负债及所有者权益类账户结构

负债及所有者权益合称为权益,在性质上与资产相反,贷方登记增加额,借方登记减少额,期初、期末余额一般在贷方。其期末余额的计算公式如下:

期末贷方余额=期初贷方余额+本期贷方发生额-本期借方发生额

负债及所有者权益类账户结构如图3-2所示。

借方	负债及所有者权益类账户	贷方
		期初余额 本期增加额
本期减少额		
本期借方发生额合计		本期贷方发生额合计
		期末余额

图3-2 负债及所有者权益类账户结构

（三）成本类账户结构

成本类账户与资产类账户的记账方向相同，借方登记增加额，贷方登记减少额，期初、期末余额一般在借方。其期末余额的计算公式如下：

期末借方余额＝期初借方余额＋本期借方发生额－本期贷方发生额

成本类账户结构如图 3-3 所示。

借方	成本类账户	贷方
期初余额 本期增加额	本期减少额	
本期借方发生额合计	本期贷方发生额合计	
期末余额		

图 3-3 成本类账户结构

（四）损益类账户结构

损益类账户可以分为收入类账户和费用类账户，这两类账户的性质不同，账户的结构也不相同。

1. 收入类账户结构

收入包括营业收入和其他收入，收入会使所有者权益增加，所以收入类账户的结构与所有者权益类账户的结构基本相同，贷方登记增加额，借方登记减少额（结转额），期末一般无余额。

收入类账户结构如图 3-4 所示。

借方	收入类账户	贷方
本期减少额（结转额） 本期转出额	本期增加额	
本期借方发生额合计	本期贷方发生额合计	

图 3-4 收入类账户结构

2. 费用类账户结构

费用包括营业支出和其他支出，费用会使所有者权益减少，所以费用类账户的结构与所有者权益、收入类账户的结构相反，借方登记增加额，贷方登记减少额（结转额），期末一般无余额。

费用类账户结构如图 3-5 所示。

借方	费用类账户	贷方
本期增加额	本期减少额（结转额） 本期转出额	
本期借方发生额合计	本期贷方发生额合计	

图 3-5 费用类账户结构

将上述账户的结构进行归纳,可以发现这些不同类别的账户表现出两类不同的性质,即资产、成本、费用类账户的性质相似,负债、所有者权益、收入类账户的性质相似,综合归纳如图 3-6 所示。

借方	账户	贷方
资产的增加 负债的减少 所有者权益的减少 成本的增加 收入的减少 费用的增加		资产的减少 负债的增加 所有者权益的增加 成本的减少 收入的增加 费用的减少

图 3-6　借贷记账法账户结构

二、借贷记账法下的记账规则

根据复式记账原理,对每项经济业务必须用相等的金额,一方面记入一个或几个账户的借方,另一方面记入一个或几个账户的贷方,计入借方账户与计入贷方账户的金额必须相等,这就形成了借贷记账法的记账规则:有借必有贷,借贷必相等。下面举例说明借贷记账法下记账规则的运用:

东华公司 20××年 6 月发生如下经济业务:

【例 3-1】6 月 1 日,用银行存款 200 000 元购入原材料,现已验收入库。

该项业务的发生使原材料增加,银行存款减少,涉及"原材料""银行存款"两个账户。其中"原材料"属于资产类账户,增加应记入借方;"银行存款"也属于资产类账户,减少应记入贷方。登记结果如图 3-7 所示。

借方	原材料	贷方	借方	银行存款	贷方
(1) 200 000					(1) 200 000

图 3-7　登记结果(1)

【例 3-2】6 月 3 日,向银行借入短期借款 100 000 元,所借款项存入银行。

该项业务的发生使银行存款和短期借款同时增加,涉及"银行存款""短期借款"两个账户。其中"银行存款"属于资产类账户,增加应记入借方;"短期借款"属于负债类账户,增加应记入贷方。登记结果如图 3-8 所示。

借方	银行存款	贷方	借方	短期借款	贷方
(2) 100 000					(2) 100 000

图 3-8　登记结果(2)

【例 3-3】6 月 6 日,向 A 公司销售产品一批,取得收入 500 000 元,款项尚未收到。

该项业务的发生使应收账款、主营业务收入同时增加,涉及"应收账款""主营业务收入"两个账户。其中"应收账款"属于资产类账户,增加应记入借方;"主营业务收入"属于收入类账户,增加应记入贷方。登记结果如图 3-9 所示。

图 3-9　登记结果（3）

【例 3-4】6 月 9 日，用银行存款 55 000 元归还到期的长期借款。

该项业务的发生使银行存款、长期借款同时减少，涉及"长期借款""银行存款"两个账户。其中"长期借款"属于负债类账户，减少应记入借方；"银行存款"属于资产类账户，减少应记入贷方。登记结果如图 3-10 所示。

图 3-10　登记结果（4）

【例 3-5】6 月 15 日，华阳公司同意将本公司前欠货款 50 000 元转作投资。

该项业务的发生使实收资本增加、应付账款减少，涉及"应付账款""实收资本"两个账户。其中"应付账款"属于负债类账户，减少应记入借方；"实收资本"属于所有者权益类账户，增加应记入贷方。登记结果如图 3-11 所示。

借方	应付账款	贷方	借方	实收资本	贷方
(5) 50 000					(5) 50 000

图 3-11　登记结果（5）

【例 3-6】6 月 16 日，生产产品领用原材料，价款 600 000 元。

该项业务的发生使生产成本增加、原材料减少，涉及"生产成本""原材料"两个账户。其中"生产成本"属于成本类账户，增加应记入借方；"原材料"属于资产类账户，减少应记入贷方。登记结果如图 3-12 所示。

借方	生产成本	贷方	借方	原材料	贷方
(6) 600 000					(6) 600 000

图 3-12　登记结果（6）

【例 3-7】6 月 20 日，公司决定用盈余公积金转增资本 250 000 元。

该项业务的发生使实收资本增加，盈余公积减少，涉及"盈余公积"和"实收资本"两个账户。其中"盈余公积"属于所有者权益类账户，减少应记入借方；"实收资本"也属于所有者权益类账户，增加应记入贷方。登记结果如图 3-13 所示。

图 3-13　登记结果（7）

【例 3-8】6 月 25 日，用银行存款支付本月车间办公费 50 000 元，管理部门办公费 20 000 元。

该项业务的发生使制造费用、管理费用增加，银行存款减少，涉及"制造费用""管理费用""银行存款"三个账户。其中"制造费用"属于成本类账户，"管理费用"属于费用类账户，增加均记入借方；"银行存款"属于资产类账户，减少应记入贷方。登记结果如图3-14所示。

图 3-14 登记结果（8）

【例 3-9】6 月 28 日，结转本月已售产品的实际成本 300 000 元。

该项业务的发生使主营业务成本增加，库存商品减少，涉及"主营业务成本"和"库存商品"两个账户。其中"主营业务成本"属于费用类账户，增加应记入借方；"库存商品"属于资产类账户，减少应记入贷方。登记结果如图3-15所示。

图 3-15 登记结果（9）

从上述举例中我们可以总结出，在运用借贷记账法的记账规则登记账户时，可以遵循以下思路：

（1）分析每一笔经济业务涉及哪些账户；
（2）判断有关账户的性质，即账户的类别；
（3）分析有关账户是增加还是减少；
（4）根据以上分析的结果，确定应记入的账户的方向与金额。

三、会计分录

（一）编制会计分录

会计分录是标明某项经济业务应借应贷账户及其金额的记录，简称分录。它明确了经济业务发生后，所涉及的账户之间应借应贷的相互关系，即账户对应关系。会计分录由三个要素组成：账户名称、记账方向、记录的金额。会计分录按照所涉及会计科目的多少，分为简单分录和复合分录。简单分录是指一借一贷的会计分录，其科目的对应关系一目了然；复合分录指由两个以上（不含两个）对应科目所组成的会计分录，即一借多贷、多借一贷或多借多贷的会计分录。复合分录有利于集中反映整个交易或事项的全貌，简化记账工作，提高会计工作效率。

会计分录在实际工作中，是通过填制记账凭证来实现的，它是保证会计记录正确可靠的重要环节。会计核算中，不论发生什么样的经济业务，都需要在登记账簿以前，按照记账规则填制记账凭证，来确定经济业务的会计分录，以便正确地进行账簿记录和事后检查。

编制会计分录的步骤如下：
（1）发生的经济业务涉及哪些会计要素。
（2）在会计要素的基础上确定应记入哪个会计科目，其性质如何。
（3）根据会计科目的性质确定应借、应贷的方向。如果是资产类、成本类、费用类，则借方记增加，贷方记减少；如果是负债类、所有者权益类、收入类，则贷方记增加，借方记减少。
（4）根据"有借必有贷，借贷必相等"的记账规则，检查分录格式与金额是否正确。

【例3-10】某企业3月31日的资产、负债、所有者权益期末余额见表3-1。

表3-1 资产、负债、所有者权益期末余额表 元

资产	金额	负债及所有者权益	金额
库存现金	2 000	短期借款	20 000
银行存款	100 000	应付账款	37 000
原材料	55 000	长期借款	180 000
固定资产	650 000	实收资本	570 000
合计	807 000	合计	807 000

4月企业发生下列几笔经济业务：
（1）收到投资者投入资本金150 000元，存入银行。

这项经济业务，使企业所有者权益类账户"实收资本"增加了150 000元，同时使资产类账户"银行存款"也增加了150 000元，两类账户同时增加。根据"有借必有贷，借贷必相等"的记账规则，编制"一借一贷"简单会计分录如下：

  借：银行存款   150 000
    贷：实收资本   150 000

（2）以银行存款80 000元偿还银行短期借款20 000元，长期借款60 000元。

这项经济业务，使企业负债类账户"短期借款"减少了20 000元、"长期借款"减少了60 000元，同时使资产类账户"银行存款"也减少了80 000元。资产类账户、负债类账户同减。根据"有借必有贷，借贷必相等"的记账规则，编制"多借一贷"复合会计分录如下：

  借：短期借款   20 000
    长期借款   60 000
    贷：银行存款   80 000

（3）企业开出商业汇票6 000元，开出转账支票4 000元，抵减以前所欠应付账款。

这项经济业务，使企业的负债类账户"应付账款"减少10 000元、"应付票据"增加6 000元，资产类账户"银行存款"减少4 000元。根据各账户性质和"有借必有贷，借贷必相等"的记账规则，编制"一借多贷"复合会计分录如下：

  借：应付账款   10 000
    贷：应付票据   6 000
      银行存款   4 000

（4）企业购买原材料10 000元，增值税进项税额1 300元。开出转账支票一张，金额11 000元，其余300元用现金支付。

这项经济业务使涉及的资产类账户"原材料"增加10 000元，负债类账户"应交税

费——应交增值税（进项税额）"减少 1 300 元。资产类账户"银行存款"减少 11 000 元、"库存现金"减少 300 元。这项经济业务发生需要编制"多借多贷"复合会计分录，根据记账规则，编制会计分录如下：

  借：原材料   10 000
    应交税费——应交增值税（进项税额）   1 300
    贷：银行存款   11 000
      库存现金   300

（二）过账

各项经济业务编制会计分录后，应记入有关账户，这个记账步骤通常称为过账，或称登记账簿。过账以后，一般要在月终结算出各账户的本期发生额合计和期末余额。账户的余额应与其登记增加额的方向一致，在账户中存在"同向相加，异向相减"的规则。

资产、成本类账户：

    期末借方余额=期初借方余额+本期借方发生额-本期贷方发生额

负债、所有者权益类账户：

    期末贷方余额=期初贷方余额+本期贷方发生额-本期借方发生额

根据前面编制的会计分录，登记有关账户的 T 型账户如图 3-16 至图 3-25 所示。

借方	库存现金	贷方
期初余额：2 000	（4） 300	
本期借方发生额：—	本期贷方发生额：300	
期末余额：1 700		

图 3-16 库存现金登记结果

借方	银行存款	贷方
期初余额：100 000	（2） 80 000	
（1） 150 000	（3） 4 000	
	（4） 11 000	
本期借方发生额：150 000	本期贷方发生额：95 000	
期末余额：155 000		

图 3-17 银行存款登记结果

借方	原材料	贷方
期初余额：55 000		
（4） 10 000		
本期借方发生额：10 000	本期贷方发生额：—	
期末余额：65 000		

图 3-18 原材料登记结果

借方	固定资产	贷方
期初余额：650 000		
本期借方发生额：—	本期贷方发生额：—	
期末余额：650 000		

图 3-19　固定资产登记结果

借方	短期借款	贷方
	期初余额：20 000	
(2) 20 000		
本期借方发生额：20 000	本期贷方发生额：—	
	期末余额：0	

图 3-20　短期借款登记结果

借方	应付账款	贷方
	期初余额：37 000	
(3) 10 000		
本期借方发生额：10 000	本期贷方发生额：—	
	期末余额：27 000	

图 3-21　应付账款登记结果

借方	应付票据	贷方
	期初余额：0	
	(3)　　　6 000	
本期借方发生额：—	本期贷方发生额：6 000	
	期末余额：6 000	

图 3-22　应付票据登记结果

借方	应交税费	贷方
	期初余额：0	
(4) 1 300		
本期借方发生额：1 300	本期贷方发生额：—	
期末余额：1 300		

图 3-23　应交税费登记结果

借方	长期借款		贷方
（2）60 000	期初余额：180 000		
本期借方发生额：60 000	本期贷方发生额：—		
	期末余额：120 000		

图 3-24　长期借款登记结果

借方	实收资本		贷方
	期初余额：570 000		
	（1）	150 000	
本期借方发生额：—	本期贷方发生额：150 000		
	期末余额：720 000		

图 3-25　实收资本登记结果

四、借贷记账法的优点

（1）科学地运用了"借"和"贷"记账符号，充分体现出资金运动的来龙去脉，记账方法体系科学严谨。

（2）遵循"有借必有贷，借贷必相等"的记账规则，应用起来很方便，能清晰地反映账户之间的对应关系，便于及时检查会计记录的正确性。

（3）由于每笔经济业务处理中借贷自动平衡，为日常的会计处理自检和期末的试算平衡提供了方便。

第三节　借贷记账法的试算平衡

企业对于日常发生的经济业务都要记入有关账户，内容复杂琐碎，次数频繁。记账工作中稍有疏忽，便有可能发生记账差错。因此，必须对全部账户的记录定期进行试算，以验证账户记录是否存在差错。试算平衡表就是一种用来验证会计处理数据是否存在差错的表格。所谓试算平衡，是指根据记账规则和会计恒等式，来检查和验证日常账户记录是否正确、完整的一种方法。借贷记账法下的试算平衡有发生额试算平衡和余额试算平衡两种。

一、发生额试算平衡

发生额试算平衡是根据借贷记账法下"有借必有贷，借贷必相等"的记账规则进行的。因为每笔会计分录都是借方发生额等于贷方发生额，所以，所有账户的借方发生额合计就应该等于所有账户的贷方发生额合计。这种平衡关系用公式表示为：

本期全部账户借方发生额合计＝本期全部账户贷方发生额合计

在实际工作中，通过编制发生额试算平衡表对账簿记录进行检验。接第二节中各例，其发生额试算平衡表见表 3-2。

表 3-2　发生额试算平衡表　　　　　　　　　　　　　　　　元

账户名称	借方发生额	贷方发生额
库存现金		300
银行存款	150 000	95 000
原材料	10 000	
短期借款	20 000	
应付账款	10 000	
应付票据		6 000
应交税费	1 300	
长期借款	60 000	
实收资本		150 000
合计	251 300	251 300

二、余额试算平衡

余额试算平衡是指所有账户的借方余额之和与所有账户的贷方余额之和相等。余额试算平衡是根据"资产＝负债＋所有者权益"的恒等关系决定的。因为资产类账户一般有借方余额，而权益类账户一般有贷方余额，因此将借方余额的账户合计后，应等于贷方余额的账户合计。根据余额的时间不同，可分为期初余额平衡和期末余额平衡。本期的期末余额，结转到下一期，就成为下一期的期初余额。余额试算平衡可以用公式表示如下：

$$期末全部账户的借方余额合计＝期末全部账户的贷方余额合计$$

在实际工作中，试算平衡工作是通过编制余额试算平衡表进行的，也可将发生额及余额试算平衡表合并编表。接第二节中各例，其发生额及余额试算平衡表见表 3-3。

表 3-3　发生额及余额试算平衡表　　　　　　　　　　　　　　元

账户名称	期初余额		本期发生额		期末余额	
	借方	贷方	借方	贷方	借方	贷方
库存现金	2 000			300	1 700	
银行存款	100 000		150 000	95 000	155 000	
原材料	55 000		10 000		65 000	
固定资产	650 000				650 000	
短期借款		20 000	20 000			
应付账款		37 000	10 000			27 000
应付票据				6 000		6 000
应交税费			1 300			-1 300
长期借款		180 000	60 000			120 000
实收资本		570 000		150 000		720 000
合计	807 000	807 000	251 300	251 300	871 700	871 700

应当注意的是，试算平衡表只是通过借贷金额是否平衡来检查账户记录是否正确，但并不是绝对的，因为有些账户记录的错误很难在试算平衡中发现。这些错误包括：

（1）某项经济业务记入借贷方的发生金额同时扩大或缩小，借贷仍然平衡；
（2）重复或漏记某项经济业务，使本期借贷双方的发生额等额虚增或虚减，借贷仍然平衡；
（3）借方或贷方发生额中，一多一少并相互抵销，借贷仍然平衡；
（4）某项经济业务颠倒了记账方向，借贷仍然平衡；
（5）会计科目使用错误，借贷仍然平衡。

这些错误需要用其他方法进行查找，将在以后章节中介绍。

复习思考题

1. 借贷记账法的记账符号、记账规则是什么？
2. 会计分录的三项要素是什么？
3. 简述试算平衡表的编制及试算平衡原理。
4. 简述总账与其所属明细账的平行登记规则。

综合练习题

一、单项选择题

1. 采用借贷记账法，负债类账户的结构特点是（　　）。
   A. 借方登记增加，贷方登记减少，期末余额在借方
   B. 借方登记减少，贷方登记增加，期末余额在贷方
   C. 借方登记增加，贷方登记减少，期末一般无余额
   D. 借方登记减少，贷方登记增加，期末一般无余额

2. 采用借贷记账法，费用类账户的结构特点是（　　）。
   A. 借方登记增加，贷方登记减少，期末余额在借方
   B. 借方登记减少，贷方登记增加，期末余额在贷方
   C. 借方登记增加，贷方登记减少，期末一般无余额
   D. 借方登记减少，贷方登记增加，期末一般无余额

3. 在复式记账法下，记录每项经济业务是通过（　　）进行的。
   A. 一个账户　　　　　　　　　　B. 两个账户
   C. 两个或两个以上有联系的账户　　D. 一个或一个以上有联系的账户

4. 企业应根据（　　）的基本原理，对账户记录进行试算平衡，以检查账户记录的正确性。
   A. 会计等式　　　　　　　　　　B. 会计要素划分的类别
   C. 发生经济业务的内容　　　　　D. 账户结构

5. 账户借方登记增加额的是（　　）。
   A. 资产类账户　　　　　　　　　B. 负债类账户
   C. 所有者权益类账户　　　　　　D. 收入类账户

6. （　　）是指对所发生的每项经济业务事项，都以会计凭证为依据，一方面记入有

关总分类账户,另一方面记入总账所属明细分类账户的方法。
　　A. 复式记账　　　B. 借贷记账法　　　C. 平行登记　　　D. 同时登记
7. 下列会计分录中,属于简单会计分录的是(　　)。
　　A. 一借一贷的会计分录　　　　　　B. 一借多贷的会计分录
　　C. 多借一贷的会计分录　　　　　　D. 多借多贷的会计分录
8. 下列不符合借贷记账法的记账规则的是(　　)。
　　A. 资产、负债同时增加　　　　　　B. 资产、负债同时减少
　　C. 资本、负债同时增加　　　　　　D. 一项资本增加,一项负债减少
9. 下列公式中,不符合借贷记账法的试算平衡原理的是(　　)。
　　A. 全部账户本期借方发生额合计=全部账户本期贷方发生额合计
　　B. 全部账户本期增加发生额合计=全部账户本期减少发生额合计
　　C. 全部账户的借方期初余额合计=全部账户的贷方期初余额合计
　　D. 全部账户的借方期末余额合计=全部账户的贷方期末余额合计
10. 负债类账户的本期减少数和期末余额分别反映在(　　)。
　　A. 借方　　　B. 贷方　　　C. 借方和贷方　　　D. 贷方和借方
11. "库存商品"账户的期末余额等于(　　)。
　　A. 期初余额+贷方发生额-借方发生额　　B. 期初余额+借方发生额-贷方发生额
　　C. 期初余额+贷方发生额+借方发生额　　D. 期初余额-贷方发生额-借方发生额
12. 发生额试算平衡的原理是(　　)。
　　A. "资产=负债+所有者权益"
　　B. "有借必有贷,借贷必相等"
　　C. "收入-费用=利润"
　　D. "总账本期发生额=所属明细账本期发生额合计"
13. 借贷记账法试算平衡的方法是(　　)。
　　A. 总账及所属明细账的余额平衡　　　B. 差额平衡
　　C. 所有资产类和负债类的账户余额平衡　D. 发生额平衡、余额平衡
14. 账户主要依据(　　)开设。
　　A. 管理需要　　B. 会计制度　　C. 经济业务　　D. 会计科目
15. 甲公司与乙公司联营期满,甲公司以固定资产退还乙公司投资,这笔经济业务导致甲公司(　　)。
　　A. 资产类项目与权益类项目同时增加　　B. 资产类项目与权益类项目同时减少
　　C. 资产类项目之间此增彼减　　　　　　D. 权益类项目之间此增彼减
16. 不属于会计分录要素的是(　　)。
　　A. 记账方向　　B. 会计科目　　C. 记录金额　　D. 记账时间
17. 总分类账户与明细分类账户的主要区别在于(　　)。
　　A. 记账内容不同　　　　　　　　B. 记录经济业务详细程度不同
　　C. 记账方向不同　　　　　　　　D. 记账依据不同
18. 采用复式记账法,主要是为了(　　)。
　　A. 便于登记账簿　　　　　　　　B. 提高工作效率

C. 便于会计人员分工工作　　　　　　D. 全面、清晰地反映经济业务的来龙去脉

19. 账户的对应关系是指（　　）。
A. 总分类账户与明细分类账户之间的关系
B. 有关账户之间的应借应贷关系
C. 资产类账户与负债类账户之间的关系
D. 成本类账户与损益类账户之间的关系

20. "有借必有贷，借贷必相等"的记账规则适用于（　　）。
A. 单式记账法　　B. 收付记账法　　C. 借贷记账法　　D. 增减记账法

二、多项选择题

1. 下列关于复式记账的特点，表述正确的有（　　）。
A. 对于每项经济业务，都在两个或两个以上相互关联的账户中进行登记
B. 以相等金额在有关账户中进行记录，因而可以据以进行试算平衡，以检查账户记录是否正确
C. 通过账户记录可以了解经济业务的来龙去脉
D. 相对于单式记账而言，具有操作简便的优势

2. 一笔会计分录包括的要素有（　　）。
A. 会计科目　　B. 记账符号　　C. 变动金额　　D. 期末余额

3. 在借贷记账法下，账户的借方登记（　　）。
A. 资产的减少　　B. 负债的减少　　C. 费用的减少　　D. 所有者权益的减少

4. 下列属于借贷记账法的特点的有（　　）。
A. 以"借""贷"为记账符号
B. 根据账户所反映的经济内容来决定记账方向
C. 记账规则是"有借必有贷，借贷必相等"
D. 可以进行发生额试算平衡和余额试算平衡

5. 总分类账户与明细分类账户的区别有（　　）
A. 反映经济业务内容的详细程度不同
B. 作用不同，总账总括记录经济业务，明细账详细记录经济业务
C. 记录的经济业务内容不同
D. 登记账簿的依据不同

6. 不能通过试算平衡发现的错误有（　　）。
A. 某笔经济业务重复记账　　　　　　B. 借贷双方的金额均在个位多写了一个0
C. 借贷账户相互颠倒　　　　　　　　D. 某笔分录借方金额多记了

7. 总分类账户与明细分类账户的平行登记，应满足（　　）的要求。
A. 内容相同　　　　　　　　　　　　B. 同一个人在同一时间内登记
C. 同金额登记　　　　　　　　　　　D. 同方向登记

8. 在借贷记账法下，下列平衡公式正确的有（　　）。
A. 资产类账户期末余额＝期初余额＋本期借方发生额－本期贷方发生额
B. 资产类账户期末余额＝期初余额＋本期贷方发生额－本期借方发生额
C. 权益类账户期末余额＝期初余额＋本期借方发生额－本期贷方发生额

D. 权益类账户期末余额=期初余额+本期贷方发生额-本期借方发生额

9. 在借贷记账法下,"贷"表示增加的会计要素有（　　）。
A. 资产　　　　B. 负债　　　　C. 所有者权益　　　　D. 收入

10. 下列各项中属于复合会计分录的有（　　）。

A. 借：生产成本——课桌　　　　　　　　　　　　210 000
　　贷：原材料——木板　　　　　　　　　　　　200 000
　　　　　　——油漆　　　　　　　　　　　　　 10 000

B. 借：应付账款——海威公司　　　　　　　　　 120 000
　　贷：应付票据　　　　　　　　　　　　　　　100 000
　　　　银行存款　　　　　　　　　　　　　　　 20 000

C. 借：库存商品——课桌　　　　　　　　　　　 210 000
　　　　　　——讲桌　　　　　　　　　　　　　 30 000
　　贷：生产成本——课桌　　　　　　　　　　　210 000
　　　　　　——讲桌　　　　　　　　　　　　　 30 000

D. 借：固定资产　　　　　　　　　　　　　　　 350 000
　　　　银行存款　　　　　　　　　　　　　　　210 000
　　贷：实收资本——远洋公司　　　　　　　　　560 000

三、判断题

1. 在借贷记账法下，借表示增加，贷表示减少。　　　　　　　　　　　　　　（　　）
2. 一般来说，权益类账户的期初、期末余额在账户的贷方。　　　　　　　　　（　　）
3. 复合会计分录就是指多借多贷的会计分录。　　　　　　　　　　　　　　　（　　）
4. 总分类账户对明细分类账户具有补充说明作用，明细分类账户对总分类账户具有统驭作用。　　　　　　　　　　　　　　　　　　　　　　　　　　　　　　　（　　）
5. 用借贷记账法进行试算平衡，可以保证账簿记录完全正确。　　　　　　　　（　　）
6. "有借必有贷，借贷必相等"是借贷记账法的记账规则。　　　　　　　　　（　　）
7. 会计分录中账户之间的相互依存关系称为账户的对应关系。　　　　　　　　（　　）
8. 损益类账户一般没有期末余额，但有期初余额。　　　　　　　　　　　　　（　　）
9. 权益类账户期末贷方余额=期初贷方余额+本期贷方发生额-本期借方发生额。（　　）
10. 发生额试算平衡的原理是"资产=负债+所有者权益"。　　　　　　　　　（　　）

四、业务分析题

习题一

【资料】大浦公司总分类账户期初余额见表3-4。

表3-4　大浦公司总分类账户期初余额　　　　　　　　　　　　　　　　　　　　　元

账户名称	期初余额		本期发生额		期末余额	
	借方	贷方	借方	贷方	借方	贷方
库存现金	100					
银行存款	80 000					
应收账款	9 800					

续表

账户名称	期初余额		本期发生额		期末余额	
	借方	贷方	借方	贷方	借方	贷方
原材料	26 000					
库存商品	6 000					
生产成本	4 800					
其他应收款	200					
固定资产	450 000					
应付账款		15 000				
应交税费		2 000				
短期借款		9 000				
实收资本		550 900				
合计						

该公司20××年2月份发生以下经济业务：

(1) 从银行提现金7 000元备用。

(2) 收回某单位前欠货款9 800元。

(3) 购买原材料价款8 000元，材料已入库，货款尚未支付。

(4) 生产领用原材料价款16 000元。

(5) 收到投资者投入生产设备一台，价值35 000元。

(6) 用银行存款偿还欠供货单位货款12 000元。

(7) 用银行存款上缴税金2 000元。

(8) 归还三个月短期借款9 000元。

(9) 向银行申请长期借款85 000元，款项已存入银行。

(10) 收回上月应由出纳张某赔偿的现金200元。

【要求】

1. 根据经济业务编制会计分录。

2. 练习填制T型账户。

3. 进行发生额和期末余额试算平衡，将结果填于表3-4中。

习题二

【资料】

1. 借：银行存款　　　　　　　　　　　　　　　　　　　100 000
     贷：短期借款　　　　　　　　　　　　　　　　　　　　40 000
         长期借款　　　　　　　　　　　　　　　　　　　　60 000

2. 借：应交税费　　　　　　　　　　　　　　　　　　　　8 000
     贷：银行存款　　　　　　　　　　　　　　　　　　　　8 000

3. 借：其他应付款——康凯　　　　　　　　　　　　　　　6 000
     贷：库存现金　　　　　　　　　　　　　　　　　　　　6 000

4. 借：营业外支出　　　　　　　　　　　　　　　　　　200
　　　贷：库存现金　　　　　　　　　　　　　　　　　　　　200
5. 借：原材料——甲材料　　　　　　　　　　　　　　8 000
　　　　　　——乙材料　　　　　　　　　　　　　　7 000
　　　贷：应付账款——海威公司　　　　　　　　　　　　　15 000
6. 借：银行存款　　　　　　　　　　　　　　　　　　10 000
　　　贷：应收账款——隆升　　　　　　　　　　　　　　　10 000
7. 借：银行存款　　　　　　　　　　　　　　　　　　5 000
　　　贷：库存现金　　　　　　　　　　　　　　　　　　　5 000
8. 借：管理费用　　　　　　　　　　　　　　　　　　3 300
　　　贷：其他应收款——新杰　　　　　　　　　　　　　　3 000
　　　　　库存现金　　　　　　　　　　　　　　　　　　　300
9. 借：固定资产　　　　　　　　　　　　　　　　　　50 000
　　　银行存款　　　　　　　　　　　　　　　　　　　50 000
　　　贷：实收资本——投资公司　　　　　　　　　　　　　100 000
10. 借：库存现金　　　　　　　　　　　　　　　　　　40 000
　　　贷：银行存款　　　　　　　　　　　　　　　　　　　40 000
　　借：应付职工薪酬　　　　　　　　　　　　　　　　40 000
　　　贷：库存现金　　　　　　　　　　　　　　　　　　　40 000

【要求】根据以上会计分录说明其经济业务内容。

第四章

借贷记账法的应用

本章内容提示

本章以制造业企业为典型案例，分析从资金进入、资金运用到资金退出的整个资金运动过程，并结合借贷记账法核算企业在生产经营过程中发生的基本经济业务。要求学生能够掌握企业基本经济业务的活动过程及主要核算内容，熟练运用会计科目；能够编制企业常见经济业务的会计分录；熟悉财务成果的构成及计算，并掌握损益类账户期末结转会计分录的编制。

本章以产品制造业企业（工业企业或生产型企业）主要生产经营过程中的一般经济业务为例，系统地介绍如何运用已设置的账户，采用复式记账法来处理日常发生的经济业务的具体内容。在学习具体经济业务的核算之前，首先要了解企业经济活动的流程。

制造业企业是以一定产品的生产制造为主要经济活动的典型的企业组织。其生产经营过程是以生产过程为核心，实现供应过程、生产过程和销售过程三者的统一。企业为了进行生产经营活动，必须拥有一定数量的财产物资，这些财产物资的货币表现就是资金。

企业的资金运动主要包括资金进入、资金运用（资金的循环与周转）和资金退出三个环节，其资金的运动形态表现为货币资金→储备资金、固定资金→生产资金→成品资金→货币资金。

资金进入企业的渠道主要有两种：一是投资者投入的资金，通常称为资本，属于所有者权益；二是向债权人举借，即向银行或其他金融机构借入的资金，通常称为负债。

资金运用是指资金进入企业后的循环与周转，依次经过供应过程、生产过程和销售过程。企业用货币资金采购材料、构建固定资产、发放工资等，资金形态就表现为储备资金和固定资金；企业通过生产活动制造产品，发生固定资产、材料等物化劳动和生产者活劳动的耗费，经过归集和分配结转到各种产品的生产成本上，资金就从储备资金转化为生产资金；产品完工验收入库，形成了库存商品等待出售，此时的资金形态就转化为成品资金；企业在销售过程中，出售商品并收取货款，这时资金又从产品资金回到了货币资金形态，完成了资金的循环。周而复始的资金循环过程，就是资金的周转。

在企业资金的运动过程中，除了有资金的投入、资金的循环与周转，还有资金的退出。资金退出是指部分资金离开企业，退出企业的资金循环与周转。资金退出包括偿还各项债务、上缴各项税金以及向所有者分配利润等。资金的循环与周转以及资金的投入、资金的退出等经济活动，构成了制造业企业主要经营业务核算的内容。

第一节　资金筹集的核算

筹集资金是企业资金运动的起点。企业的资金来源主要有投资者投入和向债权人举债两种渠道。

投资者投入的资金形成企业的实收资本，按投资主体不同，投入资本可分为国家资本、法人资本、外商资本、个人资本等；按投入资本形态不同，可分为货币投资、实物投资、有价证券投资和无形资产投资等。

举债，是指企业向银行或其他金融机构借入的款项，按照偿还期限不同，可分为短期借款和长期借款。短期借款一般是企业为维持正常的生产经营所需资金或为抵偿债务而借入的，其债权人一般为银行、其他金融机构或其他单位和个人。长期借款一般是企业为了扩大经营规模，添置各种固定资产而借入的，长期借款的主要特征是数额较大、偿还期限较长。

一、资金筹集需要设置的主要账户

（一）"银行存款"账户

"银行存款"账户属于资产类账户，用来核算企业存入银行或其他金融机构的各种存款。借方登记增加数，贷方登记减少数；期末余额在借方，表示银行存款的实有数。本账户按不同银行或金融机构进行明细分类核算。

（二）"实收资本"账户

"实收资本"账户属于所有者权益类账户，用来核算投资者按照企业章程或合同、协议的约定，实际投入企业的资本。本账户贷方登记实际收到投资者作为资本投入的现金、银行存款、房屋、建筑物、机器设备、材料物资、无形资产等；借方登记投资者收回的资本；其贷方余额表示投资者投入企业的资本总额。本账户应按投资者进行明细核算，如果是股份制企业，则使用"股本"来核算。

（三）"短期借款"账户

"短期借款"账户属于负债类账户，用来核算企业从银行或其他金融机构借入的期限在一年以下（含一年）的各种借款。本账户的贷方登记借入的各种短期借款的增加数；借方登记偿还的各种短期借款的减少数；其贷方余额表示企业尚未偿还的短期借款本金。本账户按贷款人和贷款币种设置明细账，且只核算本金，不核算利息。

（四）"长期借款"账户

"长期借款"账户属于负债类账户，用来核算企业从银行或其他金融机构借入的期限在一年以上（不含一年）的各种借款。本账户的贷方登记借入的各种长期借款本金及利息的增加数；借方登记偿还的各种长期借款本息的减少数；贷方余额表示企业尚未偿还的长期借款的本息数。本账户按债权人和贷款币种分"本金""利息调整"等设置明细账。该账户既核算本金,又核算利息。

(五)"固定资产"账户

"固定资产"账户属于资产类账户,用来核算企业为生产商品、提供劳务、出租或经营管理而持有的、使用寿命超过一个会计年度的有形资产原价,如房屋、建筑物、机器设备、运输工具,以及其他与生产经营有关的工具、器具等劳动资料。本账户的借方登记固定资产增加的原始价值,贷方登记固定资产减少的原始价值;期末余额在借方,表示结存的固定资产原始价值。本账户按固定资产类别和项目设置明细账。

二、资金筹集的主要经济业务核算

(一)投入资本的核算

投资者投入企业的资本金,包括库存现金、银行存款等货币资金,也包括房屋、建筑物、机器设备、材料物资等实物资产及商标权、专利权等无形资产。其中,投入的房屋、建筑物、机器设备等固定资产,如果是新的,按发票价格入账,如果是旧的,按协议价入账。下面分别举例进行说明。

【例4-1】东华公司收到长亚集团投入的资本300 000元,存入银行。

该业务的发生,一方面反映投入资本增加,应记入"实收资本"账户的贷方;另一方面反映银行存款增加,应记入"银行存款"账户的借方,其会计分录如下:

借:银行存款   300 000
  贷:实收资本——长亚集团   300 000

【例4-2】东华公司收到利达企业的厂房投资,该建筑物账面原值1 200 000元,已计提折旧400 000元,投资协议价1 500 000元。

该业务的发生,一方面反映投入资本增加,应记入"实收资本"账户的贷方;另一方面反映固定资产增加,应记入"固定资产"账户的借方。在投资中,对旧的固定资产应按协议价、合约价入账。其会计分录如下:

借:固定资产   1 500 000
  贷:实收资本——利达企业   1 500 000

如果利达企业投入的是新设备,价值150 000元,则会计分录如下:

借:固定资产   150 000
  贷:实收资本——利达企业   150 000

【例4-3】宏星工厂以专利技术作价180 000元投入东华公司。

该业务的发生,一方面反映投入资本增加,应记入"实收资本"账户的贷方;另一方面反映无形资产(专利技术)增加,应记入"无形资产"账户的借方,其会计分录如下:

借:无形资产——专利技术   180 000
  贷:实收资本——宏星工厂   180 000

投入资本的核算过程如图4-1所示。

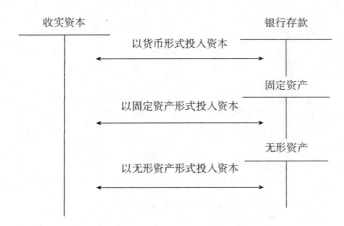

图 4-1 投入资本的核算过程

(二) 借入资金的核算

企业在生产经营过程中,可以向银行和其他金融机构借款。企业借款必须按贷款单位规定办理手续、支付利息、到期还本。借款按偿还期限的不同,可分为短期借款和长期借款。短期借款的利息计入"财务费用"账户;长期借款的利息,在固定资产购建期间发生的,计入"在建工程"账户,在固定资产完工交付使用以后发生的,计入"财务费用"账户。

【例 4-4】因生产经营的临时性周转需要,东华公司于 7 月 1 日向银行借入期限为 6 个月的借款 600 000 元,年利率为 6%,款项已划入企业银行存款账户。

该业务的发生,一方面反映临时借款增加,应记入"短期借款"账户的贷方;另一方面反映银行存款增加,应记入"银行存款"账户的借方,其会计分录如下:

借:银行存款　　　　　　　　　　　　　　　　　　　　　600 000
　　贷:短期借款　　　　　　　　　　　　　　　　　　　　　　600 000

短期借款的核算过程如图 4-2 所示。

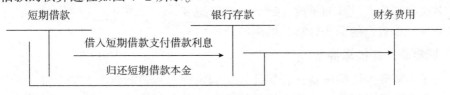

图 4-2 短期借款的核算过程

【例 4-5】因购置固定资产的需要,东华公司于 9 月 1 日向银行借入期限为三年的长期借款 2 000 000 元,年利率为 10%,款项已划入企业银行存款账户。

该业务的发生,一方面反映长期借款增加,应记入"长期借款"账户的贷方;另一方面反映银行存款增加,应记入"银行存款"账户的借方,其会计分录如下:

借:银行存款　　　　　　　　　　　　　　　　　　　　　2 000 000
　　贷:长期借款　　　　　　　　　　　　　　　　　　　　　　2 000 000

长期借款的核算过程如图 4-3 所示。固定资产建成后,长期借款利息计入财务费用。

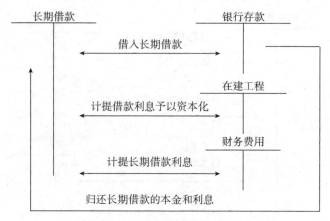

图 4-3 长期借款的核算过程

第二节 供应过程的核算

供应过程也称采购过程,是工业企业生产经营过程的第一个阶段,主要内容是固定资产的购建和材料的采购。

一、固定资产购建业务的核算

固定资产是指使用寿命超过一个会计年度、为生产商品、提供劳务、出租或经营管理而持有的有形资产。

(一) 固定资产的特征

(1) 属于劳动资料。
(2) 单位价值较高。
(3) 多次参加生产过程而不改变原有实物形态。
(4) 通过计提折旧的形式转移其磨损的价值。

(二) 固定资产的核算特点

(1) 对于不需要安装的设备,直接计入"固定资产"进行核算,如车辆、机械设备等。
(2) 对于需要经过安装才可投入使用的设备,在未交付使用之前,先通过"在建工程"账户进行核算,如电梯、建设中的房屋建筑物等,安装完成,达到预定可使用状况后再转入"固定资产"账户。

(三) 固定资产核算设置的主要账户

1. "固定资产"账户

"固定资产"账户属于资产类账户,核算企业固定资产的增减变动和结存情况。借方登记固定资产增加的原始价值;贷方登记固定资产减少的价值,报废、出售、盘亏、毁损等;期末余额在借方,表示现有固定资产的原值。该账户可按固定资产的类别、型号等进行明细核算。

2. "在建工程"账户

"在建工程"账户属于资产类账户,核算企业进行基建工程、设备安装工程和其他工程等活动所发生的实际支出。借方登记建造和安装固定资产工程所发生的实际支出；贷方登记工程完工、交付使用结转的实际成本；期末余额在借方，表示期末尚未完工的建造和安装工程已经发生的实际支出。

3. "库存现金"账户

"库存现金"账户属于资产类账户，核算企业库存现金的增减变动和结存情况。借方登记企业库存增加的现金；贷方登记企业库存减少的现金；期末余额在借方，表示企业持有的库存现金的结存额。

（四）固定资产购建业务的核算

固定资产初始成本由买价、税金（指关税、消费税等）、运杂费、包装费、安装费、专业人员服务费等构成。固定资产的核算过程如图4-4所示。

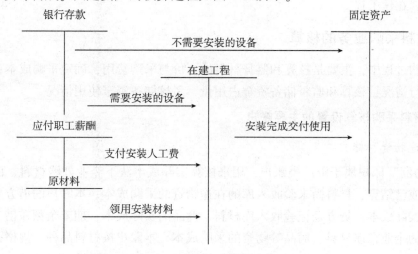

图4-4 固定资产的核算过程

1. 不需要安装的固定资产的核算

【例4-6】东华公司8日购买不需要安装的设备一台，买价100 000元，增值税进项税额为13 000元，运杂费为1 200元，全部款项已通过银行转账支付。

会计分录为：

借：固定资产　　　　　　　　　　　　　　　　　　　　　　　101 200

　　应交税费——应交增值税（进项税额）　　　　　　　　　　13 000

　　贷：银行存款　　　　　　　　　　　　　　　　　　　　　114 200

2. 需要安装的固定资产的核算

【例4-7】东华公司10日引进一套需要安装的生产线，买价400 000元，增值税进项税额为52 000元，包装费和运输费等2 000元，款项已用银行存款支付，生产线投入安装；12日耗用材料5 000元；28日以现金结算安装人员劳务费3 000元；30日安装完成，交付生产车间使用。

（1）10日，购入需要安装生产线，支付税金及运杂费时，会计分录为：

借：在建工程　　　　　　　　　　　　　　　　　　　　　　　402 000

	应交税费——应交增值税（进项税额）	52 000
	贷：银行存款	454 000

（2）12日，安装生产线领用原材料时，会计分录为：

借：在建工程		5 000
	贷：原材料	5 000

（3）28日，以现金支付安装劳务费用时，会计分录为：

借：在建工程		3 000
	贷：库存现金	3 000

（4）30日，生产线安装完毕，交付生产车间使用时，会计分录为：

借：固定资产		410 000
	贷：在建工程	410 000

二、材料采购业务的核算

材料采购过程中，主要是核算和监督材料的买价与采购费用，确定采购成本；检查材料采购计划执行情况；核算和监督储备资金占用量，考核储备资金使用情况。

（一）材料采购核算设置的主要账户

1．"在途物资"账户

"在途物资"账户属于资产类账户，用来核算实际成本法下企业外购材料、商品等物资时货款已付或已结算、材料尚未验收入库的在途物资的采购成本。本账户的借方登记购入材料、商品的实际成本，贷方登记验收入库材料、商品的实际成本；期末余额在借方，表示尚未验收入库的企业在途材料、商品等物资的采购成本。本账户按材料品种、规格设置明细分类账。

2．"原材料"账户

"原材料"账户属于资产类账户，用来核算企业库存的各种材料的收入、发出和结存情况。本账户借方登记企业购入并验收入库各种材料的成本，贷方登记材料发出、减少的数额；期末借方余额表示库存材料的成本。本账户按材料类别、品种、规格等设置明细分类账，具体反映各种材料的库存和增减变动情况。

与"原材料"账户在性质、结构上相同的还有"库存商品""周转材料"账户，这里不加叙述。

3．"应付账款"账户

"应付账款"账户属于负债类账户，用来核算企业因购买材料、商品和接受劳务供应时应付而未付的款项。该账户的贷方反映应付账款的实际发生数，借方反映应付账款的实际偿还数；期末余额在贷方，表示尚未偿还的款项。应付账款应按债权人设置明细分类账。

4．"预付账款"账户

"预付账款"账户，属于资产类账户，用来核算企业按照购货合同规定预付给供应单位的款项。该账户借方登记企业向供货商预付的货款，贷方登记企业收到所购物品应结转的预付货款；期末借方余额反映企业向供货单位预付的货款；期末如为贷方余额，反映企业尚未补付的款项。本账户可按供货单位、承包工程单位设置明细分类账。

5. "应付票据"账户

"应付票据"账户属于负债类账户，用来核算企业因购买材料、商品和接受劳务供应而开出并承兑的商业汇票。按承兑人不同可分为商业承兑汇票和银行承兑汇票。本账户的贷方登记开出、承兑的商业汇票，借方登记到期承付的商业汇票；期末余额在贷方，表示尚未到期的商业汇票的金额。本账户按收款人的姓名和收款单位设置明细分类账。

6. "应交税费"账户

"应交税费"账户属于负债类账户，用来核算企业按照税法规定计算应交纳的各种税费，包括增值税、消费税、所得税、城市维护建设税、教育费附加等。本账户的借方登记按规定已交纳的税额和增值税的进项税额，贷方登记计算出来尚未交纳的各种税费和增值税的销项税额；期末贷方余额表示应交而未交的各种税费，期末借方余额则表示多交或未抵扣的税费。本账户按税种设置明细分类账。

"应交增值税"是"应交税费"的所属明细账户之一，是用来核算和监督企业应交和实交增值税结算情况的账户，借方登记企业购买材料、设备时垫付的增值税进项税额，贷方登记出售商品时代收的增值税销项税额。期末若为贷方余额，表示应交而未交的增值税；若为借方余额，表示尚未抵扣的增值税。

（二）材料采购成本的核算

材料采购成本的核算就是将供应过程中发生的材料买价和有关采购费用，按一定种类的材料进行归集和分配，确定该种材料的实际成本。

材料采购成本包括买价和采购费用。

1. 买价

买价即购买材料、物品的发票上注明的价款金额。

2. 采购费用

采购费用即采购过程中发生的与采购相关的税费。

（1）运杂费，包括运输费、装卸费、保险费、包装费等。

（2）运输途中的合理损耗，指运输途中所发生的定额内的合理损耗。

（3）入库前挑选整理费用，包括挑选整理中发生的工资支出和必要的损耗，扣除回收的下脚废料价值。

（4）购入材料等物资应负担的相关税金和其他费用，如消费税、进口货物的关税等，但不包括增值税。

（三）材料采购业务核算举例

材料采购业务一般包括：付款的同时收到材料；材料已验收入库，货款尚未支付；货款已付，材料尚未验收入库；按合同规定预付购货款；支付并分配材料采购费用；入库前发生的各类损耗等核算业务。

材料采购业务的核算过程如图4-5所示。

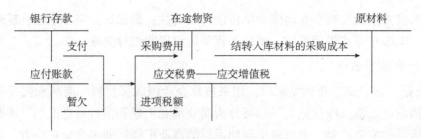

图 4-5　材料采购业务的核算过程

【例 4-8】东华公司 3 月份从康佳集团公司购入材料一批，价款 50 000 元，增值税税率为 13%，材料已验收入库，款项以银行存款支付。

该业务的发生，一方面表明购入的原材料增加，且已验收入库，价款为 50 000 元，应记入"原材料"账户的借方，同时支付增值税进项税额 6 500（50 000×13%）元，记入"应交税费——应交增值税（进项税额）"的借方；另一方面，价税款以银行存款支付，表明银行存款减少，应记入"银行存款"的贷方。会计分录为：

```
借：原材料                                              50 000
    应交税费——应交增值税（进项税额）                    6 500
    贷：银行存款                                              56 500
```

【例 4-9】东华公司 5 月份从宏星公司购入甲材料 1 000 千克，每千克 10 元，合计 10 000 元，增值税 1 300 元；购入乙材料 3 000 千克，每千克 5 元，合计 15 000 元，增值税 1 950 元，价税款以转账支票结算。

该业务的发生，一方面表明甲、乙两种材料的购入价分别是 10 000 元和 15 000 元，应分别记入"在途物资——甲材料"和"在途物资——乙材料"的借方，增值税进项税额共计 3 250 元，记入"应交税费"的借方；另一方面，价税款以转账支票结算，"银行存款"的贷方减少。会计分录为：

```
借：在途物资——甲材料                                  10 000
         ——乙材料                                  15 000
    应交税费——应交增值税（进项税额）                    3 250
    贷：银行存款                                              28 250
```

【例 4-10】【例 4-9】中用银行存款支付甲、乙两种材料的运费 4 000 元，应记入材料采购成本，按照两种材料的重量比例分摊，甲材料应分摊 1 000 元，乙材料应分摊 3 000 元。

该业务的发生，一方面表明甲、乙两种材料增加采购成本 4 000 元，应记入"在途物资"账户的借方，但运费是甲、乙两种材料共同发生的，应采用一定的标准进行分配，以便分别记入甲、乙材料的采购成本；另一方面通过银行存款支付，应记入"银行存款"账户的贷方。

在进行分配时，可采用以下公式：

$$\text{分配率} = \frac{\text{间接费用}}{\text{各种物资的分配标准之和}}$$

某种物资应分配的间接费用＝该种物资的分配标准×分配率

这里的间接费用指不能直接计入各种物资采购成本，需要按照一定的标准在有关物资之间进行分配的费用，如运输费、装卸费等。分配标准一般按物资重量、体积或买价的比例计

算。此例中，

$$分配率 = \frac{4\,000}{1\,000 + 3\,000} = 1 \text{（元/千克）}$$

甲材料应分配的运输费用 = 1 000×1 = 1 000（元）
乙材料应分配的运输费用 = 3 000×1 = 3 000（元）

会计分录为：

借：在途物资——甲材料　　　　　　　　　　　　　　　　　　　1 000
　　　　　　——乙材料　　　　　　　　　　　　　　　　　　　3 000
　　贷：银行存款　　　　　　　　　　　　　　　　　　　　　　4 000

【例 4-11】上述采购的甲、乙两种材料已验收入库，结转实际采购成本。

该业务的发生，表明甲、乙材料采购过程已经完成，材料的采购成本已确定。应从"在途物资"账户的贷方转入"原材料"账户的借方，以反映入库材料的实际成本。甲材料的实际采购成本为买价加运费，共 11 000 元。同理，乙材料的实际采购成本共计 18 000 元。会计分录为：

借：原材料——甲材料　　　　　　　　　　　　　　　　　　　11 000
　　　　——乙材料　　　　　　　　　　　　　　　　　　　18 000
　　贷：在途物资——甲材料　　　　　　　　　　　　　　　　　11 000
　　　　　　　　——乙材料　　　　　　　　　　　　　　　　　18 000

【例 4-12】东华公司从瑞信工厂购入丙材料 8 000 千克，发票账单上注明每千克 15 元，合计 120 000 元，增值税进项税额为 15 600 元，供货方代垫运输费 2 000 元，其中运费的增值税税率为 9%，增值税为 180 元。材料已验收入库，货款及代垫运费暂欠。

该业务的发生，一方面表明丙材料的采购成本是 121 820（120 000+2 000−180）元，已验收入库，应记入"原材料——丙材料"账户的借方，增值税进项税额 15 780（15 600+180）元应记入"应交税费"账户的借方；另一方面，货款及运费暂欠，形成企业对供货单位瑞信工厂的债务，应记入"应付账款"账户的贷方。会计分录为：

借：原材料——丙材料　　　　　　　　　　　　　　　　　　　121 820
　　应交税费——应交增值税（进项税额）　　　　　　　　　　　15 780
　　贷：应付账款——瑞信工厂　　　　　　　　　　　　　　　　137 600

【例 4-13】东华公司从利达公司购入材料一批，增值税专用发票上注明的价款为 100 000 元，增值税进项税额为 13 000 元，材料已验收入库，货款以商业汇票付讫。

该业务的发生，一方面表明该材料的采购成本是 100 000 元，应记入"原材料"账户的借方，增值税进项税额 13 000 元应记入"应交税费"账户的借方；另一方面表明货款以商业汇票结算，形成企业对供货单位利达公司的债务 113 000 元，应记入"应付票据"账户的贷方。会计分录如下：

借：原材料　　　　　　　　　　　　　　　　　　　　　　　　100 000
　　应交税费——应交增值税（进项税额）　　　　　　　　　　　13 000
　　贷：应付票据——利达公司　　　　　　　　　　　　　　　　113 000

当签发给利达公司的商业票据到期，以银行存款支付票据款时，会计分录为：

借：应付票据——利达公司　　　　　　　　　　　　　　　　　113 000
　　贷：银行存款　　　　　　　　　　　　　　　　　　　　　113 000

【例4-14】 东华公司按合同规定预付顺发企业货款20 000元，购买丁材料，款项通过转账支票支付。

该业务的发生，一方面表明"预付账款"账户借方增加20 000元；另一方面通过转账支票支付，"银行存款"账户贷方减少。这项业务只是纯粹的债权债务关系，公司并未取得材料的所有权。会计分录为：

借：预付账款——顺发企业　　　　　　　　　　　　　　　20 000
　　贷：银行存款　　　　　　　　　　　　　　　　　　　　　20 000

【例4-15】【例4-14】中预付货款的丁材料对方已经交货，且已验收入库，结算的价款为30 000元，增值税进项税额为3 900元，预付不足的款项通过银行转账支付。

该业务的发生，一方面表明原材料增加，记入"原材料"账户的借方，同时承担增值税进项税额，记入"应交税费"账户的借方；另一方面，在结算时要冲减"预付账款"20 000元，并通过银行转账支付不足的货款及税金13 900元，应分别记入"预付账款"账户和"银行存款"账户的贷方，表示债权及资产的减少。会计分录为：

借：原材料——丁材料　　　　　　　　　　　　　　　　　30 000
　　应交税费——应交增值税（进项税额）　　　　　　　　　3 900
　　贷：预付账款——顺发企业　　　　　　　　　　　　　　20 000
　　　　银行存款　　　　　　　　　　　　　　　　　　　　13 900

企业在材料采购验收入库前，如果发生各类材料损耗，分以下情况处理：

（1）属于定额内损耗，提高入库材料的单位成本，不另做账务处理。

假设购入材料50千克，单价2元/千克，共计100元，在途中合理损失2千克，到货48千克，则入账单价2.08元/千克，计入原材料成本的仍是100元，总成本不变，提高了单位成本。

（2）属于运输部门责任，由其进行赔偿的，会计分录为：

借：其他应收款——某运输单位
　　贷：在途物资
　　　　应交税费——应交增值税（进项税额转出）

收到赔款时，会计分录为：

借：银行存款
　　贷：其他应收款——某运输单位

（3）属于供货方责任，对短缺部分分别做出处理，会计分录为：

借：应付账款（未付款的，则不付）
　　银行存款（若已付货款，则要求退回）
　　贷：在途物资
　　　　应交税费——应交增值税（进项税额转出）

如果供货方补付材料，会计分录为：

借：在途物资
　　应交税费——应交增值税（进项税额）
　　贷：应付账款

（4）由于意外灾害造成的毁损，经保险公司赔偿后，差额计入营业外支出。

发生意外灾害时，会计分录为：
借：待处理财产损溢——待处理流动资产损溢
　　贷：在途物资
　　　　应交税费——应交增值税（进项税额转出）
批准处理时，应获得保险公司理赔的部分，会计分录为：
借：其他应收款——保险公司
　　营业外支出——非常损失（净损失）
　　贷：待处理财产损溢——待处理流动资产损溢

第三节　生产过程的核算

生产过程是工业企业资金循环的第二阶段。企业的生产过程是物化劳动（劳动资料和劳动对象）和活劳动消耗的过程。

在生产经营过程中所发生的各种耗费称为费用。费用按经济用途可分为计入产品成本的生产费用和不能计入产品成本的期间费用。生产费用包括直接材料费用、直接人工费用、其他直接费用和制造费用，其中，直接材料费用、直接人工费用和其他直接费用在发生时，直接计入生产成本。制造费用又称间接费用，是指为生产产品而发生的公共费用，即生产部门为组织和管理生产而发生的各项间接费用。制造费用平时在发生时先进行归集，期末时再分配计入各产品生产成本中。企业为生产一定种类、一定数量的产品所发生的直接材料费用、直接人工费用、其他直接费用和制造费用的总和是这些产品的成本，称为生产成本。期间费用是指与产品生产无直接关系，不计入产品成本，而计入其发生的期间，由该期间负担的费用。期间费用包括管理费用、财务费用和销售费用。

一、生产过程核算的主要任务

生产过程核算的主要任务可归纳为核算和监督生产费用的发生、分配、归集和产品成本的计算。具体表现为：

（1）材料费用的分配与计算；
（2）工资费用的发生与分配；
（3）主要费用的发生与支付；
（4）固定资产折旧的计提；
（5）制造费用的归集与分配；
（6）产品成本的计算与结转。

二、生产过程核算设置的主要账户

（一）"生产成本"账户

"生产成本"账户属于成本类账户，用来核算企业生产各种产品和提供劳务时所发生的各项生产费用，并据以确定产品的生产成本。"生产成本"账户借方登记企业为生产产品而发生的各项直接生产费用，包括原材料、生产工人薪酬及月末分配转入的制造费用；贷方登记结转完工验收入库的产品成本。期末余额在借方，表示尚未完成的在产品成本。该账户可按成本核算对象如产品的品种设置明细账户,账内按成本项目设置专栏进行明细核算。

(二)"制造费用"账户

"制造费用"账户属于成本类账户,用来归集和分配企业生产车间为组织和管理生产而发生的各种间接费用,包括工资及福利费、折旧费、修理费、办公费、水电费、机物料消耗、劳动保护费、季节性生产期间的停工损失等,以及其他不能直接计入产品生产成本的费用。"制造费用"账户的借方登记实际发生的各种间接费用,贷方登记分配结转应由各种产品负担的制造费用。月末一般应无余额。为了考核不同车间(分厂)的经费开支情况,该账户应按不同车间、部门设置明细账。

(三)"库存商品"账户

"库存商品"账户属于资产类账户,用来核算企业库存的各种产成品的实际成本。工业企业的产成品是指企业已完成全部生产工序并已验收入库可供销售的产品。"库存商品"账户的借方登记完工验收入库产品的实际成本,贷方登记结转已售产品的实际成本;期末余额在借方,表示库存未售产成品的实际成本。为了具体反映库存商品的结存和增减变动情况,应按其品种、规格或类别设置明细账户。

(四)"应付职工薪酬"账户

"应付职工薪酬"账户属于负债类账户,用来核算企业根据有关规定,应付给职工的各种薪酬,包括职工工资、奖金、津贴、福利费等。本账户的贷方登记应付给职工的各种薪酬;借方登记支付给职工的各种薪酬及支付的工会经费、职工教育经费、缴纳的社会保险费、住房公积金等;期末余额在贷方,表示企业应付未付的职工薪酬。本账户可按"工资""职工福利""社会保险费""住房公积金""工会经费""职工教育经费"等设置明细账户。

(五)"累计折旧"账户

"累计折旧"账户属于资产类的备抵调整账户,用来核算固定资产因磨损而减少的价值。其记账方向与一般资产账户相反,贷方登记按期提取的固定资产折旧数;借方登记处置固定资产时,累计折旧的减少数;期末余额在贷方,表示现有固定资产累计已提折旧数。该账户一般不设明细账户。

(六)"管理费用"账户

"管理费用"账户属于损益类账户,用来核算企业为组织和管理生产经营发生的各种费用,包括企业在筹建期间发生的开办费、董事会和行政管理部门在企业的经营管理中发生的以及应由企业统一负担的公司经费(包括行政管理部门职工薪酬、物料消耗、低值易耗品摊销、办公费和差旅费等)、行政管理部门负担的工会经费、董事会费(包括董事会成员津贴、会议费和差旅费等)、聘请中介机构费、咨询费(含顾问费)、诉讼费、业务招待费、技术转让费、研究费用等。企业生产车间(部门)和行政管理部门发生的固定资产修理费用等后续支出,也作为管理费用核算。本账户的借方登记企业发生的各项管理费用,贷方登记期末转入"本年利润"账户的管理费用;结转后期末无余额。本账户可按费用项目设置明细账户。

商品流通企业管理费用不多的,可不设"管理费用"账户,相关核算内容可并入"销售费用"账户核算。

(七)"财务费用"账户

"财务费用"账户属于损益类账户,核算企业为筹集生产经营所需资金而发生的费用,包括利息支出(减利息收入)、汇兑损失(减汇兑收益)以及相关的手续费、企业发生或收到的现金折扣等。本账户的借方登记本期发生的各项财务费用,贷方登记转入"本年利润"账户的金额;结转后期末无余额。本账户可按费用项目设置明细账户。

三、生产过程主要经济业务的核算

在生产过程中,发生的主要经济业务有:车间生产领用原材料;计算和分配工资薪酬;计提固定资产折旧;各项费用的支付;分配制造费用;计算产品成本;产品完工入库结转完工产品的实际成本等。生产过程的核算如图4-6所示。

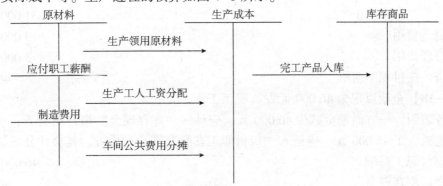

图4-6 生产过程的核算

【例4-16】东华公司从仓库领出甲、乙材料各一批,用于生产A、B两种产品和其他耗用,见表4-1。

表4-1 发出材料汇总表 元

项目	甲材料	乙材料	合计
A产品	6 000	7 200	13 200
B产品	12 600	13 200	25 800
车间	1 200	1 200	2 400
厂部	2 400	1 800	4 200
合计	22 200	23 400	45 600

这笔经济业务表明,一方面减少库存材料价款45 600元,应记入"原材料"账户的贷方。另一方面,材料投入生产及其他耗用,增加生产费用等。其中,用于A、B产品的39 000元是直接材料费,记入"生产成本"账户的借方;车间领用2 400元属于间接费用,应记入"制造费用"的借方;厂部领用4 200元属于期间费用,应记入"管理费用"账户的借方。其会计分录如下:

借:生产成本——A产品　　　　　　　　　　　　　　　　　　13 200
　　　　　　——B产品　　　　　　　　　　　　　　　　　　25 800
　　制造费用　　　　　　　　　　　　　　　　　　　　　　　2 400
　　管理费用　　　　　　　　　　　　　　　　　　　　　　　4 200

  贷：原材料——甲材料 22 200
     ——乙材料 23 400

【例 4-17】 结算本月应付职工工资 46 000 元，其中：A 产品生产工人工资 9 000 元，B 产品生产工人工资 31 000 元，车间管理人员工资 3 000 元，厂部管理人员工资 3 000 元。

  该业务的发生，一方面说明本月发生应付职工工资 46 000 元，应记入"应付职工薪酬"账户的贷方；另一方面说明费用也增加了 46 000 元。其中，A、B 产品应负担的生产工人工资 9 000 元和 31 000 元是直接人工费，记入"生产成本"账户的借方；车间管理人员工资 3 000 元属于间接费用，应记入"制造费用"账户的借方；厂部管理人员工资 3 000 元属于期间费用，应记入"管理费用"账户的借方。其会计分录如下：

  借：生产成本——A 产品 9 000
     ——B 产品 31 000
    制造费用 3 000
    管理费用 3 000
   贷：应付职工薪酬 46 000

【例 4-18】 企业以现金 46 000 元发放职工工资。

  该业务表明，一方面现金减少 46 000 元，应计入"库存现金"账户的贷方；另一方面，应付工资也减少了 46 000 元，应记入"应付职工薪酬"账户的借方。其会计分录如下：

  借：应付职工薪酬 46 000
   贷：库存现金 46 000

【例 4-19】 以银行存款支付车间水电费 2 300 元，管理部门水电费 1 600 元。

  该业务表明，一方面银行存款减少 3 900 元，应记入"银行存款"账户的贷方；另一方面，车间制造费用和行政管理部门的管理费用增加，应分别记入"制造费用"和"管理费用"账户的借方。其会计分录如下：

  借：制造费用 2 300
    管理费用 1 600
   贷：银行存款 3 900

【例 4-20】 以银行存款 4 000 元支付业务招待费。

  业务招待费属于管理费用。该业务表明，一方面银行存款减少 4 000 元，应记入"银行存款"账户的贷方；另一方面管理费用增加 4 000 元，应记入"管理费用"账户的借方。其会计分录如下：

  借：管理费用 4 000
   贷：银行存款 4 000

【例 4-21】 以银行存款支付本月书报杂志订阅费 800 元，其中车间管理部门 300 元，行政管理部门 500 元。

  书报杂志订阅费属于办公费用。该业务表明，一方面银行存款减少 800 元，应记入"银行存款"账户的贷方；另一方面，车间制造费用增加了 300 元，行政管理部门的管理费用增加了 3 500 元，应分别记入"制造费用"和"管理费用"账户的借方。其会计分录如下：

  借：制造费用 300
    管理费用 500

贷：银行存款　　　　　　　　　　　　　　　　　　　　　　　　　　　800

【例4-22】以银行存款支付应由本期财务费用负担的短期借款利息3 000元。

短期借款利息应计入本期损益。该业务表明，一方面，发生的短期借款利息，应记入"财务费用"账户的借方；另一方面，银行存款减少3 000元，应记入"银行存款"账户的贷方。其会计分录如下：

　　借：财务费用　　　　　　　　　　　　　　　　　　　　　　　　　3 000
　　　　贷：银行存款　　　　　　　　　　　　　　　　　　　　　　　　3 000

【例4-23】月末提取本月固定资产折旧8 000元，其中，生产车间固定资产折旧6 000元，行政管理部门固定资产折旧2 000元。

固定资产在使用过程中会发生磨损，还会产生无形损耗，其消耗部分的价值称为固定资产折旧。这部分价值应按固定资产原值和核定的折旧率按月计算折旧费，并在账户中进行记录。该业务的发生，使固定资产价值减少，同时引起费用的增加，因此，一方面反映折旧费增加，应记入"制造费用"和"管理费用"账户的借方；另一方面反映固定资产计提的折旧额增加，记入"累计折旧"账户的贷方。其会计分录如下：

　　借：制造费用　　　　　　　　　　　　　　　　　　　　　　　　　6 000
　　　　管理费用　　　　　　　　　　　　　　　　　　　　　　　　　2 000
　　　　贷：累计折旧　　　　　　　　　　　　　　　　　　　　　　　　8 000

【例4-24】以银行存款支付固定资产修理费9 000元，其中，车间修理费6 000元，行政管理部门修理费3 000元。

该业务的发生，一方面要增加生产中的间接费用，应记入"制造费用"的借方；行政管理部门修理费属于期间费用，应记入"管理费用"账户的借方。另一方面，银行存款减少，应记入"银行存款"账户的贷方。其会计分录如下：

　　借：制造费用　　　　　　　　　　　　　　　　　　　　　　　　　6 000
　　　　管理费用　　　　　　　　　　　　　　　　　　　　　　　　　3 000
　　　　贷：银行存款　　　　　　　　　　　　　　　　　　　　　　　　9 000

【例4-25】将本月发生的制造费用20 000元转入生产成本。（按工资比例分配制造费用）

制造费用是产品生产成本的组成部分，月末应将本月归集的各种间接生产费用从"制造费用"账户按一定标准分配转入"生产成本"账户，以反映产品生产成本。（A产品的工资是9 000元，B产品的工资是31 000元。）

$$制造费用的分配率 = \frac{20\,000}{9\,000 + 31\,000} = 0.5$$

A产品应分担的制造费用 = 9 000×0.5 = 4 500（元）
B产品应分担的制造费用 = 31 000×0.5 = 15 500（元）

该业务的发生，一方面要结转制造费用，在贷方减少"制造费用"；另一方面要在"生产成本"的借方增加产品成本。其会计分录如下：

　　借：生产成本——A产品　　　　　　　　　　　　　　　　　　　　4 500
　　　　　　　　——B产品　　　　　　　　　　　　　　　　　　　　15 500
　　　　贷：制造费用　　　　　　　　　　　　　　　　　　　　　　　20 000

"制造费用""生产成本"的T型账户，反映其成本费用的归集与分配情况。如图4-7至图4-9所示。

借方	制造费用	贷方
(16) 2 400		
(17) 3 000		
(19) 2 300		
(21) 300		
(23) 6 000		
(24) 6 000	(25) 20 000	
本期发生额合计：20 000	本期发生额合计：20 000	
	0	

图 4-7　制造费用归集与分配

【例 4-26】本月 A 产品 1 000 件、B 产品 1 200 件全部制造完成，并已验收入库，月末结转其实际生产成本。

该业务说明 A、B 产品已全部制造完工，并已验收入库。一方面表示产品完成，应按实际成本转账，记入"生产成本"账户的贷方；另一方面表示产成品增加，记入"库存商品"账户的借方。其会计分录如下：

借：库存商品——A 产品　　　　　　　　　　　　　　　26 700
　　　　　　——B 产品　　　　　　　　　　　　　　　79 000
　　贷：生产成本——A 产品　　　　　　　　　　　　　26 700
　　　　　　　　——B 产品　　　　　　　　　　　　　79 000

借方	生产成本——A	贷方
(16) 13 200		
(17) 9 000		
(25) 4 500	(26) 26 700	
本期发生额合计：26 700	本期发生额合计：26 700	
	0	

借方	生产成本——B	贷方
期初余额：6 700		
(16) 25 800		
(17) 31 000		
(25) 15 500	(26) 79 000	
本期发生额合计：72 000	本期发生额合计：79 000	
	0	

图 4-8　A 产品生产成本归集与分配　　　　图 4-9　B 产品生产成本归集与分配

第四节　销售过程的核算

一、销售过程核算的主要内容

销售过程是工业企业生产经营过程的最后阶段，是产品价值的实现过程，其主要任务是将产品销售出去，以满足社会的需要，同时取得销售收入，补偿企业的生产耗费。该过程的主要经济业务包括：销售产品确认主营业务收入，取得销售货款或收取货款的权利，结转已售产品的生产成本；支付因销售商品而发生的销售费用，如包装费、广告宣传费等；按国家税法规定计算交纳销售税金；按照应交的城市维护建设税及教育费附加的比例，计算应交的城市维护建设税及教育费附加。

二、销售过程核算应设置的主要账户

（一）"主营业务收入"账户

主营业务收入账户属于损益类账户，用来核算企业因销售商品、提供劳务等日常活动所实现的收入。该账户的贷方登记企业在日常活动中所取得的收入，借方登记期末转入"本年利润"的收入数，结转后无余额。本账户按主营业务商品的种类设置明细账户。

（二）"主营业务成本"账户

"主营业务成本"账户属于损益类账户，用来核算企业因销售商品、提供劳务等日常活动应结转的成本。该账户借方登记本期销售各种商品、提供劳务应结转的主营业务成本，贷方登记期末转入"本年利润"账户的数额，结转后无余额。本账户按主营业务商品的种类设置明细账户。

（三）"销售费用"账户

"销售费用"账户属于损益类账户，核算企业为销售产品而发生的各种费用，包括：①产品自销费用，如运输费、包装费、保险费、装卸费等；②产品促销费用，如广告费、展览费、柜台费、销售服务费等；③专设销售机构的职工工资、福利费、业务费、折旧费等经营费用。该账户借方归集本月发生的各种销售费用，贷方登记期末转入"本年利润"账户的数额，结转后无余额。本账户按费用项目设置明细账户。

（四）"税金及附加"账户

"税金及附加"账户属于损益类账户，用来核算企业销售商品、提供劳务等应负担的税金及附加费，包括除增值税以外的消费税、城市维护建设税、资源税、关税、土地增值税和教育费附加等。该账户借方登记按规定税率计算确认的与经营活动有关的应由企业负担的税金及附加，贷方登记期末转入"本年利润"账户的数额，结转后无余额。

（五）"应收账款"账户

"应收账款"账户属于资产类账户，用来核算企业因销售商品、提供劳务等应向购货单位或接受劳务单位收取的款项。该账户借方登记应向购货方或接受劳务单位收取的款项，贷方登记已收回的款项；余额在借方，反映企业尚未收回的债权。本账户按购货单位或接受劳务单位设置明细账户。

（六）"预收账款"账户

"预收账款"账户属于负债类账户，用来核算企业按照合同规定预收的款项。本账户的贷方登记企业向购货单位预收的款项，借方登记实现的销售收入；期末贷方余额表示企业预收的款项，借方余额表示企业应补收的款项。本账户可按购货单位设置明细账户，如果企业预收款项不多，也可并入"应收账款"账户核算。

（七）"应收票据"账户

"应收票据"账户属于资产类账户，用来核算企业因销售商品、提供劳务等而收到的商业汇票。该账户的借方登记企业收到的商业汇票，贷方登记到期收回票据款的商业汇票。余额在借方，表示企业持有的尚未到期的商业汇票。该账户按购货单位或接受劳务单位设置明细账户。

三、销售过程中主要经济业务的核算

销售过程有两个核算体系：一个是取得销售收入，另一个是结转售出产品成本，如图4-10所示。

图4-10 销售过程的核算体系

【例4-27】东华公司向华美公司销售A产品600件，单价70元/件，增值税税率为13%。货已发出，收到转账支票一张送存银行。

该笔销售业务符合收入确认原则，一方面使"银行存款"账户借方增加47 460元；另一方面使销售收入增加42 000元，增值税销项税额增加5 460元，分别记入"主营业务收入"账户和"应交税费"账户的贷方。会计分录为：

借：银行存款   47 460
　　贷：主营业务收入——A产品   42 000
　　　　应交税费——应交增值税（销项税额）   5 460

【例4-28】东华公司向星火公司销售B产品1 000件，单价120元/件，增值税税率为13%。货已发出并办妥托收手续，款项尚未收到。

该笔销售业务符合收入确认原则，一方面使"应收账款"账户借方增加135 600元；另一方面使销售收入增加120 000元，增值税销项税额增加15 600元，分别记入"主营业务收入"账户和"应交税费"账户的贷方。会计分录为：

借：应收账款——星火公司   135 600
　　贷：主营业务收入——B产品   120 000
　　　　应交税费——应交增值税（销项税额）   15 600

【例4-29】东华公司向亚星商场销售A产品500件，单价70元/件，增值税税率为13%。货已发出，收到亚星商场签发的商业承兑汇票一张，期限为3个月。

该笔业务的发生，一方面收到的商业承兑汇票使"应收票据"账户借方增加了39 550元；另一方面使"主营业务收入"账户和"应交税费——应交增值税（销项税额）"账户的借方分别增加了35 000元和4 550元。会计分录为：

借：应收票据——亚星商场   39 550
　　贷：主营业务收入   35 000
　　　　应交税费——应交增值税（销项税额）   4 550

【例4-30】东华公司收到星火公司前欠货款135 600元和亚星商场已到期的票据款39 550元，存入银行。

该笔业务的发生，一方面使"银行存款"账户借方增加 175 150 元；另一方面使"应收账款"账户和"应收票据"账户的贷方分别减少了 135 600 元和 39 550 元。会计分录为：

借：银行存款　　　　　　　　　　　　　　　　　　　　　　175 150
　　贷：应收账款——星火公司　　　　　　　　　　　　　　　　135 600
　　　　应收票据——亚星商场　　　　　　　　　　　　　　　　 39 550

【例 4-31】月末结转本月售出产品的销售成本，其中，销售 A 产品 1 100 件，单位成本为 30 元，销售 B 产品 1 000 件，单位成本为 70 元。

$$A 产品销售成本 = 1\ 100 \times 30 = 33\ 000（元）$$
$$B 产品销售成本 = 1\ 000 \times 70 = 70\ 000（元）$$

该业务的发生，一方面表明"库存商品"账户贷方减少 33 000 元和 70 000 元，另一方面表明销售成本增加 33 000 元和 70 000 元，应记入"主营业务成本"账户的借方。会计分录为：

借：主营业务成本——A 产品　　　　　　　　　　　　　　　　33 000
　　　　　　　　　——B 产品　　　　　　　　　　　　　　　　70 000
　　贷：库存商品——A 产品　　　　　　　　　　　　　　　　　33 000
　　　　　　　　——B 产品　　　　　　　　　　　　　　　　　70 000

【例 4-32】东华公司为销售商品，以银行存款支付运费 1 000 元。

该业务的发生，一方面表明销售费用增加 1 000 元，应记入"销售费用"账户的借方；另一方面表明银行存款减少 1 000 元，应记入"银行存款"的贷方。会计分录为：

借：销售费用　　　　　　　　　　　　　　　　　　　　　　　 1 000
　　贷：银行存款　　　　　　　　　　　　　　　　　　　　　　 1 000

【例 4-33】月末假定本期发生增值税销项税额 46 000 元，发生增值税进项税额 26 000 元，根据税费规定，本期应交增值税为 20 000 元，同时计算应交城市维护建设税和教育费附加。

城市维护建设税和教育费附加是按企业当期实际交纳的增值税和消费税税额之和的一定比例计算的。如果计算结果是进项税额大于销项税额，且没有消费税的发生，则本期不交纳城市维护建设税和教育费附加。现行制度规定，市区的城市维护建设税税率为 7%，县城、建制镇税率为 5%，其他非市、县、镇地区税率为 1%；教育费附加的提取比例均为 3%。

$$应交城市维护建设税 = 20\ 000 \times 7\% = 1\ 400（元）$$
$$应交教育费附加 = 20\ 000 \times 3\% = 600（元）$$

会计分录为：

借：税金及附加　　　　　　　　　　　　　　　　　　　　　　 2 000
　　贷：应交税费——应交城市维护建设税　　　　　　　　　　　 1 400
　　　　　　　　——应交教育费附加　　　　　　　　　　　　　　 600

【例 4-34】东华公司以银行存款支付上述各项税金 22 000 元，其中，应交增值税 20 000 元，城市维护建设税 1 400 元，教育费附加 600 元。

该笔经济业务的发生，一方面使银行存款减少 22 000 元，应记入"银行存款"账户贷方；另一方面"应交税费"这项债务也随之减少（其中增值税减少 20 000 元，城市维护建设税减少1 400元，教育费附加减少600元），应记入"应交税费"账户借方。其会计分录为：

借：应交税费——应交增值税（已交税金） 20 000
　　　　　——应交城市维护建设税 1 400
　　　　　——应交教育费附加 600
　贷：银行存款 22 000

第五节　财务成果的核算

一、财务成果核算的主要内容

利润（或亏损）是指企业在一定会计期间的经营成果，包括收入减去费用后的净额、直接记入当期利润的利得和损失等。它是综合反映企业经济效益的一个重要指标。企业在产品销售过程中所取得的营业利润，还不是最终的利润。因为在经营活动中，还会发生一些其他业务收入、其他业务成本、期间费用（销售费用、管理费用、财务费用）、营业外收支等，这些也是企业利润的组成部分。利润的计算过程如下：

（一）营业利润

营业利润=营业收入-营业成本-税金及附加-销售费用-管理费用-研发费用-财务费用+其他收益+投资收益（-投资损失）+净敞口套期收益（-净敞口套期损失）+公允价值变动收益（-公允价值变动损失）-信用减值损失-资产减值损失+资产处置收益（-资产处置损失）

其中，

营业收入=主营业务收入+其他业务收入

营业成本=主营业务成本+其他业务成本

（二）利润总额

利润总额=营业利润+营业外收入-营业外支出

（三）净利润

企业实现的利润，应按规定向国家交纳所得税，余下部分称为税后净利润。

净利润=利润总额-所得税费用

净利润要在投资者与企业之间进行分配。按照我国《公司法》等法律、法规的规定，企业当年实现的净利润，按下列顺序分配：

（1）弥补以前年度亏损：是指弥补超过用所得税前的利润抵补亏损的法定期限后，仍未弥补的亏损。

（2）提取法定盈余公积：按照净利润扣除弥补以前年度亏损后的10%提取；达到注册资本的50%时，可不再提取。

（3）提取任意盈余公积：按照企业章程或股东会议决议提取。

（4）向投资者分配利润：净利润扣除弥补以前年度亏损、提取盈余公积后，加上以前年度的未分配利润，即为本年度可供投资者分配的利润。

净利润分配后，如果还有剩余，则留在企业形成未分配利润，留待以后年度分配。

二、财务成果核算设置的主要账户

(一) "其他业务收入"账户

"其他业务收入"账户属于损益类账户,用来核算企业除产品销售以外的其他经营活动实现的收入,如材料销售、技术转让、固定资产出租、无形资产出租、包装物出租、代购代销、运输等非工业性劳务收入。

本账户的贷方登记本期各项其他业务收入的发生数,借方登记期末转入"本年利润"账户的数额,结转后无余额。

(二) "其他业务成本"账户

"其他业务成本"账户属于损益类账户,用来核算企业除产品销售以外的其他经营活动所发生的成本,包括销售材料、提供劳务、出租固定资产的折旧额、出租无形资产的摊销额、出租包装物的成本或摊销额等发生的相关成本、费用等。

本账户的借方登记本期各项业务成本的发生数,贷方登记期末转入"本年利润"账户的数额,结转后无余额。

"其他业务收入"与"其他业务成本"两个账户的差额,即为其他业务利润。这两个账户应按其他业务的种类,如材料销售、出租、提供劳务等设置明细账,进行明细分类核算。

(三) "营业外收入"账户

"营业外收入"账户属于损益类账户,核算企业发生的与企业生产经营无直接关系的各项收入,如固定资产盘盈、处理固定资产净收益、非货币性资产交换利得、债务人在债务重组中的利得、政府补助利得、捐赠利得、现金长款、罚没收入、违约金、赔偿金收入等。

本账户贷方登记企业发生的各项营业外收入,借方登记期末转入"本年利润"账户的数额,结转后无余额。本账户可按营业外项目设置明细分类账户。

(四) "营业外支出"账户

"营业外支出"账户属于损益类账户,核算企业发生的与其生产经营无直接关系的各项支出,如非流动资产处置损失、非货币性资产交换损失、债权人在债务重组中的让步损失、公益性捐赠支出、非常损失、固定资产盘亏损失、赔偿金、违约金、罚款、滞纳金、罚金等。

本账户的借方登记企业发生的各项营业外支出,贷方登记期末转入"本年利润"账户的数额,结转后无余额。本账户可按营业外支出项目设置明细分类账户。

需要注意,"营业外收入"与"营业外支出"不存在任何因果关系。

(五) "投资收益"账户

"投资收益"账户属于损益类账户,核算企业在一定会计期间对外投资所取得的回报。投资收益包括对外投资所分得的股利和收到的债券利息,以及投资到期收回或到期前转让债权所得款项高于账面价值的差额等。

本账户的贷方登记被投资单位宣告发放的现金股利或其他投资收益,借方登记投资发生的损失;期末余额转入"本年利润"账户,结转后无余额。本账户可按投资项目设置明细分类账户。

(六)"本年利润"账户

"本年利润"账户属于所有者权益类账户,用来核算企业当期实现的净利润或发生的净亏损。本账户的贷方登记由"主营业务收入""其他业务收入""投资收益""营业外收入"等账户转入的金额,借方登记由"主营业务成本""其他业务成本""税金及附加""管理费用""财务费用""销售费用""营业外支出""所得税费用"等账户转入的金额;期末,企业应将本期的收入和支出相抵后结出累计余额,贷方余额表示当期的净利润,借方余额表示当期的净亏损。年度终了,应将本年实现的"净利润"全部转入"利润分配——未分配利润"账户的贷方(如为净亏损,做相反的会计分录),年末结转后无余额。

(七)"利润分配"账户

"利润分配"账户属于所有者权益类账户,用来核算企业利润的分配(或亏损的弥补)和历年分配(或弥补后)的余额。

本账户的借方登记提取法定盈余公积、任意盈余公积、应付股利或利润,以及年末由"本年利润"转入的本年累计亏损数;贷方登记年末从"本年利润"账户结转而来的本年实现的净利润数。贷方余额表示未分配的利润,借方余额表示未弥补的亏损。本账户应按"提取法定盈余公积""提取任意盈余公积""应付股利""盈余公积补亏""未分配利润"等分配项目设置明细分类账,该账户具有自动补亏功能。

(八)"应付股利"账户

"应付股利"账户属于负债类账户,用来核算企业经董事会或股东大会,或类似机构决议确定分配的现金股利或利润。

本账户的贷方登记根据分配方案应支付给投资者的股利或利润,借方登记实际支付的股利或利润。期末余额在贷方,表示尚未支付的现金股利或利润。本账户可按投资者设置明细分类账。

(九)"所得税费用"账户

"所得税费用"账户属于损益类账户,用以核算企业按规定从本期利润中扣除的所得税费用。

本账户的借方登记本期按税法规定的应纳税所得额计算确定的当期应交所得税,贷方登记期末转入"本年利润"账户的应交所得税金额,结转后无余额。

(十)"盈余公积"账户

"盈余公积"账户属于所有者权益类账户,用来核算企业按规定从净利润中提取的盈余公积。

本账户的贷方登记提取的盈余公积,借方登记用以弥补亏损或转增资本的金额;期末余额在贷方,表示盈余公积结余数。本账户要按提取的盈余公积的不同用途设置明细分类账,包括法定盈余公积、任意盈余公积等。

三、财务成果的主要经济业务核算

各财务成果账户之间的会计核算关系(包括利润形成和利润分配)如图4-11、图4-12所示。

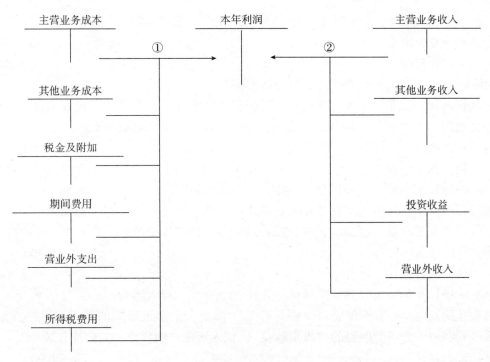

图 4-11 利润形成

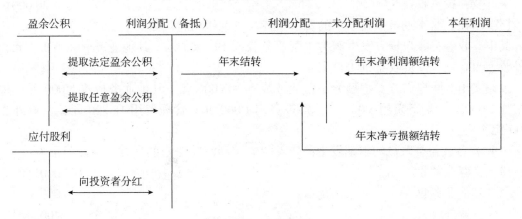

图 4-12 利润分配

【例 4-35】东华公司出售剩余材料一批，价值 6 000 元，增值税税率为 13%，计 780 元。款项已收存银行。

企业的主业是销售产品或提供劳务，而不是出售材料，因此该业务属于其他销售，应确认为其他业务收入，记入"其他业务收入"账户和"应交税费"账户的贷方，同时增加记入企业的"银行存款"账户的借方。其会计分录如下：

借：银行存款　　　　　　　　　　　　　　　　　　　　　　　　　6 780
　　贷：其他业务收入　　　　　　　　　　　　　　　　　　　　　　6 000
　　　　应交税费——应交增值税（销项税额）　　　　　　　　　　　　780

【例 4-36】结转销售材料的实际成本 5 000 元。

销售的材料应在月末结转其实际成本，该业务一方面应记入"其他业务成本"账户的借方；另一方面表明库存材料减少，应记入"原材料"账户的贷方。其会计分录如下：

  借：其他业务成本   5 000
    贷：原材料   5 000

【例 4-37】东华公司收到职工王海涛违纪罚款收入 400 元。

罚款收入属于营业外收入。该业务表明企业"营业外收入"增加，记在该账户的贷方；同时使企业的"库存现金"增加，记在该账户的借方。其会计分录如下：

  借：库存现金   400
    贷：营业外收入   400

【例 4-38】东华公司将银行存款 5 400 元捐赠给地震灾区。

捐赠属于营业外支出。该业务表明东华公司"营业外支出"增加，记在该账户的借方；同时使公司"银行存款"减少，记在该账户的贷方。其会计分录如下：

  借：营业外支出   5 400
    贷：银行存款   5 400

【例 4-39】东华公司收到被投资单位分红 20 000 元，存入银行。

该业务的发生，一方面使公司"银行存款"增加，记在该账户的借方；另一方面，分红的现金股利属于公司所取得的"投资收益"，记入该账户的贷方。其会计分录如下：

  借：银行存款   20 000
    贷：投资收益   20 000

【例 4-40】将本期各损益账户的发生额转入"本年利润"账户。

其中，收益类账户贷方发生额为主营业务收入 197 000 元，其他业务收入 6 000 元，营业外收入 400 元，投资收益 20 000 元。

损益支出类账户借方发生额为主营业务成本 103 000 元，其他业务成本 5 000 元，税金及附加 2 000 元，财务费用 3 000 元，销售费用 1 000 元，管理费用 18 300 元，营业外支出 5 400 元。

（1）将各收益类账户的本期发生额转入"本年利润"账户的贷方，会计分录为：

  借：主营业务收入   197 000
    其他业务收入   6 000
    营业外收入   400
    投资收益   20 000
    贷：本年利润   223 400

（2）将各损益支出类账户的本期发生额转入"本年利润"账户的借方，会计分录为：

  借：本年利润   137 700
    贷：主营业务成本   103 000
      其他业务成本   5 000
      税金及附加   2 000
      财务费用   3 000
      销售费用   1 000
      管理费用   18 300
      营业外支出   5 400

【例4-41】按利润总额计算所得税费用,并结转所得税费用,所得税税率为25%。

所得税费用计算如下:

营业利润=营业收入-营业成本-税金及附加-管理费用-财务费用-销售费用+投资收益
= 203 000-108 000-2 000-18 300-3 000-1 000+20 000
= 90 700(元)

利润总额=营业利润+营业外收入-营业外支出
= 90 700+400-5 400
= 85 700(元)

所得税费用= 85 700×25% = 21 425(元)

净利润= 85 700-21 425 = 64 275(元)

该业务表明,一方面"所得税费用"账户借方记增加;另一方面表明应上交国家的所得税增加,记入"应交税费——应交所得税"账户的贷方。同时,从贷方结转所得税费用,记入"本年利润"账户的借方。其会计分录如下:

借:所得税费用　　　　　　　　　　　　　　　　　　　　　　　21 425
　　贷:应交税费——应交所得税　　　　　　　　　　　　　　　　　21 425

同时,结转所得税费用:

借:本年利润　　　　　　　　　　　　　　　　　　　　　　　　21 425
　　贷:所得税费用　　　　　　　　　　　　　　　　　　　　　　21 425

为进行财务成果的核算,将【例4-16】至【例4-41】中所有损益类账户登记T型账,见图4-13至图4-25。

主营业务收入	
	(27) 42 000
	(28) 120 000
(40) 197 000	(29) 35 000
0	

图4-13 主营业务收入

主营业务成本	
(31) 103 000	(40) 103 000
0	

图4-14 主营业务成本

其他业务收入	
(40) 6 000	(35) 6 000
0	

图4-15 其他业务收入

税金及附加	
(33) 2 000	(40) 2 000
0	

图4-16 税金及附加

销售费用	
(32) 1 000	(40) 1 000
0	

图4-17 销售费用

其他业务成本	
(36) 5 000	(40) 5 000
0	

图4-18 其他业务成本

营业外收入

(40) 400	(37) 400
0	

图 4-19 营业外收入

财务费用

(22) 3 000	(40) 3 000
0	

图 4-20 财务费用

管理费用

(16) 4 200	
(17) 3 000	
(19) 1 600	
(20) 4 000	
(21) 500	
(23) 2 000	
(24) 3 000	(40) 18 300
0	

图 4-21 管理费用

投资收益

(40) 20 000	(39) 20 000
	0

图 4-22 投资收益

营业外支出

(38) 5 400	(40) 5 400
0	

图 4-23 营业外支出

所得税费用

(41) 21 425	(41) 21 425
0	

图 4-24 所得税费用

本年利润

主营业务成本	103 000	主营业务收入	197 000
其他业务成本	5 000	其他业务收入	6 000
税金及附加	2 000	投资收益	20 000
管理费用	18 300	营业外收入	400
财务费用	3 000		
销售费用	1 000		
营业外支出	5 400		
所得税费用	21 425		
本期发生额	159 125	本期发生额	223 400
		本期净利润	64 275

图 4-25 本年利润

【例 4-42】 年末，东华公司结转本年实现的净利润 64 275 元。

该项经济业务的发生，一方面使"本年利润"账户的累计净利润减少 64 275 元；另一方面使可供分配的利润额增加 64 275 元。结转净利润时，应将净利润从"本年利润"账户的借方转入"利润分配——未分配利润"账户的贷方。其会计分录如下：

借：本年利润　　　　　　　　　　　　　　　　　　　　　　64 275
　　贷：利润分配——未分配利润　　　　　　　　　　　　　　　　64 275

注意，如果本年经营亏损了，则"本年利润"全年累计额在借方，其结转本年净亏损的会计分录为：

　　借：利润分配——未分配利润
　　　　贷：本年利润

【例4-43】按税后净利润64 275元的10%提取法定盈余公积。

该业务的发生，一方面表明利润分配减少，记入"利润分配——提取法定盈余公积"账户的借方；另一方面表明提取的盈余公积增加，记入"盈余公积——法定盈余公积"账户的贷方。其会计分录如下：

　　借：利润分配——提取法定盈余公积　　　　　　　　　　　　　6 427.50
　　　　贷：盈余公积——法定盈余公积　　　　　　　　　　　　　　6 427.50

【例4-44】按税后净利润提取任意盈余公积3 213元。

任意盈余公积是按照股东大会的决议提取的。该业务的发生，一方面表明利润分配减少，应记入"利润分配——提取任意盈余公积"账户的借方；另一方面表明提取的盈余公积增加，应记入"盈余公积——任意盈余公积"账户的贷方。其会计分录如下：

　　借：利润分配——提取任意盈余公积　　　　　　　　　　　　　　3 213
　　　　贷：盈余公积——任意盈余公积　　　　　　　　　　　　　　　3 213

【例4-45】经股东大会决定，从税后利润中分配给投资者30 000元现金股利。

该业务的发生，一方面表明应付投资者的利润增加，应记入"应付利润"账户的贷方；另一方面应付利润是从净利润中分配的，应记入"利润分配——向投资者分配股利"账户的借方。其会计分录如下：

　　借：利润分配——向投资者分配股利　　　　　　　　　　　　　30 000
　　　　贷：应付利润　　　　　　　　　　　　　　　　　　　　　30 000

【例4-46】年末，将"利润分配——提取法定盈余公积"6 427.50元、"利润分配——提取任意盈余公积"3 213元和"利润分配——向投资者分配股利"30 000元等借方余额全部转入"利润分配——未分配利润"账户的贷方。会计分录如下：

　　借：利润分配——未分配利润　　　　　　　　　　　　　　　39 640.50
　　　　贷：利润分配——提取法定盈余公积　　　　　　　　　　　6 427.50
　　　　　　　　——提取任意盈余公积　　　　　　　　　　　　　3 213
　　　　　　　　——向投资者分配股利　　　　　　　　　　　　　30 000

第六节　资金退出的核算

随着资金投入企业，经过供应过程、生产过程、销售过程等一系列经济活动后，企业的资金完成了一个完整的运动过程，这时可能会有一些资金退出企业，不再参与企业的生产经营过程。

一、资金退出的方式

资金退出企业，将引起会计等式"资产＝负债＋所有者权益"两边会计要素发生同减。资金退出方式主要包括以下内容：

（1）归还长短期借款；
（2）上交各项税费；
（3）向投资者分配股利或利润；
（4）支用福利费。

二、资金退出的主要经济业务核算

【例4-47】用银行存款归还三个月临时借款600 000元，利息9 000元，其中，已预提2个月的借款利息6 000元，第三个月的借款利息3 000元直接计入"财务费用"。

该业务表明，一方面"银行存款"减少609 000元，记入该账户贷方；另一方面，偿还"短期借款"减少600 000元、应付利息减少6 000元，应记入相应账户的借方，而本月的利息费用直接记入"财务费用"账户的借方。其会计分录如下：

借：短期借款　　　　　　　　　　　　　　　　　　　　　600 000
　　应付利息　　　　　　　　　　　　　　　　　　　　　　6 000
　　财务费用　　　　　　　　　　　　　　　　　　　　　　3 000
　　贷：银行存款　　　　　　　　　　　　　　　　　　　　　　609 000

【例4-48】以银行存款21 425元交纳本期的所得税。

该业务表明，一方面"应交税费——应交所得税"这项负债减少21 425元，应记入该账户的借方；另一方面，企业的"银行存款"账户减少了21 425元，应记入该账户的贷方。其会计分录如下：

借：应交税费——应交所得税　　　　　　　　　　　　　　21 425
　　贷：银行存款　　　　　　　　　　　　　　　　　　　　　21 425

【例4-49】企业以银行存款支付投资者现金股利30 000元。

该业务表明，一方面要在"应付股利"账户的借方冲减30 000元；另一方面要在"银行存款"账户的贷方记减少30 000元。其会计分录如下：

借：应付股利　　　　　　　　　　　　　　　　　　　　　30 000
　　贷：银行存款　　　　　　　　　　　　　　　　　　　　　30 000

【例4-50】以现金3 000元支付职工困难补助费。

该业务属于福利费支出，应在"应付职工薪酬"账户核算。该业务表明，一方面，库存现金减少，记入"库存现金"账户的贷方；另一方面，增加福利费支出，记入"应付职工薪酬"账户的借方。其会计分录如下：

借：应付职工薪酬——福利费　　　　　　　　　　　　　　3 000
　　贷：库存现金　　　　　　　　　　　　　　　　　　　　　3 000

复习思考题

1. 材料采购成本是如何构成的？
2. 企业的产品成本包括哪些成本项目？
3. 简述企业利润总额的构成。
4. 简述企业净利润的分配程序。

综合练习题

一、单项选择题

1. 某企业销售产品一批，货款20 000元，增值税为2 600元，代垫运费1 000元，则企业应（   ）。
   A. 借记"应收账款"23 600元　　　　　B. 借记"应收账款"22 600元
   C. 借记"应收账款"21 000元　　　　　D. 贷记"应收账款"21 000元

2. 某厂3月份销售一批产品，价值10万元，收回8万元存入银行，又以银行存款3万元支付电费，其中有1万元属上月的电费。在权责发生制下，（   ）
   A. 收入为10万元，费用为3万元　　　B. 收入为8万元，费用为2万元
   C. 收入为10万元，费用为2万元　　　D. 收入为8万元，费用为3万元

3. 下列项目中，不属于"营业外支出"账户核算内容的是（   ）。
   A. 职工违纪罚款　B. 向希望工程捐款　C. 固定资产盘亏　D. 非常损失

4. "其他业务收入"账户核算和监督企业（   ）取得的收入。
   A. 处置固定资产　B. 销售库存商品　C. 销售材料　　　D. 转让无形资产所有权

5. （   ）账户的贷方发生额，反映固定资产因磨损而减少的价值。
   A. "固定资产"　B. "累计折旧"　C. "制造费用"　D. "管理费用"

6. 企业购进材料发生的运杂费等采购费用，应计入（   ）。
   A. 管理费用　　B. 财务费用　　C. 制造费用　　D. 材料成本

7. 下列费用中，不应计入产品成本的有（   ）。
   A. 直接材料费　B. 直接人工费　C. 期间费用　　D. 制造费用

8. "利润分配"账户的期末贷方余额表示（   ）。
   A. 已分配的利润额　　　　　　　　B. 未分配的利润额
   C. 未弥补的亏损额　　　　　　　　D. 已实现的净利润

9. "本年利润"账户的期末贷方余额表示（   ）。
   A. 实现的利润总额　　　　　　　　B. 实现的净利润额
   C. 截至本期本年累计实现的利润总额　D. 截至本期本年累计实现的净利润额

10. 下列项目中，不属于管理费用的是（   ）。
    A. 厂部管理人员工资　　　　　　　B. 车间管理人员工资
    C. 工会经费　　　　　　　　　　　D. 业务招待费

二、多项选择题

1. 用银行存款购进材料一批，材料尚未运达企业。这项业务涉及（   ）账户。
   A. "在途物资"　　　　　　　　　　B. "银行存款"
   C. "其他应收款"　　　　　　　　　D. "原材料"

2. "在途物资"账户的结构特点有（   ）
   A. 借方登记购入材料的买价和采购费用
   B. 贷方登记已验收入库材料的实际成本
   C. 期末借方余额，表示款已付、尚未运达企业的在途材料
   D. 期末借方余额，表示款已付，已运达企业但尚未验收入库的在途材料

3. 工业企业的主要经济业务包括（　　）。
   A. 筹集资金　　　B. 供应过程　　　C. 产品生产　　　D. 产品销售
4. "生产成本"账户包括的信息有（　　）。
   A. 为生产产品所发生的各种费用　　　B. 完工入库产品的生产成本
   C. 期末未完工的在产品成本　　　D. 期末生产资金的占用额
5. 营业利润的构成因素有（　　）。
   A. 财务费用　　　B. 所得税费用　　　C. 营业成本　　　D. 管理费用
6. 利润总额的构成因素有（　　）。
   A. 营业利润　　　B. 营业外收入　　　C. 营业外支出　　　D. 投资收益
7. 设置"应付利润"账户的目的是提供（　　）的信息。
   A. 计算出应付给投资者的利润　　　B. 实际支付给投资者的利润
   C. 未分配的利润　　　D. 应付而尚未支付的利润
8. 关于"本年利润"账户的结构，下列说法中正确的有（　　）。
   A. 贷方登记从各收入账户转入的本期发生的各种收入
   B. 借方登记从各费用账户转入的本期发生的各种费用
   C. 贷方余额为本年累计实现的净利润额
   D. 借方余额为本年累计发生的净亏损额
9. 下列账户中，月末无余额的有（　　）。
   A. "材料采购"　　　B. "生产成本"　　　C. "制造费用"　　　D. "财务费用"

三、判断题

1. 期末结转完工入库产品的生产成本后，"生产成本"总账及所属明细账均应无余额。（　　）
2. 制造费用是指直接用于产品生产，但不便于计入产品成本，因而没有专设成本项目的费用。（　　）
3. 企业收到供货单位提供的材料，如其价款大于企业已预付的货款，表明企业债务增加。（　　）
4. 为便于计算和反映固定资产的账面净值，固定资产因磨损而减少的价值应记入"固定资产"账户的贷方。（　　）
5. 盈余公积是从收入中提取的留存收益。（　　）
6. 管理费用是企业行政部门为组织和管理生产经营活动而发生的各项费用，包括行政人员工资和福利费、办公费、折旧费、广告宣传费、借款利息等。（　　）
7. 20××年9月30日，"本年利润"账户的贷方余额10 000元，只表示9月份实现的利润总额。（　　）
8. 20××年12月31日，"本年利润"账户的借方余额10 000元，表示全年发生的亏损总额。（　　）
9. 平时企业未分配利润余额，可以通过"本年利润"账户贷方余额与"利润分配"账户借方余额相减求得。（　　）
10. 增值税税率的高低直接关系到一般纳税人的利润形成。（　　）

四、业务分析题

习题一　练习资金筹集业务的核算

【资料】黎明体育器材有限责任公司（以下简称黎明公司）为一般纳税人，11月份有关账户的期初余额："实收资本"账户为2 000 000元，"短期借款"账户为50 000元。

本月企业发生下列经济业务：

（1）11月5日，赛德公司追加投资100 000元，存入银行。同时投入设备一台，原账面价值150 000元，已计提折旧30 000元，双方协议价100 000元。

（2）11月8日，取得短期借款300 000元，期限6个月，年利率4.86%，利息每季末结算一次。所得借款已存入银行。

（3）11月16日，将到期的短期借款50 000元用银行存款归还，并支付利息355元。

（4）11月28日，从建行取得3年期借款17 000 000元，用于扩建生产车间，年利率5.4%。现已存入银行。

【要求】根据上述经济业务编制会计分录。

习题二　练习材料采购业务的核算

【资料】黎明公司11月份发生下列经济业务：

（1）4日，公司从长春虹光公司购入铝合金1吨，单价11 000元/吨，增值税为1 430元。上述款项已用银行存款付讫，原材料已验收入库。

（2）6日，公司从宝山钢铁公司购入不锈钢管10吨，单价13 050元/吨；钢板5吨，单价6 150元/吨，增值税税率为13%。款已付，原材料尚在运输途中。

（3）7日，开出转账支票3 000元，支付从宝山钢铁公司购买原材料的运费，运费按7%抵扣增值税后，按重量在两种原材料间进行分配。

（4）11日，公司6日购买的原材料到达企业并验收入库，结转材料实际成本。

（5）11日，预付哈尔滨轴承厂货款50 000元。

（6）12日，开出转账支票27 000元，支付松原润滑油厂前欠货款。

（7）18日，公司收到预定的哈尔滨轴承厂的轴承及配件并验收入库，A型套件1 000套，单价90元/套；B型套件1 000件，单价190元/套；增值税税率为13%。用银行存款补付货款。

（8）20日，从敦化帆布厂购入彩色帆布10 000米，单价70元/米，增值税税率为13%。签发银行承兑汇票一张，支付承兑银行手续费409.5元。帆布验收入库。

（9）26日，收到上月购入的红光厂板材1 000张，单价150元/张，验收入库。货款未付，增值税税率为13%，运费100元。

（10）29日，收到鹤岗煤矿送到的煤炭200吨，合同单价900元/吨。已验收入库，发票未到，货款未付。

【要求】根据上述经济业务编制会计分录。

习题三　练习产品生产业务的核算

【资料】黎明公司第一车间生产健身器材跑步机和按摩椅，月初跑步机的在产品成本为5 400元，本月发生的经济业务如下：

（1）11月材料发出及其用途汇总见表4-2。

表4-2 11月材料发出及其用途汇总   元

项目	不锈钢管	皮革	轴承	润滑油	合计
生产产品耗用	60 000	40 000	19 520	480	120 000
跑步机	45 000	16 000	11 520	280	72 800
按摩椅	15 000	24 000	8 000	200	47 200
车间耗用	680	300	460	120	1 560
行政领用	120			320	440
合计	60 800	40 300	19 980	920	122 000

(2) 25日，计提本月生产车间固定资产折旧费6 100元，行政固定资产折旧费8 000元。

(3) 25日，结算本月应付职工工资173 000元。其中，生产工人工资90 000元（跑步机生产工人工资50 000元，按摩椅生产工人工资40 000元）；车间管理人员工资38 000元；行政人员工资45 000元。

(4) 25日，按照应付职工工资的2%、7%、20%、0.8%、1.2%、12%分别计提企业应承担的失业保险3 460元、医疗保险12 110元、养老保险34 600元、生育保险1 384元、工伤保险2 076元、住房公积金20 760元。其中，生产跑步机21 500元，生产按摩椅17 200元，车间管理部门16 340元，行政管理部门19 350元。

(5) 25日，按照应付职工工资的2.5%、2%、14%，分别计提职工教育经费4 325元、工会经费3 460元、职工福利费24 220元。其中，生产跑步机9 250元，生产按摩椅7 400元，车间管理部门7 030元，行政管理部门8 325元。

(6) 26日，迎接新年，提现并发放职工福利45 000元。

(7) 27日，用银行存款交纳明年保险费10 000元，其中，车间负担6 000元，厂部负担4 000元。

(8) 28日，车间主任王杨出差回来，报销差旅费1 550元。

(9) 28日，用现金支付本月车间固定资产的修理费1 420元。

(10) 28日，车间领用劳保用品成本900元。

(11) 29日，用银行存款支付本月水电费4 000元，其中，应由生产车间负担的水电费2 600元。

(12) 30日，根据上述业务，汇总分配和结转制造费用，按两种产品的生产工时比例进行分配，跑步机生产工时700小时，按摩椅生产工时300小时。

(13) 月末，跑步机600台全部完工，按摩椅完工625把，尚未完工的跑步机在产品成本1 200元。计算并结转本月完工入库产品的生产成本。

【要求】根据上述经济业务编制会计分录，并编制成本计算表。

习题四 练习产品销售业务的核算

【资料】黎明公司11月份发生下列销售业务：

(1) 5日，预收恒大体育用品商店货款100 000元，存入银行。

(2) 7日，向欧亚卖场销售跑步机500台，每台售价1 200元；销售按摩椅200把，每把售价800元，增值税税率为13%，现金垫付运费300元。产品已发出，但款项尚未收到。

(3) 15 日，向恒大体育用品商店发出跑步机 40 台，每张售价 1 200 元；按摩椅 30 把，每把售价 800 元，增值税税率为 13%，余款退回恒大体育用品商店。用现金支付运费 200 元。

(4) 16 日，向长春卓展销售跑步机 50 台，每台售价 1 200 元；按摩椅 80 把，每把售价 800 元，增值税税率为 13%。收到转账支票一张，存入银行。

(5) 18 日，向沈阳中兴商场销售跑步机 100 台，每台售价 1 200 元；按摩椅 120 把，每把售价 800 元，增值税税率为 13%，款项尚未收到，已办理托收。用现金支付运费 500 元。

(6) 21 日，向长春亚细亚商场销售跑步机 60 台，每台售价 1 200 元；按摩椅 100 把，每把售价 800 元，增值税税率为 13%。收到亚细亚商场签发并承兑的 3 个月无息商业汇票一张，金额为 171 760 元。

(7) 25 日，用银行存款支付长春电视台广告费 15 000 元。

(8) 26 日，出售原材料不锈钢管 1 吨，售价 18 000 元，增值税税率为 13%。货款存入银行。

(9) 期末，结转本月售出产品的成本。跑步机本期售出 750 台，成本 360 元/台；按摩椅本期售出 530 把，成本 218 元/把，售出原材料不锈钢管成本 13 236 元。

【要求】根据上述经济业务编制会计分录。

习题五　练习其他经济业务的核算

【资料】黎明公司 11 月份发生下列经济业务：

(1) 4 日，厂办主任潘舒借款 5 000 元，付现金支票一张。

(2) 7 日，用银行存款交纳上月未交增值税 98 770.21 元、企业所得税 266 261.6 元、城市维护建设税 6 913.91 元、教育费附加 2 963.11 元。

(3) 10 日，用银行存款交纳代扣的职工保险费 19 662.17 元和企业负担的保险费 53 810 元。

(4) 10 日，用银行存款交纳代扣职工住房公积金 20 760 元和企业负担的住房公积金 20 760 元。

(5) 12 日，收到亚细亚商场包装物押金 1 000 元。

(6) 12 日，将现金 2 000 元存入银行。

(7) 14 日，出售废旧报纸，收到现金 130 元。

(8) 16 日，厂办主任潘舒报销差旅费 4 500 元，收回现金 500 元。

(9) 22 日，报销业务招待费 2 360 元，付现金支票一张。

(10) 26 日，收回亚细亚包装物，退还押金 1 000 元。

(11) 26 日，开出转账支票一张，向长春市儿童福利院捐赠 20 000 元。

(12) 29 日，提取现金 128 989 元备用。

(13) 29 日，厂办报销特快专递费 29 元，付现金。

(14) 29 日，报销总经理等高层管理人员手机费 1 200 元，付现金。

(15) 29 日，本月应发放工资 173 000 元，办理代扣职工个人应该承担的五险一金 40 422 元，个人所得税 3 589 元，用现金实发工资 128 989 元。

(16) 29 日，按 70% 的标准，报销潘舒短期培训班的学费 3 000 元，付现金。

(17) 30 日，计提本月短期借款利息 1 215 元。

(18) 30 日，职工谢汉光违章操作，厂办决定罚款 500 元，现金交财务科。
(19) 30 日，收到鸿儒公司分配来的投资收益 600 000 元，存入银行。
(20) 30 日，企业清理长期无法支付的应付账款 14 600 元，经批准转作营业外收入。
(21) 30 日，出租设备收取租金 3 000 元，存入银行。
(22) 30 日，分别按本期未交增值税余额 32 047.5 元的 7%、3% 计提城市维护建设税和教育费附加。

【要求】根据上述经济业务编制会计分录。

习题六　练习财务成果的核算

【资料】黎明公司 11 月份发生下列经济业务：

(1) 30 日，本期增值税进项税额 196 092.5 元，销项税额 228 140 元。结转其明细账户贷方余额 32 047.5 元到"应交税费——未交增值税"明细账户中。

(2) 30 日，结转收入类账户 1 928 230 元，其中主营业务收入 1 292 000 元，其他业务收入 21 000，营业外收入 15 230 元，投资收益 600 000 元。

(3) 30 日，结转费用类账户 1 024 230 元，其中主营业务成本 865 540 元，其他业务成本 13 236 元，税金及附加 3 204.75 元，管理费用 94 604 元，财务费用 1 979.5 元，销售费用 15 700 元，营业外支出 20 000 元，资产减值损失 9 965.75 元。

(4) 30 日，按本月利润总额的 25% 计算所得税 226 000 元。

(5) 30 日，结转本月所得税 226 000 元。

【要求】根据上述经济业务编制会计分录。

习题七　练习利润分配业务的核算

【资料】黎明公司全年实现的利润总额为 10 800 000 元。年末，发生的利润分配业务如下：

(1) 按税后利润（净利润）的 10% 和 5% 计提法定盈余公积和任意盈余公积。

(2) 企业决定向投资者分配利润 2 000 000 元。

(3) 用银行存款支付本年应付投资者利润 2 000 000 元，并代扣个人所得税 100 000 元。

(4) 年末，将本年净利润 8 100 000 元转入"利润分配——未分配利润"账户中。

(5) 年末，将"利润分配——计提法定盈余公积"、"利润分配——计提任意盈余公积""利润分配——向投资者分红"等账户余额转入"利润分配——未分配利润"账户。"利润分配——未分配利润"年初余额为 5 000 000 元。

【要求】

1. 计算全年应交所得税（所得税税率为 25%）、全年净利润及年末"利润分配——未分配利润"余额。

2. 根据上述经济业务编制会计分录。

习题八　综合练习账户和借贷记账法的应用

【资料】东华公司 20×× 年 11 月末已计提法定盈余公积 50 000 元、任意盈余公积 150 000 元，"本年利润"账户累计实现净利润 500 000 元。东华公司 12 月份发生如下经济业务：

(1) 1 日，从长春天达金属制品厂（以下简称天达厂）购入不锈钢管 500 根，单价 184.3 元/根，购入铝合金 3 000 米，单价 11.8 元/米，增值税税率为 13%。货款用银行存款支付，材料尚未验收入库。

(2) 2日，上月60 000元在途布料验收入库，结转其实际采购成本。
(3) 2日，生产领用原材料，见表4-3。

表4-3　20××年12月2日材料领用明细

用途	材料	数量	单位成本	领料人
帐篷	防雨布料	500米	30元/米	冯娣
帐篷	钢管	30根	188元/根	冯娣
折叠椅	钢管	50根	188元/根	段连军

(4) 3日，采购员郑元出差，借差旅费3 000元。出纳员朴金花以现金付讫。
(5) 4日，签发现金支票一张，提取现金150 000元，根据工资汇总表发放工资。
(6) 5日，向欧亚卖场出售帐篷320顶，每顶售价400元；折叠椅700把，每把150元，增值税税率为13%。用现金代垫运费200元，货款尚未收到。
(7) 7日，以银行存款支付从天达厂购入钢管、铝合金的运杂费2 600元（按买价分配）。
(8) 8日，1日从天达厂购入的钢管、铝合金全部验收入库，结转其实际采购成本。
(9) 10日，生产领用原材料，见表4-4。

表4-4　20××年12月10日材料领用明细

用途	材料	数量	单位成本	领料人
帐篷	防雨布料	500米	30元/米	冯娣
帐篷	铝合金	50米	12元/米	冯娣
折叠椅	帆布	2 000米	10元/米	段连军

(10) 10日，以银行存款支付所得税3 250元。
(11) 12日，以现金支付长春市计量鉴定测试技术研究院鉴定费800元。
(12) 13日，收到金泰公司商业汇票款4 680元。
(13) 14日，以银行存款偿还金迪皮革厂货款9 360元。
(14) 15日，以银行存款向红十字会支付救灾捐款20 000元。
(15) 16日，以银行存款支付天庭传播公司广告费12 000元。
(16) 17日，职工韩寒违纪罚款2 000元，现金交财务科1 000元，余款尚欠。
(17) 19日，以银行存款支付厂部设备小修理费1 500元，车间设备小修理费2 300元。
(18) 20日，生产领用原材料，见表4-5。

表4-5　20××年12月20日材料领用明细

用途	材料	数量	单位成本	领料人
帐篷	防雨布料	300米	30元/米	冯娣
折叠椅	皮革	100平方尺	8元/平方尺	段连军

注：1平方尺≈0.111平方米。

(19) 21日，向新发广场出售帐篷180顶，每顶售价400元；折叠椅430把，每把150元。款项存入银行。
(20) 22日，计提固定资产折旧3 300元，其中，车间固定资产折旧1 900元，行政管理部门固定资产折旧1 400元。

(21) 23日，设备处郑思辰从北京出差回来报销差旅费4 800元，交回现金200元。

(22) 24日，各部门领用包装袋，见表4-6。

表4-6　20××年12月24日包装袋领用明细

用途	材料	数量	单位成本	领料人
帐篷	包装袋	1 000个	6元/个	冯娣
折叠椅	包装袋	500个	6元/个	段连军
车间耗用	包装袋	20个	6元/个	赵刚
行政部门	包装袋	60个	6元/个	王玉函

(23) 25日，购买10台笔记本电脑，买价4 000元/台，增值税税率为13%，以银行存款支付。

(24) 26日，计提本月应负担短期借款利息600元。

(25) 27日，以银行存款支付本季度短期借款利息1 800元。

(26) 28日，采用托收承付方式支付本月电费6 530元，其中，生产帐篷用3 410元，生产折叠椅用1 300元；车间用680元；行政部门用1 140元。

(27) 29日，销售皮革50平方尺，每平方尺售价10元，增值税税率为13%，以现金收讫。

(28) 30日，分配结转本月职工工资150 000元，其中，生产工人工资100 000元（按工时分配工资，帐篷3 500工时，折叠椅1 500工时），车间管理人员工资20 000元，工厂行政部门工资30 000元。

(29) 30日，根据工时比例分配结转本期制造费用。

(30) 30日，期初帐篷的在产品成本6 600元。本月生产925顶帐篷，900把折叠椅全部完工。

(31) 31日，结转售出皮革成本400元。

(32) 31日，结转本月售出产品实际成本（帐篷150元/顶，折叠椅80元/把）。

(33) 31日，将各损益类账户结转本年利润。

(34) 31日，按利润总额的25%计提本月应交所得税，并结转到本年利润。

(35) 31日，按实现净利润的10%计提法定盈余公积。

(36) 31日，根据股东大会决议，计提任意盈余公积50 000元。

(37) 31日，按规定计算出本年应付普通股股利339 100元。

(38) 31日，年末结转"本年利润"账户和"利润分配——提取法定盈余公积""利润分配——提取任意盈余公积""利润分配——应付普通股股利"明细账户。

【要求】根据上述经济业务编制会计分录。

账户的分类

本章内容提示

为了更好、更多层面地分析、归纳复式记账原理在账务处理中的规律,探究账户间的内在联系,以达到正确设置和运用账户的目的,通过本章的学习,学生应了解会计账户的共性及其内在联系;理解各个账户在整个账户体系中的作用,明确各类账户的性质、内容、结构、特点和规律;掌握运用账户进行会计核算的实务知识和技能。本章包括的内容有:账户分类概述、账户按经济内容分类、账户按用途和结构分类及账户的其他分类。

第一节 账户分类概述

一、账户分类的含义

账户分类是指按照不同的标准将账户划分为不同类别的方法。在不同的分类标准下,账户的性质是不同的。在某一种标准下属于同类别的账户,在另一分类标准下就有可能被划分为不同的类别。例如,"利润分配"和"本年利润"账户,按经济内容分类都属于所有者权益类账户。但是,如果按账户的用途和结构进行分类,这两个账户就不属于同一类别,"利润分配"账户属于资本类账户,而"本年利润"账户则属于财务成果类账户。账户的主要分类标准有:按经济内容分类、按用途和结构分类、按统驭关系分类、按余额方向分类以及按账户与会计报表的关系分类等。

二、账户分类的作用

(一)有利于从理论上加深对账户的全面认识

了解账户体系的设置和运用在会计核算体系中的地位和作用,有助于正确运用设置账户这种会计核算的专门方法,建立起更加完善的会计核算体系。

(二)有利于掌握各账户在会计核算中的规律性

账户分类,便于进一步了解账户体系中各个账户内容之间的联系和区别,从使用账户技术方法的角度来研究账户的不同用途和结构，揭示账户在使用中的规律性，不断提高运用账户的技能，从而做到正确、熟练地使用账户。

（三）便于正确地设置和运用会计账户

账户的分类，能够使我们正确认识各会计要素的经济内容，通过对数据按报表信息的要求进行分类，形成报表所需要揭示的会计信息和其他经济信息，为经济管理提供系统的、分门别类的会计资料。

第二节　账户按经济内容分类

企业发生的经济业务都是通过账户来记录和反映的，每个账户只能反映企业经济活动的某个方面，要对企业的经济活动、经营过程进行全面反映，就需要设置众多相互联系的账户，形成完整的账户体系，反映不同的经济内容。账户的经济内容，是指账户所核算与监督的会计对象的具体内容。账户按经济内容分类，可以分为资产类、负债类、所有者权益类、共同类、成本类和损益类六类账户，每一类账户又分为若干小类。这样分类便于从账户中取得所需的核算指标，明确每个账户的核算内容。

一、资产类账户

资产类账户是用来核算和监督企业各种资产的增减变动及结存情况的账户。按照资产的流动性可分为流动资产账户和非流动资产账户。

（一）流动资产账户

流动资产账户主要有"库存现金""银行存款""应收账款""应收票据""预付账款""其他应收款""在途物资""原材料"和"库存商品"等账户。

（二）非流动资产账户

非流动资产主要指企业占用期限较长，不易变现的各种资产。非流动资产账户主要有"长期股权投资""债权投资""固定资产""累计折旧""在建工程""无形资产""工程物资""长期待摊费用"等账户。

资产类账户的记账特点：借方登记增加，贷方登记减少；余额一般在借方。

二、负债类账户

负债类账户是用来核算和监督企业各种负债的增减变动及结存情况的账户。按照负债清偿期限长短，可以分为流动负债账户和非流动负债账户两类。

（一）流动负债账户

流动负债账户主要有"短期借款""应付账款""应付票据""预收账款""其他应付款""应付职工薪酬""应交税费""应付股利"等账户。

（二）非流动负债账户

非流动负债账户主要有"长期借款""应付债券""长期应付款"等账户。

负债类账户的记账特点：借方登记减少，贷方登记增加；余额一般在贷方。

三、共同类账户

有些账户核算的业务只从其当期发生额还无法判断性质，到期末可能形成资产，也可能形成负债，这类账户在金融企业运用广泛。共同类账户的特点是需要从期末余额在借方还是在贷方来界定其性质。期末编制资产负债表时，有借方余额，就在资产类账户反映，有贷方余额，就在负债类账户反映。共同类账户包括"清算资金往来""货币兑换""衍生工具""套期工具""被套期项目"等账户。

四、所有者权益类账户

所有者权益类账户是用来核算和监督企业所有者权益的增减变动及结存情况的账户。所有者权益类账户按所有者权益来源的不同，可分为所有者投入资本账户和留存收益账户。

（一）所有者投入资本账户

所有者投入资本账户主要有"实收资本"或"股本"，以及"资本公积"等账户。

（二）留存收益账户

留存收益账户主要有"盈余公积""本年利润""利润分配"等账户。

所有者权益类账户的记账特点：借方登记减少，贷方登记增加；余额一般在贷方。

五、成本类账户

成本类账户是用来归集费用、计算成本的账户，主要有"生产成本""制造费用"等账户。

成本类账户的记账特点：登记方向与资产类账户一致，借方登记增加，贷方登记减少；一般"制造费用"账户月末结转后无余额，"生产成本"账户月末如有余额，则表示在产品的成本，期末填报在资产负债表的"存货"栏中。

六、损益类账户

损益类账户是用来反映企业在一定时期内收入、费用的发生额，要在期末结转到"本年利润"账户，用以计算确定一定时期内损益的账户。这类账户按其与损益组成内容的关系，又可以分为以下三类：

（一）营业损益账户

营业损益账户主要有"主营业务收入""其他业务收入""投资收益""主营业务成本""其他业务成本""税金及附加""管理费用""财务费用""销售费用"等账户。这里的收入和费用之间有着直接配比或间接配比的关系。

（二）营业外收支账户

营业外收支账户主要有"营业外收入""营业外支出"账户。

（三）所得税费用账户

所得税费用账户主要有"所得税费用"账户。

损益类账户的记账特点：是费用、损失、支出类账户的，借方登记增加，贷方登记减少（或期末结转额）；是收入、利得类账户的，贷方登记增加，借方登记减少（或期末结转额)。该类账户期末均无余额。利润表是根据损益类账户的发生额填报的。

账户按经济内容分类见表5-1。

表5-1 按经济内容分类的账户体系

账户类别	反映内容		账户名称
资产类账户	流动资产账户		"库存现金""银行存款""应收账款""应收票据""预付账款""其他应收款""在途物资""原材料""库存商品"等
	非流动资产账户		"长期股权投资""债权投资""固定资产""累计折旧""在建工程""无形资产""工程物资""长期待摊费用"等
负债类账户	流动负债账户		"短期借款""应付账款""应付票据""预收账款""其他应付款""应付职工薪酬""应交税费""应付股利"等
	非流动负债账户		"长期借款""应付债券""长期应付款"等
共同类账户	共同反映资产和负债账户		"清算资金往来""货币兑换""衍生工具""套期工具""被套期项目"等
所有者权益类账户	投入资本账户		"实收资本(或股本)""资本公积"等
	留存收益账户		"盈余公积""本年利润""利润分配"等
成本类账户			"生产成本""制造费用"等
损益类账户	营业损益账户	收入	"主营业务收入""其他业务收入""投资收益"等
		费用	"主营业务成本""其他业务成本""税金及附加""管理费用""财务费用""销售费用"等
	营业外收支账户	利得	"营业外收入"
		损失	"营业外支出"
	所得税账户		"所得税费用"

第三节 账户按用途和结构分类

为了掌握账户在提供核算指标方面的规律性以及账户结构上的规律性,需要在对账户按经济内容分类的基础上,进一步研究账户按用途和结构分类的特点。

账户的用途,是指设置和运用账户的目的及其所提供的核算指标。如设置"材料采购""原材料""固定资产"等资产类账户的目的是反映相应的资产在物资流转过程中其对应价值的流转、增减变动和结余方面的核算指标。

账户的结构,是指在账户中如何记录经济业务,以取得各种必要的核算指标。在借贷记账法下,账户的结构具体是指账户借方核算什么内容,贷方核算什么内容,期末如有余额,在哪一方,具体表示什么内容等。

企业的经济活动所涉及的会计信息都需要通过账户来加以记录和反映,而每个账户都是根据企业会计准则要求及对外报告会计信息的需要设置的,同时,每个账户又都有其特定的用途和结构。账户的经济内容是实质,其用途结构是形式,形式依存于内容。按用途和结构分类的账户体系是对按经济内容分类的账户体系的必要补充。

账户按用途和结构分类，可以分为盘存账户、结算账户、调整账户、集合分配账户、跨期摊配账户、成本计算账户、资本账户、计价对比账户、财务成果账户和暂记账户共十类。

一、盘存账户

盘存账户，是用来反映和监督各项财产、物资和货币资金的增减变动及其实有数额的账户。它是任何企业都必须设置的基本账户。这类账户一般都可以通过实物盘点和核对账目的方式进行清查。属于盘存账户的主要有"库存现金""银行存款""原材料""库存商品""固定资产"等账户。"生产成本"账户和"在途物资"账户如果有余额，分别表示在产品和在途材料，也具有盘存账户的性质。

（一）盘存账户的结构

借方登记增加额，贷方登记减少额；期末余额都在借方，表示各项财产物资和货币资金的结存金额。

（二）盘存账户的特点

（1）所有盘存账户都是资产类账户，一般都有余额，且在借方。

（2）盘存账户所反映的财产物资和货币资金，都可通过财产清查的方法确定其实有数。

（3）除"库存现金""银行存款"账户外，其他盘存账户通过设置明细账，可提供数量和金额两种指标。

盘存账户的基本结构如图 5-1 所示。

借方	盘存账户	贷方
期初余额：财产物资、货币资金的期初实有数 本期发生额：财产物资、货币资金的本期增加数		本期发生额：财产物资、货币资金的本期减少数
期末余额：财产物资、货币资金的期末实有数		

图 5-1　盘存账户的基本结构

二、结算账户

结算账户，是用来反映和监督企业与其他单位和个人之间往来账款结算业务的账户。根据结算业务性质的不同，又可分为债权结算账户、债务结算账户和债权债务结算账户。

（一）债权结算账户

该账户是用来核算和监督企业债权增减变动和实有数额的账户，反映企业与各债务单位或个人在经济往来中发生的各种应收款项，亦称资产结算账户。债权结算账户主要包括"应收账款""应收票据""预付账款""应收利息""应收股利""其他应收款"等账户。

债权结算账户的特点：

（1）借方登记债权的增加数，贷方登记债权的减少数；余额一般在借方，表示应收而未收回的款项。

（2）须按债务人进行明细核算，只提供金额指标，并须与债务人定期核对账目。

（3）若余额出现在贷方，则该账户具有负债的性质。

债权结算账户的基本结构如图 5-2 所示。

借方	债权结算账户	贷方
期初余额：债权的期初实有数		
本期发生额：债权的本期增加数	本期发生额：债权的本期减少数	
期末余额：尚未收回的期末债权的实有数		

图 5-2 债权结算账户的基本结构

（二）债务结算账户

债务结算账户，也称负债结算账户，是用来核算和监督企业债务增减变动和实有数额的账户。反映企业与各债权单位或个人在经济往来中发生的各种应付款项。债务结算账户主要包括"应付账款""应付票据""预收账款""短期借款""长期借款""应付职工薪酬""应交税费""其他应付款""应付利润""应付利息""长期应付款"等账户。

债务结算账户的特点：

（1）贷方登记债务的增加，借方登记债务的减少；余额一般在贷方，表示尚未清偿的债务。

（2）须按债权人进行明细核算，只提供金额指标，应定期与债权人核对账目。

（3）余额若在借方，则该账户具有债权账户的性质。

债务结算账户的基本结构如图 5-3 所示。

借方	债务结算账户	贷方
	期初余额：债务的期初实有数	
本期发生额：债务的本期减少数	本期发生额：债务的本期增加数	
	期末余额：尚未偿还的期末债务的实有数	

图 5-3 债务结算账户的基本结构

（三）债权债务结算账户

债权债务结算账户，也称资产负债结算账户，是用来反映和监督企业与其他单位或个人，以及企业内部各单位之间相互往来结算业务的账户。企业不设置"预收账款"账户，其内容在"应收账款"账户下核算；同理，将"预付账款"账户的内容在"应付账款"账户下核算；将"其他应收款"和"其他应付款"账户用"其他往来"账户核算。此时，"应收账款""应付账款""其他往来"账户就成为具有双重性质的债权债务结算账户。

债权债务结算账户的特点：

（1）在核算上必须按每一债权、债务单位或个人开设明细账户，定期通过对账核实债权债务的实有数，保证企业财产的安全完整。

（2）借方登记债权的增加或债务的减少，贷方登记债务的增加或债权的减少；期末余额无论在哪方，都不表示债权或债务的实有额，只表示期末债权、债务增减变动后的差额。

（3）所有明细账借方余额之和与贷方余额之和的差额，应与有关总账的余额相等。

（4）在总账中，债权和债务能自动抵减，所以总账的余额不能明确反映企业与其他单位债权债务的实际结余情况。因此，在编制资产负债表的有关项目时，必须根据总账和所属明细账的余额分析计算填列，将属于债权部分的余额列在资产负债表的资产方，将属于债务部分的余额列在资产负债表的负债方，以便如实反映债权、债务的实际状况。

债权债务结算账户的基本结构如图 5-4 所示。

借方	债权债务结算账户	贷方
期初余额：债权大于债务的差额		期初余额：债务大于债权的差额
本期发生额：本期债权的增加或债务的减少数		本期发生额：本期债务的增加或债权的减少数
期末余额：债权大于债务的差额		期末余额：债务大于债权的差额

图 5-4　债权债务结算账户的基本结构

三、调整账户

调整账户，是用来调整主账户（或被调整账户）的余额，以便反映主账户实际余额的账户。在核算中，由于管理上的需要，对某些会计要素内容的增减变动和结余情况，需用两个不同的账户来反映：一个反映某项经济业务的原始数额，如"固定资产"；另一个反映对原始数额的调整数额，如固定资产磨损后提取的累计折旧。将原始数额与调整数额相加或相减，就可求得其实际数额，即固定资产的净值。反映原始数额的账户称为被调整账户或主账户，反映调整数额的账户称为调整账户。调整账户按调整方式的不同，可分为备抵调整账户、附加调整账户和备抵附加调整账户三种。

（一）备抵调整账户

备抵调整账户亦称抵减账户，是用来抵减被调整账户的余额，以求得被调整账户实际余额的账户。"存货跌价准备""坏账准备""累计折旧""累计摊销"等账户都是典型的备抵调整账户。其调整方式可用下列公式表示：

被调整账户余额－备抵调整账户余额＝被调整账户的实际余额

备抵调整账户的特点是，调整账户与被调整账户的性质是相反的，两个账户的余额方向必定相反。例如，为了全面反映固定资产的情况，需要取得两种指标：固定资产的原始成本和它因使用已损耗的价值。因此"累计折旧"账户是反映固定资产损耗情况的调整账户。用"固定资产"账户的账面余额（原始价值）减去"累计折旧"账户的账面余额，就可以取得有关固定资产耗损后的实际价值（净额）。通过这两个账户余额的对比分析，可以了解固定资产的新旧程度、资金占用状况和生产能力等信息。同理，"坏账准备"账户是用来抵减"应收账款"账户的，用"应收账款"账户的账面余额与"坏账准备"账户的账面余额相抵减，就可以取得有关可收回应收账款的金额。

被调整账户与备抵调整账户之间的关系如图 5-5 所示。

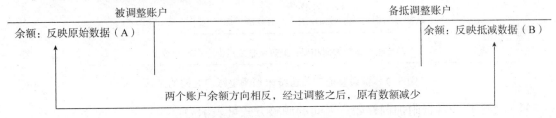

图 5-5　被调整账户与备抵调整账户之间的关系

被调整账户与备抵调整账户之间的调整方式可表示如下：

被调整账户的原有数………A
减：备抵调整账户的抵减数……B
调整后的实有数 C=（A-B）

（二）附加调整账户

附加调整账户是用来增加被调整账户的余额，以求得被调整账户的实际余额的账户。即：

$$被调整账户余额+附加调整账户余额=被调整账户的实际余额$$

附加调整账户的特点是，被调整账户的余额与附加调整账户的余额的方向一致。例如，企业溢价发行债券，发行时，按债券票面金额贷记"应付债券——面值"账户，按溢价金额贷记"应付债券——利息调整"账户。"利息调整"二级账户是"面值"二级账户的附加调整账户，两者期末贷方余额之和表示该债券的实际余额。

被调整账户与附加调整账户之间的关系如图5-6所示。

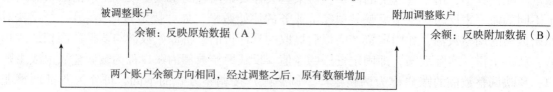

图 5-6 被调整账户与附加调整账户之间的关系

被调整账户与附加调整账户之间的调整方式可表示为：

被调整账户的原有数额……A
加：附加调整账户数额…………B
调整后的实有数 C=（A+B）

（三）备抵附加调整账户

备抵附加调整账户是双向调整账户，既可用来抵减又可用来增加被调整账户的余额，以求得被调整账户实际余额。"材料成本差异"账户就是典型的备抵附加调整账户。

备抵附加调整账户的特点是，当其余额的方向与被调整账户的余额方向一致时，其调整方式与附加调整账户相同；当余额方向不一致时，则调整方式与备抵附加调整账户的作用相同。

被调整账户与备抵附加调整账户之间的关系如图5-7所示。

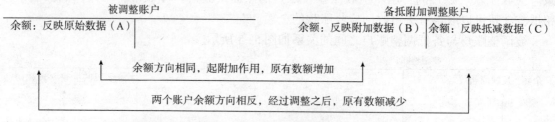

图 5-7 被调整账户与备抵附加调整账户之间的关系

被调整账户与备抵附加调整账户之间的调整方式可表示为：

被调整账户的原有数额……A
加：附加调整账户的附加数……B
减：备抵调整账户的抵减数……C
调整后的实有数 D=（A+B-C）

如采用计划成本进行材料日常核算的企业，其设置的"材料成本差异"账户就是备抵附加调整账户。当"材料成本差异"账户是借方余额时,表示实际成本大于计划成本的超支数,用"原材料"账户的借方余额加上"材料成本差异"账户的借方余额,就是库存材料的实际成本。当"材料成本差异"账户是贷方余额时,表示实际成本小于计划成本的节约数,用"原材料"账户的借方余额减去"材料成本差异"账户的贷方余额,就是库存材料的实际成本。

(四)调整账户的主要特点

(1)调整账户与被调整账户反映的经济内容相同,即性质相同,但用途结构不同。

(2)被调整账户反映会计要素的原始数额,而调整账户反映的是同一要素的调整数额,所以,调整账户不能离开被调整账户而独立存在。

(3)调整方式是将原始数额与调整数额相加或相减,以求得具有特定含义的数据。当调整账户与被调整账户余额方向相同时,调整方式是相加;反之,则相减。

(4)调整账户对被调整账户只涉及金额调整,不涉及数量调整。

四、集合分配账户

集合分配账户,是用来归集和分配企业经营过程中某一阶段所发生的间接费用,反映和监督有关间接费用发生及分配情况的账户。设置这类账户主要是便于将这些费用进行分配。"制造费用"账户就属于集合分配账户。

1. 集合分配账户的结构

借方登记费用的发生额,贷方登记费用的分配额;期末分配后一般无余额。

2. 集合分配账户的特点

(1)借方归集间接费用的发生额,贷方登记间接费用的分配额;期末一般无余额。

(2)账户只进行价值指标的核算。

集合分配账户的基本结构如图5-8所示。

借方	集合分配账户	贷方
期初无余额		
本期发生额:归集本期实际发生的各项间接费用	本期发生额:分配结转本期的各项间接费用	
期末无余额		

图5-8 集合分配账户的基本结构

五、跨期摊配账户

跨期摊配账户,是用来反映和监督应由若干个会计期间共同负担的费用,并将这些费用摊配于各相应的会计期间的账户。这是在权责发生制下,按照受益原则严格划分费用归属期的要求设置的。如"长期待摊费用"账户。

(一)"长期待摊费用"账户的结构

"长期待摊费用"账户,借方登记费用的实际发生数或实际支付数,贷方登记应由某个会计期间负担的费用摊销数;期末借方余额,表示尚未摊销的费用数额。

(二)跨期摊配账户的特点

(1)借方登记费用的实际支付数,贷方登记某会计期间负担的费用数。

（2）期末余额在借方，表示尚未摊销的费用。

跨期摊配账户的基本结构如图 5-9 所示。

借方	跨期摊配账户	贷方
期初余额：已经支付，尚未摊销的数额 本期发生额：反映本期实际支付的数额	本期发生额：本期分摊的数额	
期末余额：尚未摊销的数额		

图 5-9　跨期摊配账户的基本结构

六、成本计算账户

成本计算账户，是用来反映和监督企业经营过程中应计入特定成本计算对象的全部费用，并确定各成本计算对象实际成本的账户。成本计算账户主要有"在途物资""在建工程""生产成本"等账户。

（一）成本计算账户的结构

成本计算账户，借方登记应计入特定成本计算对象的全部费用，贷方反映转出的已完成某个阶段的成本计算对象的实际成本；期末余额在借方，表示尚未完成某阶段的成本计算对象的实际成本。

（二）成本计算账户的特点

（1）按成本计算对象进行明细分类核算。

（2）在明细核算中，既要记录数量，也要记录金额。

（3）期末如有余额，应列入盘存类账户。

成本计算账户的基本结构如图 5-10 所示。

借方	成本计算账户	贷方
期初余额：尚未完工的实际成本 本期发生额：应计入成本的各项费用	本期发生额：转出的已完成某个阶段的成本计算对象的实际成本	
期末余额：尚未完工的实际成本		

图 5-10　成本计算账户的基本结构

七、资本账户

资本账户是用来反映和监督企业所有者权益增减变动及其实有数额的账户。它是任何单位都必须设置的基本账户，主要包括"实收资本""资本公积""盈余公积""利润分配"等账户。

（一）资本账户的结构

资本账户，贷方登记所有者权益的增加，借方登记所有者权益的减少；账户如有余额应在贷方，表示所有者权益的实有数。

（二）资本账户的特点

（1）反映各投资者对企业实际拥有的所有者权益数额和比例。

（2）资本账户的总账和明细账只提供价值指标。

资本账户的基本结构如图 5-11 所示。

借方	资本账户	贷方
本期发生额：所有者权益的减少额	期初余额：所有者权益的实有额 本期发生额：所有者权益的增加额 期末余额：所有者权益的实有额	

图 5-11　资本账户的基本结构

八、计价对比账户

计价对比账户，是用来对经营过程中某一阶段某项经济业务按照两种不同的计价标准进行对比，借以确定其业务成果的账户，主要有"材料采购""固定资产清理"账户。

（一）计价对比账户的结构

（1）企业在对库存材料按计划成本进行核算时，"材料采购"账户的借方按实际成本进行核算，贷方按计划成本进行结转，形成的借贷差额转入"材料成本差异"账户。

（2）"固定资产清理"账户，借方登记固定资产净值（原值减去已计提的累计折旧）和发生的清理费，贷方登记清理收益；余额在借方，表示清理净损失，余额在贷方，表示清理净收益。

（二）计价对比账户的特点

（1）借贷两方的计价标准不同。

（2）将借贷差额转入某个账户，确定该业务的成果。

（3）只提供金额指标。

计价对比账户的基本结构如图 5-12 所示。

借方	计价对比账户	贷方
本期发生额：业务的第一种计价发生额	本期发生额：业务的第二种计价发生额	
期末余额：第一种计价大于第二种计价的差额	期末余额：第二种计价大于第一种计价的差额	

图 5-12　计价对比账户的基本结构

【例 5-1】东华公司某设备报废，原值 10 000 元，已计提折旧 8 000 元，残料估价 200 元入库，用现金支付清理费 500 元。

（1）进入清理，将固定资产原值和计提的折旧转入"固定资产清理"账户。会计分录为：

　　借：固定资产清理　　　　　　　　　　　　　　　　　　　　　2 000
　　　　累计折旧　　　　　　　　　　　　　　　　　　　　　　　 8 000
　　　贷：固定资产　　　　　　　　　　　　　　　　　　　　　　　　　　10 000

（2）将取得的变价收入转入"固定资产清理"账户的贷方。会计分录为：

　　借：原材料　　　　　　　　　　　　　　　　　　　　　　　　　 200
　　　贷：固定资产清理　　　　　　　　　　　　　　　　　　　　　　　　　200

（3）将发生的清理费用计入"固定资产清理"账户的借方。会计分录为：

借：固定资产清理 500
　　贷：库存现金 500
(4) 清理完毕，将"固定资产清理"账户余额转入"营业外支出"账户。会计分录为：
借：营业外支出 2 300
　　贷：固定资产清理 2 300

九、财务成果账户

财务成果账户是反映企业在一定期间（月、季或年）内，全部生产经营活动最终成果的账户。按财务成果计算的层次不同，可分为收入计算账户、费用计算账户和财务成果计算账户。

（一）收入计算账户

收入计算账户，是用来核算和监督企业在一定时期内所取得的各种收入和收益的账户，主要包括"主营业务收入""其他业务收入""投资收益""营业外收入"等账户。

1. 收入计算账户的结构

贷方登记取得的收入和收益，借方登记收入和收益的减少数及期末转入"本年利润"账户的收入和收益额；期末结转后无余额。

2. 收入计算账户的特点

(1) 除了设置总账外，还应按照业务类别设置明细账，进行明细分类核算。
(2) 收入计算账户只提供价值指标。
(3) 由于当期实现的全部收入和收益都在期末转入"本年利润"账户的贷方，所以收入计算账户期末无余额。

收入计算账户的基本结构如图 5-13 所示。

借方	收入计算账户	贷方
本期发生额：收入和收益的减少数及期末转入"本年利润"账户的收入和收益额	本期发生额：本期收入和收益的增加数	
	期末无余额	

图 5-13　收入计算账户的基本结构

（二）费用计算账户

费用计算账户，是用来核算和监督企业在一定时期内所发生的应计入当期损益的各项费用支出的账户，主要有"主营业务成本""其他业务成本""税金及附加""管理费用""财务费用""销售费用""营业外支出""所得税费用"等账户。

1. 费用计算账户的结构

借方登记费用支出的增加数，贷方登记费用支出的减少数和期末转入"本年利润"账户的费用支出数；期末结转后无余额。

2. 费用计算账户的特点

(1) 除设置总账外，还应按业务内容、费用支出项目设置明细账，进行明细分类核算。
(2) 费用计算账户只提供价值指标。

(3) 由于当期发生的全部费用支出都在期末转入"本年利润"账户的借方，所以费用计算账户期末无余额。

费用计算账户的基本结构如图5-14所示。

借方	费用计算账户	贷方
本期发生额：本期费用支出的增加数		本期发生额：本期费用支出的减少数和期末转入"本年利润"账户的费用支出数
期末无余额		

图5-14 费用计算账户的基本结构

(三) 财务成果计算账户

财务成果计算账户，是用来核算和监督企业在一个会计期间内全部经营活动最终成果的账户。"本年利润"账户属于财务成果计算账户。

1. 财务成果计算账户的结构

贷方登记期末从收入计算账户转入的各种收入和收益数，借方登记期末从费用计算账户转入的各种费用支出数。年度内贷方余额表示企业累计实现的净利润数，借方余额表示累计发生的亏损数。年终将实现的净利润或发生的净亏损转入"利润分配——未分配利润"账户；年末结转后无余额。

2. 财务成果计算账户的特点

(1) 借方和贷方所登记的内容，应遵循权责发生制和配比原则的要求，即一定时期的收入应与形成这些收入的耗费在空间、时间上相互配比，反映企业经营成果。

(2) 在年度内，账户余额为本年累计发生额。

(3) 财务成果计算账户只提供价值指标。

财务成果计算账户的基本结构如图5-15所示。

借方	财务成果计算账户	贷方
发生额：从各费用计算账户转入的各项费用		发生额：从各收入计算账户转入的各项收入
期末余额：本期发生的亏损总额		期末余额：本期实现的利润总额

图5-15 财务成果计算账户的基本结构

十、暂记账户

暂记账户，是用来核算和监督企业要经过一定批准手续或暂时不能确定应记账户的某些业务的账户。如企业在财产清查过程中发生的各种物资的盘盈、盘亏和毁损等业务，就需要设置暂记账户。这类账户主要有"待处理财产损溢"账户。

(一) "待处理财产损溢"账户的结构

借方登记财产物资的盘亏、毁损数和经批准转销的财产物资的盘盈数，贷方登记财产物资的盘盈数和经批准转销的财产物资的盘亏、毁损数，期末借方余额表示尚未处理的各种财产物资的盘亏、毁损数；期末贷方余额表示尚未处理的各种财产物资的盘盈数。

(二)暂记账户的特点

(1) 暂时记录须经批准才能处理的有关业务,并进行明细分类核算。
(2) 暂记账户只提供价值指标。
(3) 暂记账户批准处理后无余额。

以"待处理财产损溢"账户为例,暂记账户的基本结构如图 5-16 所示。

借方 暂记账户(待处理财产损溢)	贷方
发生额:本期发生的材料、固定资产等的盘亏、毁损数;批准后,材料等盘盈的转销数	发生额:本期发生的材料等的盘盈数;批准后,材料、固定资产等盘亏、毁损的转销数
期末余额:期末待处理的材料等盘亏、毁损数	期末余额:期末待处理的材料等的盘盈数

图 5-16 暂记账户的基本结构

账户按用途和结构分类见表 5-2。

表 5-2 按用途和结构分类的账户体系

账户类别		反映内容	账户名称
盘存账户		—	"库存现金""银行存款""原材料""库存商品""固定资产"等
结算账户	债权结算账户		"应收账款""应收票据""预付账款""应收利息""应收股利""其他应收款"等
	债务结算账户		"应付账款""应付票据""预收账款""短期借款""长期借款""应付职工薪酬""应交税费""其他应付款""应付利润""应付利息""长期应付款"等
	债权债务结算账户		"应收账款""应付账款""其他往来"等
调整账户	备抵调整账户		"坏账准备""存货跌价准备""累计折旧""累计摊销"等
	附加调整账户		"应付债券——利息调整"等
	备抵附加调整账户		"材料成本差异"
集合分配账户		—	"制造费用"
跨期摊配账户		—	"长期待摊费用"
成本计算账户		—	"在途物资""在建工程""生产成本"等
资本账户		—	"实收资本""资本公积""盈余公积""利润分配"等
计价对比账户		—	"材料采购""固定资产清理"等
财务成果账户	收入计算账户		"主营业务收入""其他业务收入""投资收益""营业外收入"等
	费用计算账户		"主营业务成本""其他业务成本""税金及附加""管理费用""财务费用""销售费用""营业外支出""所得税费用"等
	财务成果计算账户		"本年利润"
暂记账户		—	"待处理财产损溢"等

第四节 账户的其他分类

一、按账户与报表的关系分类

会计报表是会计的工作成果，是综合反映一个单位财务状况、经营成果等的书面文件，因此，从会计报表的角度来理解账户，有助于进一步把握账户的实质。

账户按与会计报表的关系分类，可以分为资产负债表账户和利润表账户。这是以会计要素为基础，把反映资产、负债和所有者权益的三类账户构成一组，称为资产负债表账户或实账户，主要反映企业在某一时点的财务状况，该类账户记录的价值有实际存在的权物对应；把反映收入、费用和利润的三类账户构成一组，称为利润表账户或虚账户，主要反映企业在一定期间的经营成果，该类账户所记录的价值没有实际存在的权物对应。

（一）资产负债表账户的特点

期末一般有余额，期末余额是编制资产负债表的资料来源。同时，期末余额还需结转到下一个会计期间。

（二）利润表账户的特点

发生额反映企业已经实现的收入或已经发生的费用和支出，在每一会计期末，都要转至"本年利润"账户。因此，利润表账户无期末余额。

资产负债表账户和利润表账户的对比见表5-3。

表 5-3　资产负债表账户和利润表账户的对比

资产负债表账户（实账户）	利润表账户（虚账户）
所记录的资料表示企业的财务状况，有实际的权物存在	所记录的资料表示企业营业成果，没有实际的权物存在
根据实账户的资料编制资产负债表	根据虚账户的资料编制利润表
期末结算时有余额	期末结算时余额转入"本年利润"账户，所以没有期末余额

二、按账户所提供资料的详细程度分类

账户按其提供会计资料的详细程度不同，可分为总分类账户和明细分类账户，简称总账和明细账。总账是根据国家有关会计制度所规定的会计科目和企业自身需要设置的，是每个企业必须建立的最基本账户体系，用于提供企业总括核算资料。明细账是根据企业的管理要求设置的，对总账提供具体、详细的核算资料，是总账的补充说明。它们之间具有控制与被控制、统驭与被统驭的关系。

（一）总分类账户

总分类账户是根据总账科目设置的，用于对会计要素的具体内容进行总括核算的账户，只用价值指标进行计量。总账对其相关明细账起统驭作用。

（二）明细分类账户

明细分类账户是根据明细科目设置的，用来对会计要素的具体内容进行明细分类核算的

账户。当总账不能详细反映企业发生的经济业务具体内容，或记录后不能满足业务分析的需要时，应通过明细账记录该业务的详细情况。如"应收账款"账户应按债务人进行明细核算，以便于对应收账款进行管理。

总账起统驭作用，明细账起补充说明作用；总账与其所属明细账之间应进行平行登记。

复习思考题

1. 账户按经济业务内容如何分类？
2. 账户按与报表的关系如何分类？
3. 调整账户包括哪些内容？各举出 1~2 个典型的账户例子。
4. 盘存账户的特点有哪些？

综合练习题

一、单项选择题

1. （　　）属于盘存账户。
   A. "待处理财产损溢"账户　　　　B. "实收资本"账户
   C. "管理费用"账户　　　　　　　D. "固定资产"账户

2. （　　）属于备抵调整账户。
   A. "坏账准备"账户　　　　　　　B. "资本公积"账户
   C. "材料成本差异"账户　　　　　D. "材料采购"账户

3. "银行存款"账户属于（　　）。
   A. 结算账户　　B. 收入计算账户　　C. 财务成果账户　　D. 盘存账户

4. "应付职工薪酬"账户属于（　　）。
   A. 结算账户　　B. 费用计算账户　　C. 跨期摊配账户　　D. 集合分配账户

5. "原材料"账户计划成本下余额为借方 10 000 元，"材料成本差异"账户余额为贷方 200 元，则库存原材料的实际成本为（　　）元。
   A. 10 200　　　B. 9 800　　　C. 10 000　　　D. 200

6. 某企业 6 月末"本年利润"账户余额为 40 000 元（贷方），"利润分配"账户余额为 10 000 元（借方），则本年度截至 6 月末（　　）。
   A. 未分配利润 30 000 元　　　　B. 未弥补亏损 30 000 元
   C. 未分配利润 50 000 元　　　　D. 未弥补亏损 50 000 元

7. 跨期摊配账户（　　）。
   A. 属于资产类账户　　　　　　　B. 可以同时提供数量和金额指标
   C. 余额可能在借方，也可能在贷方　D. 费用的支付期与负担期相同

8. （　　）属于成本计算账户。
   A. "主营业务成本"账户　　　　　B. "制造费用"账户
   C. "材料采购"账户　　　　　　　D. "长期待摊费用"账户

9. 按账户的经济内容分类，"累计折旧"账户属于（　　）。
   A. 资产类账户　　B. 权益类账户　　C. 损益类账户　　D. 调整类账户

10. "应收账款"账户的备抵调整账户是（　　）。

A. "固定资产"账户　　　　　　　　B. "材料成本差异"账户
C. "坏账准备"账户　　　　　　　　D. "待摊费用"账户

二、多项选择题

1. 会计基本账户包括（　　　）。
   A. 盘存账户　　B. 权益账户　　C. 结算账户　　D. 跨期摊配账户
2. 下列账户中，不属于集合分配账户的有（　　　）。
   A. "管理费用"账户　　　　　　　　B. "材料采购"账户
   C. "本年利润"账户　　　　　　　　D. "制造费用"账户
3. 资本账户（　　　）。
   A. 借方登记所有者投资的增加数　　B. 借方登记所有者投资的减少数
   C. 贷方登记所有者投资的减少数　　D. 贷方登记所有者投资的增加数
4. 盘存账户（　　　）。
   A. 借方登记增加数　　　　　　　　B. 余额有时在贷方
   C. 余额总是在借方　　　　　　　　D. 属于资产类账户
5. （　　　）是企业流动性最强的资产。
   A. 资本　　　　B. 短期借款　　C. 银行存款　　D. 有价证券
6. 下列各项中，属于期间费用的有（　　　）。
   A. 管理费用　　B. 制造费用　　C. 销售费用　　D. 财务费用
7. 下列需要在期末结转到"本年利润"账户的有（　　　）。
   A. 生产成本　　　　　　　　　　　B. 主营业务成本
   C. 营业外支出　　　　　　　　　　D. 其他业务成本
8. 被调整账户所反映的具体会计对象的实际数额等于（　　　）。
   A. 被调整账户余额-抵减账户余额　　B. 被调整账户余额+抵减账户余额
   C. 被调整账户余额+附加账户余额　　D. 被调整账户余额-附加账户余额
9. 属于资产负债表的账户有（　　　）账户。
   A. 资产类　　　B. 负债类　　　C. 所有者权益类　　D. 损益类
10. 下列账户属于备抵调整账户的有（　　　）。
    A. "累计折旧"账户　　　　　　　　B. "存货跌价准备"账户
    C. "材料采购"账户　　　　　　　　D. "材料成本差异"账户

三、判断题

1. 账户的经济内容是建立账户体系的基础。（　　　）
2. 账户之间最为本质的区别在于其用途和结构不同。（　　　）
3. "生产成本"账户的余额表示在产品的成本，所以该账户属于盘存类账户。（　　　）
4. 债权债务结算账户的借方既可登记债权的增加数，也可登记债务的增加数。（　　　）
5. "坏账准备"账户按用途和结构分类属于调整账户。（　　　）
6. 备抵附加调整账户属于资产负债双重性质的账户。（　　　）
7. 集合分配账户的期末余额一般在借方。（　　　）
8. 利润表账户又称为动态账户和实账户。（　　　）
9. 基本账户具体包括盘存账户、资本账户和集合分配账户。（　　　）

10. 资产负债表账户由资产类账户、负债类账户和所有者权益类账户构成。（   ）

四、业务分析题

习题一 练习原材料按计划成本核算时，"原材料"账户和"材料成本差异"账户之间的调整关系的确定

【资料】企业原材料按照计划成本组织核算，"原材料"账户期末余额为145 000元，如果：

（1）"材料成本差异"账户为借方余额3 000元；

（2）"材料成本差异"账户为贷方余额2 000元。

【要求】针对上述两种情况，分别计算该企业期末库存原材料的实际成本，并分析说明上述两个账户之间的调整关系。

习题二 练习"固定资产"账户和"累计折旧"账户之间的调整关系

【资料】企业"固定资产"账户期末余额为512 000元，"累计折旧"账户期末余额为140 000元。

【要求】

1. 计算固定资产净值。

2. 说明固定资产账户与累计折旧账户之间的调整关系。

习题三 练习账户分别按经济内容以及用途、结构所进行的分类

【资料】天利公司所属某分公司设置了以下总分类账户：

"短期借款"   "其他应付款"   "利润分配"
"累计折旧"   "固定资产"   "材料成本差异"
"原材料"   "应交税费"   "应付账款"
"银行存款"   "生产成本"   "制造费用"
"所得税费用" "实收资本"   "财务费用"
"应收账款"   "管理费用"   "主营业务收入"
"应收票据"   "材料采购"   "本年利润"
"库存现金"   "营业外收入"   "长期待摊费用"

【要求】将上述账户按经济内容进行分类，再按用途、结构进行分类。

习题四 练习账户的经济内容、用途和结构

【要求】按照要求，完成表5-4中的各个项目。

表5-4 账户分类

账户类别	账户用途	借方反映的内容	贷方反映的内容	账户举例
集合分配账户				
成本计算账户				
跨期摊配账户				
计价对比账户				

习题五 练习结算账户的运用

【资料】天利公司所属的某机械制造厂在材料采购业务中设置了"应付账款"和"预付账款"两个账户，8月份"应付账款"和"预付账款"账户及其所属明细账户的期初余额

如下：

"应付账款"贷方余额250 000元，其中，"应付账款——A工厂"156 000元，"应付账款——B工厂"94 000元；"预付账款"借方余额130 000元，其中，"预付账款——C工厂"70 000元，"预付账款——D工厂"60 000元。该企业8月份发生下列经济业务：

(1) 3日，用银行存款100 000元归还所欠A工厂的货款。

(2) 5日，收到C工厂发来的材料款92 800元，其中，材料价款80 000元，增值税进项税额10 400元，代垫运杂费2 400元。材料验收入库，款项的差额部分暂未支付。

(3) 21日，从B工厂购买材料价款20 000元，增值税进项税额2 600元。款未付，材料尚未入库。

(4) 26日，通过银行补付所欠C工厂的差额款。

【要求】编制上述经济业务的会计分录，开设并登记"应付账款""预付账款"总账和明细账。

第六章

会计凭证

> **本章内容提示**
>
> 会计凭证是会计核算的重要依据，填制和审核会计凭证是会计核算的一种专门方法，也是整个会计工作的基础。通过本章的学习，学生应了解会计凭证的概念和会计凭证的分类；熟悉会计凭证的基本内容，以及审核会计凭证的主要内容；掌握会计凭证的填制要求和方法。本章包括的内容有：会计凭证的种类和意义、原始凭证、记账凭证及会计凭证的传递与保管。

第一节 会计凭证的种类和意义

一、会计凭证的概念

会计凭证，简称凭证，是用来记录经济业务、明确经济责任的书面证明，是登记账簿的依据。任何会计主体在进行会计核算时，都要以实际发生的经济业务为依据，由执行和完成该项经济业务的当事人员从外部取得或自行填制有关凭证，以书面形式记录和证明所发生经济业务的性质、内容、数量和金额等，并在凭证上签名和盖章，以对经济业务的真实性、完整性负责。任何会计凭证只有经过有关人员的严格审核并确认无误后，才能作为记账的依据。

例如，企业采购材料时，采购员从供货单位取得增值税专用发票，发票中应注明材料的名称、数量、单价、金额、税率、税额等，开票人和开票单位在发票上签名盖章；材料验收入库，需仓库保管员填制材料入库单，证明材料所处环节；同时，转账支票的存根证明有关材料的货款已经支付。根据增值税专用发票、材料入库单、转账支票的存根等凭证，会计人员编制记账凭证，进行相应的会计核算。

二、会计凭证的种类

会计凭证按填制程序和用途的不同，可分为原始凭证和记账凭证。

原始凭证由经济业务或事项的经办人员填制或取得，是编制会计分录的依据，是整个会计核算工作的基础；记账凭证由企业会计人员根据所得的原始凭证填制，是登记账簿的依据，是会计核算工作的起点。因此，填制与审核会计凭证是会计工作的正式起步。

三、填制与审核会计凭证的意义

正确填制和严格审核会计凭证，对完成会计工作任务、实现会计核算和监督职能、充分发挥会计作用，有着极其重要的意义，主要表现在以下几个方面：

(1) 真实、客观、及时地记录经济业务的发生与完成，为会计核算提供可靠依据。

(2) 对经济业务的合法性、合理性进行日常监督。

(3) 有利于明确各环节和责任人的经济责任。

第二节　原始凭证

一、原始凭证的概念

原始凭证是在经济业务发生或完成时，由业务经办人员取得或填制的，载明经济业务具体内容和完成情况，用以明确经济责任，具有法律效力的书面证明。

原始凭证是进行会计核算的原始资料和重要依据，一切经济业务的发生都应由经办部门或经办人员向会计部门提供能够证明该项经济业务已经发生或已经完成的书面单据，以明确经济责任，并作为编制记账凭证的原始依据。原始凭证是进入会计信息系统的初始数据资料。一般而言，在会计核算过程中，凡是能够证明某项经济业务已经发生或完成情况的书面单据，就可以作为原始凭证，如发票、收据、银行结算凭证、收料单、发料单等；凡是不能证明该项经济业务已经发生或完成情况的，就不能作为原始凭证，如生产计划、购销合同、银行对账单、材料请购单等。

原始凭证不仅是一切会计事项的入账依据，也是企业单位加强内部控制所常使用的手段之一。原始凭证的质量决定了会计信息的真实性和可靠性。

二、原始凭证的种类

由于企业经济业务具有多样性，且对发生的每项经济业务或事项都要填制或取得原始凭证，而不同类型的经济业务所采用的原始凭证各不相同，因此原始凭证的种类是多种多样的。原始凭证可按以下不同的分类标准进行分类：

（一）按取得来源分类

原始凭证按其取得的来源不同，可以分为自制原始凭证和外来原始凭证

1. 自制原始凭证

自制原始凭证，是指由本单位内部经办业务的部门或人员，在执行或完成某项经济业务时填制的、仅供本单位内部使用的原始凭证。例如，材料验收入库时填制的"收料单"、领

用材料时填制的"领料单"、每月分配工资时编制的"工资结算单"、职工出差填制的"差旅费报销单"、销售产品时开具的"发货票"等，均属于自制原始凭证。自制原始凭证的格式见表6-1至表6-3。

表6-1 收料单

供应单位：　　　　　　　　　　年　月　日　　　　　　　　凭证编号：
发票号码：　　　　　　　　　　　　　　　　　　　　　　　收料仓库：

材料编号	材料名称及规格	计量单位	数量		价格		备注
			应收	实收	单价	金额	

仓库负责人：　　　　　记账：　　　　　仓库保管：　　　　　收料：

表6-2 领料单

领料单位：　　　　　　　　　　年　月　日　　　　　　　　编号：
用　　途：　　　　　　　　　　　　　　　　　　　　　　　仓库：

材料编号	材料名称及规格	计量单位	数量		价格		备注
			请领	实领	单价	金额	

领料单位负责人：　　　　领料人：　　　　发料人：　　　　制单：

表6-3 发货票

购货单位：　　　　　　　　　　年　月　日　　　　　　　　编号：

货号及品名	规格	数量	单位	单价	金额

单位盖章：　　　主管：　　　复核：　　　制单：　　　结算方式：
地址：　　　　　　　　　　　　　　　　　　　　　　　　账号：

2. 外来原始凭证

外来原始凭证，是指在经济业务发生或完成时，从其他单位或个人直接取得的原始凭证，例如，从供应单位取得的购货发票、上缴税金的收据、乘坐交通工具的票据等，都属于外来原始凭证。下面以购货发票中的"增值税专用发票"为例说明其具体格式，见表6-4。

表6-4 增值税专用发票（样本）

购买方	名称：							
	纳税人识别号：			密码区				
	地址、电话：							
	开户行及账号：							
货物或应税劳务、服务名称		规格型号	单位	数量	单价	金额	税率	税额
合计								
价税合计（大写）				（小写）：				
销货方	名称：			备注				
	纳税人识别号：							
	地址、电话：							
	开户行及账号：							

收款人： 复核： 开票人： 销售方：

（二）按填制手续和方法分类

原始凭证按其填制手续和方法不同，可分为一次凭证、累计凭证、汇总凭证和记账编制凭证四种。

1. 一次凭证

一次凭证是指填制手续一次完成，且只使用一次的原始凭证。它反映一项经济业务，或同时反映若干项同类性质的经济业务。绝大多数自制原始凭证和所有的外来原始凭证都属于一次凭证，例如前述的"收料单""领料单""增值税专用发票"等。

2. 累计凭证

累计凭证是指在一定时期内连续记载若干项同类性质的经济业务，其填制手续随着经济业务发生而分多次完成的凭证，如"限额领料单"等。"限额领料单"的格式见表6-5。

表 6-5　限额领料单

领料部门：　　　　　　　　　　　　　　　　　　　　　　　　　　　发料仓库：
用　途：　　　　　　　　　　年　月　日　　　　　　　　　　　　　编　号：

材料类别	材料编号	材料名称及规格	计量单位	领用限额	实际领用	单价	金额	备注

日期	请领		实发			限额结余	退库	
	数量	领料单位盖章	数量	发料人	领料人		数量	退库单编号
合计								

供应部门负责人：　　　　　　生产计划部门负责人：　　　　　　仓库负责人：

3. 汇总凭证

汇总凭证是指在一定时期内将若干记录同类经济业务的原始凭证加以汇总，编制成一张原始凭证，用以集中反映某项经济业务的总括情况。例如"发出材料汇总表""工资结算汇总表"等。编制汇总凭证可以简化编制凭证的手续，但它本身不具备法律效力。"发出材料汇总表"的具体格式见表 6-6。

表 6-6　发出材料汇总表
年　月

应贷科目		应借科目					备注
		生产成本	制造费用	管理费用	在建工程	合计	
原料及主要材料							
原材料	辅助材料						
	修理用备件						
	燃料						
	合计						
周转材料							
总计							

制表：　　　　　　　　　　　　　稽核：　　　　　　　　　　　　会计主管：

4. 记账编制凭证

记账编制凭证是由会计人员根据账簿记录的结果，对某些特定事项进行归类、整理而编制的一种自制原始凭证。例如"制造费用分配表""固定资产折旧计算表"等。"制造费用分配表"的具体格式见表6-7。

表6-7 制造费用分配表

车间：　　　　　　　　　　　　　　　年　月

分配对象 （产品名称）	分配标准 （生产工时等）	分配率	分配金额
合计			

会计主管：　　　　　　　　　　审核：　　　　　　　　　　制表：

三、原始凭证的基本内容

由于经济业务的种类和内容及经营管理的要求不同，原始凭证的格式和内容也千差万别。但无论是何种原始凭证，都必须做到所载明的经济业务清晰，经济责任明确。因此，各种原始凭证应具备以下共同的基本内容：

（1）原始凭证的名称。反映原始凭证所记录经济业务的内容、种类和原始凭证的用途及编号。

（2）填制原始凭证的日期、编号。原始凭证上填写的日期，应是经济业务发生或完成时的日期。特别是对一些现金收支业务的原始凭证，按顺序连续编号对充分发挥凭证的监督作用十分重要。

（3）接受原始凭证的单位名称。例如，发票上填写的购货单位名称、领料单上填写的领料部门名称等。

（4）经济业务的内容。含有数量、单价、金额等；发票上还应详细填写所售商品的货号、品名和规格等。

（5）填制单位签章和填制人姓名。

（6）有关人员签名或签章。主要是为了明确相关经办人员的经济责任。

（7）凭证附件。例如，差旅费报销单所附车票、住宿发票等。

在实际工作中，根据经营管理和特殊业务的需要，除上述基本内容外，还可以增加必要的内容。对于不同单位经常发生的共同性质的经济业务，有关部门可以制定统一的原始凭证格式。

四、原始凭证的填制要求

原始凭证是编制记账凭证的依据，是会计核算最基础的原始资料。要保证会计核算工作的质量，就必须保证原始凭证的质量，正确地填制原始凭证。具体来说，原始凭证的填制必须符合以下要求：

（一）记录真实

原始凭证所填制的内容和数字，必须真实可靠，符合实际情况，绝不允许有任何的歪曲或弄虚作假，也不能用估计数字代替实际数字。

（二）内容完整

原始凭证所要求填制的项目必须填列齐全，不得遗漏和省略。年、月、日要按填制原始凭证的实际日期填写；名称要齐全，不能简化；品名和用途要填写明确，不得含糊；有关人员的签章必须齐全。

（三）手续完备

自制的原始凭证必须有经办业务的部门和人员签名盖章；对外开出的原始凭证必须加盖单位公章；从外部取得的原始凭证，必须盖有填制单位的公章。购买实物的原始凭证必须有验收证明；支付款项的原始凭证必须有对方收款证明。一式几联的凭证，必须用双面复写纸套写，便于查对，单页凭证必须用钢笔填写。销货退回时，除填制退货发票外，还必须取得对方的收款收据或开户行的汇款凭证，不得以退货发票代替收据。各种借出款项的收据，必须附在记账凭证上；收回借款时，应另开收据，不得退回原借据。办理特殊业务的，还应附有相关部门的批准文件（如开办某项业务的资质）等。总之，取得的原始凭证必须符合手续完备的要求，以明确经济责任，确保凭证的合法性、真实性。

（四）书写规范、清楚

原始凭证要按规定填写，文字要简练，字迹要清楚，易于辨认，不得使用未经国务院公布的简化汉字。大小写金额必须相符且填写规范，小写金额用阿拉伯数字逐个书写，不得连笔。在金额的前面要填写人民币符号"￥"，人民币符号"￥"与阿拉伯数字之间不得留有空白。金额数字一律填写到角分，无角分的，写"00"或符号"—"，有角无分的，分位写"0"，不得用符号"—"；大写金额用汉字壹、贰、叁、肆、伍、陆、柒、捌、玖、拾、佰、仟、万、亿、元、角、分、零、整等，一律用正楷或行书字书写，大写金额前应加写"人民币"字样，"人民币"字样和大写金额之间不得留有空白。大写金额到元或角为止的，后面要写"整"字；有分的，不写"整"或"正"字。如小写金额为￥1 008.00，大写金额应与读法一致，写成"壹仟零捌元整"。

（五）编号连续

各种原始凭证要连续编号，以便查考。如果凭证已预先印定编号，如发票、支票等重要凭证，在写错作废时，应加盖"作废"戳记，妥善保管，不得撕毁。

（六）不得涂改、挖补、刮擦

原始凭证有错误的，应当由出具单位重开或更正，更正处应当加盖出具凭证单位印章。原始凭证金额有错误的，应当由出具单位重开，不得在原始凭证上更正。

（七）填制及时

原始凭证一定要及时填写，并按规定的程序及时送交会计机构、会计人员进行审核。

五、原始凭证的审核

根据《会计法》的相关规定，会计机构、会计人员必须按照国家统一的会计制度的规定对原始凭证进行审核。对于完全符合要求的原始凭证，应及时据以编制记账凭证并登记入账；对不真实、不合法的原始凭证，有权不予受理，并向单位负责人报告；对于记载不准确、不完整的原始凭证予以退回，并要求按照国家统一的会计制度规定更正、补充。

为如实反映经济业务的发生和完成情况,充分发挥会计的监督职能,保证会计信息的真实性、可靠性和正确性,会计机构、会计人员必须对原始凭证进行严格审核。具体审核以下内容:

(一) 审核原始凭证的真实性

原始凭证作为会计信息的基本信息源,其真实性对会计信息的质量具有至关重要的影响。其真实性的审核包括凭证日期是否真实、业务内容是否真实、数据是否真实等。

对于外来原始凭证,必须有填制单位公章和填制人员签章;对于自制原始凭证,必须有经办部门和经办人的签名盖章。此外,对于通用原始凭证,还应审核凭证本身的真实性,以防假冒。

(二) 审核原始凭证的合法性

审核原始凭证所记录的经济业务是否有违反国家法律法规的情况,是否履行了规定的凭证传递和审核程序,是否有贪污腐化行为。

(三) 审核原始凭证的合理性

审核原始凭证所记录的经济业务是否符合企业生产经营活动的需要,是否符合企业有关的计划和预算等。

(四) 审核原始凭证的完整性

审核原始凭证各项基本要素是否齐全,是否有漏项的情况,日期是否完整,数字是否清晰,文字是否工整,有关人员的签章是否齐全,凭证联次是否正确等。

(五) 审核原始凭证的正确性

审核原始凭证中金额的计算是否正确,大小写是否一致。

(六) 审核原始凭证的及时性

原始凭证的及时性是保证会计信息及时性的基础,因此,要求在经济业务发生或完成时及时填写有关原始凭证,及时进行原始凭证的传递。审核时应注意审核凭证的填制日期,尤其是支票、银行汇票、银行本票等时效性较强的原始凭证,更应仔细验证其签发日期。

第三节 记账凭证

一、记账凭证的概念

(一) 记账凭证的概念

记账凭证,是指由会计人员根据审核无误的原始凭证(或汇总原始凭证),按经济业务事项的内容加以归类,并据以确定会计分录,作为登记会计账簿直接依据的会计凭证。记账凭证也是有效连接原始凭证和账簿记录的桥梁。

(二) 记账凭证与原始凭证的联系与区别

原始凭证和记账凭证之间存在着密切的联系,原始凭证是记账凭证的基础,记账凭证是对原始凭证内容的概括和说明。

记账凭证与原始凭证的区别在于以下几点:

（1）原始凭证由经办人填制，记账凭证由会计人员填制。

（2）原始凭证根据实际发生的业务填制，记账凭证根据审核无误的原始凭证填制。

（3）原始凭证记录、证明经济业务的发生和完成，记账凭证依据会计科目对经济业务进行分类、整理。

（4）原始凭证是记账凭证的附件和填制依据，记账凭证是登记账簿的直接依据。

二、记账凭证的分类

（一）按经济业务内容分类

记账凭证按其反映的经济业务内容的不同，可以分为专用记账凭证和通用记账凭证。

1. 专用记账凭证

专用记账凭证，是指专门用来记录某一特定种类经济业务的记账凭证。按其所记录的经济业务是否与货币资金收付有关，可进一步分为收款凭证、付款凭证和转账凭证三种。

（1）收款凭证。收款凭证是指用于记录现金和银行存款收款业务的会计凭证。例如，20××年2月23日，收到万达工厂归还前欠购货款的支票100 000元存入银行，应编制银行存款收款凭证。具体格式见表6-8。

表6-8 收款凭证

借方科目：银行存款　　　　　20××年2月23日　　　　　　　　　收字第××号

摘要	结算方式	票号	贷方科目		金额	记账符号
			总账科目	明细科目		
收回欠款	支票		应收账款	万达工厂	100 000	
附单据　　　张			合计		100 000	

会计主管人员：　　　记账：　　　稽核：　　　制单：　　　出纳：　　　缴款人：

（2）付款凭证。付款凭证是指用于记录现金和银行存款等付款业务的会计凭证。例如，20××年2月24日，用现金购买办公用品1 200元，应编制现金付款凭证。具体格式见表6-9。

表6-9 付款凭证

贷方科目：库存现金　　　　　20××年2月24日　　　　　　　　　付字第××号

摘要	结算方式	票号	借方科目		金额	记账符号
			总账科目	明细科目		
购买办公用品	现金		管理费用	办公用品费	1 200	
附单据　　　张			合计		1 200	

会计主管人员：　　　记账：　　　稽核：　　　制单：　　　出纳：　　　领款人：

收、付款凭证是登记现金、银行存款日记账和有关明细账的依据。

（3）转账凭证。转账凭证是指用于记录不涉及现金和银行存款收付业务的会计凭证。例如，20××年2月25日，生产A产品领用甲材料价款5 000元，应编制相应转账凭证。具体格式见表6-10。

表6-10 转账凭证

20××年2月25日　　　　　　　　　　　　　　　　　　　　　　　　转字第××号

摘要	借方科目		贷方科目		金额	记账符号
	总账科目	明细科目	总账科目	明细科目		
领用材料	生产成本	A产品	原材料	甲材料	5 000	
附单据　　张	合计				5 000	

会计主管人员：　　　　记账：　　　　稽核：　　　　制单：

2. 通用记账凭证

通用记账凭证，是指采用一种通用格式记录各种经济业务的记账凭证。通用记账凭证既可以反映收、付款业务，也可以反映转账业务。通用记账凭证的具体格式见表6-11。

表6-11 记账凭证

年　月　日　　　　　　　　　　　　　　　　　　　　　　　　　　顺序第___号

业务内容（摘要）	借方科目		页数	贷方科目		页数	金额
	一级科目	二级科目		一级科目	二级科目		
合计							

会计主管：印　　审核：印　　记账：印　　出纳：印　　填制：印

（二）按填列方式分类

记账凭证按其填列方式的不同，可分为单式记账凭证和复式记账凭证。

1. 单式记账凭证

单式记账凭证又称单科目凭证，是指每张记账凭证只填列一个会计科目，其对方科目只供参考，不据以记账的凭证。填列借方科目的称为借项记账凭证；填列贷方科目的称为贷项记账凭证。由于采用单式记账凭证，一张凭证只填列一个会计科目，因此，单式记账凭证便于汇总每个会计科目的发生额和进行分工记账，但在一张凭证上反映不出经济业务的全貌，不便于查账，且容易散失。

2. 复式记账凭证

复式记账凭证又称多科目凭证，是将一项经济业务所涉及的全部会计科目都集中填制在一张记账凭证上。复式记账凭证能够集中体现账户对应关系，相对于单式记账凭证而言，能减少记账凭证的数量。但复式记账凭证不便于汇总和会计人员分工记账。

三、记账凭证的基本内容

由于记账凭证所反映的经济业务内容不同，在具体的格式上也存在着一些差异，但所有的记账凭证都必须满足记账的要求，具备以下共同的基本内容：

（1）记账凭证的名称。如"收款凭证""付款凭证""转账凭证"或"记账凭证"等。

（2）记账凭证的填制日期。即年、月、日，其填制日期应为记账凭证的编制日期。

（3）记账凭证的编号。如收字×号、付字×号、转字×号；通用记账凭证连续编号，将来装订成册。

（4）经济业务的内容摘要。将原始凭证的内容简明扼要地在记账凭证中予以说明。

（5）经济业务所涉及的会计科目、方向及金额。这是记账凭证分类反映的主要内容。

（6）所附原始凭证的张数，相互查证。

（7）记账标记。如"√"表明已登记到账簿中，防止漏记与重记。

（8）有关人员的签字盖章。一方面能够明确责任，另一方面有利于防止在记账过程中出现差错。

四、记账凭证的填制要求

记账凭证是登记会计账簿的直接依据，其填制得正确与否直接关系到账簿记录的质量高低，同时也影响到会计核算工作。为了提高记账凭证的质量，在填制记账凭证时，必须做到格式统一、内容完整、编制及时、会计科目运用正确。除此之外，还要符合以下几项要求：

（1）必须根据审核无误的原始凭证填制记账凭证。除填制更正错账、编制结账分录和按权责发生制要求编制的调整分录的记账凭证可以不附原始凭证以外，其余的记账凭证都应附原始凭证；同时，还应在记账凭证中注明所附原始凭证的张数，以便查阅。如果一张原始凭证同时涉及几张记账凭证，应将其附在一张主要的记账凭证的后面，并在其他记账凭证中予以说明。

（2）记账凭证中的各项内容要填写完整，摘要简明扼要、表达准确。

（3）正确填写会计分录，并保持借方金额合计与贷方金额合计相等。

（4）记账凭证可根据一张或几张同类原始凭证汇总编制，但不得将不同内容、类别的原始凭证汇总填制一张记账凭证。

（5）记账凭证应连续编号。编号是为了分清记账凭证的先后顺序，便于登记账簿和日后记账凭证与会计账簿之间的核对，防止散失。在使用通用记账凭证的企业里，可按经济业务发生的先后顺序分月按自然数 1、2、3…顺序编号；在采用收款凭证、付款凭证和转账凭证的企业里，按照专用记账凭证的类别顺序分别进行编号，如收字第×号、付字第×号、转字第×号等。一笔经济业务，需要编制多张记账凭证时，可采用分数编号法，例如，一笔经济业务需要编制两张转账凭证，凭证的顺序号为 10 号，则其编号可为第 $10\frac{1}{2}$ 号、第 $10\frac{2}{2}$ 号，前面的整数表示业务顺序，分子表示两张中的第一张和第二张。不论采用哪种凭证编号方法，每月末最后一张记账凭证的编号旁边要加注"全"字，以免凭证散失。

（6）在采用专用记账凭证的企业中，对于从银行提取现金或将现金存入银行等货币资金相互划转的经济业务，为了避免重复记账，按照惯例，一般只编制付款凭证，不编制收款凭证。在同一项经济业务中，如果既有现金或银行存款的收付内容，又有转账内容，应分别填制收、付款凭证和转账凭证。出纳人员对于已经收讫的收款凭证或已经付讫的付款凭证及其所附的各种原始凭证，都要加盖"收讫"或"付讫"戳记，以免重收或重付。

（7）记账凭证填制完经济业务后，如果有空行，应将空行处划斜线注销。记账凭证填制完毕，都要加盖制单人员、审核人员、记账人员、会计机构负责人等的印章或签字，以明确责任。

（8）记账凭证在填制时发生错误的，应当重新填制；若发生错误久远或已登记入账的，则应采用恰当的更正方法予以更正。

五、记账凭证的审核

为了正确登记账簿和监督经济业务，除了在记账凭证的编制过程中有关人员应认真负责、正确填制、加强自审之外，还要对记账凭证建立综合审核制度。记账凭证主要审核以下内容：

（1）记账凭证是否附有原始凭证，记账凭证的内容与所附原始凭证的内容是否相符，记账凭证上填写的附件张数与实际原始凭证张数是否相符。

（2）会计科目的应用是否正确，二级或明细科目是否齐全，会计科目的对应关系是否清晰，金额的计算是否正确。

（3）内容摘要的填写是否清楚，是否正确归纳了经济业务的实际内容，记账凭证中的有关项目是否填列齐全，有关人员是否签字或盖章等。

在记账凭证的审核过程中，如果发现差错，应查明原因，按照规定的办法及时处理和更正。只有审核无误的记账凭证，才能作为登记账簿的直接依据。

第四节　会计凭证的传递与保管

一、会计凭证的传递

会计凭证的传递，是指凭证从取得或填制时起，经过审核、记账、装订到归档保管时止，在单位内部各有关部门和人员之间按规定的时间、程序办理业务手续和进行处理的过程。

正确、合理地组织会计凭证的传递，对于及时处理和登记经济业务，协调单位内部各部门、各环节的工作，加强经营管理的岗位责任制，实行会计监督，具有重要作用。例如，对材料收入业务的凭证传递，应明确规定：材料运达企业后，需多长时间验收入库，由谁负责填制收料单，又由谁在何时将收料单送交会计及其他有关部门；会计部门由谁负责审核收料单，由谁在何时编制记账凭证并登记账簿，又由谁负责整理或保管凭证，等等。这样，既可以把材料收入业务从验收入库到登记入账的全部工作在本单位内部进行分工，并通过各部门的协作来共同完成，又便于考核经办业务的有关部门和人员是否按照规定的会计手续办理业务。

会计凭证的传递主要包括凭证的传递路线、传递时间和传递手续三个方面的内容。

(一) 会计凭证的传递路线

会计凭证的传递路线是指根据经济业务的特点、经营管理的需要,以及企业内部机构的设置和人员分工情况,合理确定各种会计凭证的联数和所流转的必要环节。

(二) 会计凭证的传递时间

会计凭证的传递时间是指各种凭证在各经办部门、环节所停留的最长时间。它应根据各部门和有关人员在正常情况下办理经济业务所需时间来合理确定。明确会计凭证的传递时间,能防止拖延处理和积压凭证,保证会计工作的正常秩序,提高工作效率。一切会计凭证的传递和处理,都应在报告期内完成。否则,将会影响会计核算的及时性。

(三) 会计凭证的传递手续

会计凭证的传递手续是指在凭证传递过程中的衔接手续。传递手续应该做到既完备严密,又简便易行。凭证的收发、交接都应按一定的手续制度办理,以保证会计凭证的安全和完整。

为了确保会计凭证的传递工作正常有序,以便更好地发挥会计凭证的作用,企业内部应制定一套合理的会计凭证传递制度,使凭证传递的整个过程环环相扣,从而加速经济业务的处理进程,保证会计部门迅速、及时地取得和处理会计凭证,提高各项工作的效率,充分发挥会计的监督作用。

会计凭证的传递路线、传递时间和传递手续,还应根据实际情况的变化及时加以修改,以确保会计凭证传递的科学化、制度化。

二、会计凭证的保管

会计凭证是各项经济活动的历史记录,是重要的经济档案。为了便于随时查阅利用,各种会计凭证在办理好各项业务手续,并据以记账后,应由会计部门加以整理、归类,并送交档案部门妥善保管。为了保管好会计凭证,更好地发挥会计凭证的作用,《会计基础工作规范》对此做了明确的规定,具体可归纳为以下几点:

(一) 会计凭证的整理归类

会计部门在记账以后,应定期(一般为每月)将会计凭证加以归类整理,即把记账凭证及其所附原始凭证,按记账凭证的编号顺序进行整理,并进行试算平衡。在确保记账凭证及其所附原始凭证完整无缺后,将其折叠整齐,加具封面、封底,装订成册,并在装订线上加贴封签,以防散失和任意拆装。在封面上要注明单位名称、凭证种类、所属年月和起讫日期、起讫号码、凭证张数等。会计主管或指定装订人员要在装订线封签处签名或盖章,然后入档保管。

对于那些数量过多或各种随时需要查阅的原始凭证,可以单独装订保管,在封面上注明记账凭证的日期、编号、种类,同时在记账凭证上注明"附件另订"字样。各种经济合同和重要的涉外文件等凭证,应另编目录,单独登记保管,并在有关记账凭证和原始凭证上注明。

(二) 会计凭证的造册归档

每年的会计凭证都应由会计部门按照归档的要求,负责整理立卷或装订成册。当年的会计凭证,在会计年度终了后,可暂由会计部门保管一年,须由出纳员岗位以外的其他会计人员保管。期满后，应由会计部门编造清册移交本单位档案部门保管。档案部门接收的会计凭证，要保持原卷册的封装，个别需要拆封重新整理的，应由会计部门和经办人员共同拆封整理，以明确责任。会计凭证必须做到妥善保管，存放有序，查找方便，并要严防毁损、丢失和泄密。

（三）会计凭证的借阅

会计凭证原则上不得借出，如有特殊需要，须报请批准，但不得拆散原卷册，并应限期归还。需要查阅已入档的会计凭证时，必须办理借阅手续。其他单位因特殊原因需要使用原始凭证时，经本单位负责人批准，可以复制。但向外单位提供的原始凭证复印件，应在专设的登记簿上登记，并由提供人员和收取人员共同签名或盖章。

（四）会计凭证的销毁

会计凭证的保管期限，一般为 30 年。保管期未满，任何人都不得随意销毁会计凭证。按规定销毁会计凭证时，必须开列清单，报经批准后，由档案部门和会计部门共同派员监销。在销毁会计凭证前，监督销毁人员应认真清点核对；销毁后，在销毁清册上签名或盖章，并将监销情况报本单位负责人。

复习思考题

1. 什么是原始凭证？原始凭证有哪些作用？
2. 原始凭证应具备哪些基本内容？如何审核原始凭证？
3. 记账凭证应具备哪些基本内容？如何审核记账凭证？
4. 什么是会计凭证的传递与保管？如何进行会计凭证的传递与保管？

综合练习题

一、单项选择题

1. 原始凭证按（　　）分类，分为一次凭证、累计凭证等。
   A. 用途和填制程序　　　　　　　B. 形成来源
   C. 填制手续和方法　　　　　　　D. 填制程序及内容
2. 下列原始凭证中属于外来原始凭证的是（　　）。
   A. 材料入库单　　　　　　　　　B. 发出材料汇总表
   C. 购货发票　　　　　　　　　　D. 领料单
3. 根据连续反映某期间内不断重复发生而分次进行的特定业务而编制的原始凭证有（　　）。
   A. 一次凭证　　B. 累计凭证　　C. 记账编制凭证　　D. 汇总原始凭证
4. 记账凭证的填制是由（　　）进行的。
   A. 采购人员　　B. 会计人员　　C. 经办人员　　　　D. 主管人员
5. 在会计实务中，原始凭证按照填制手续及内容的不同，可以分为（　　）。
   A. 外来原始凭证和自制原始凭证　　B. 收款凭证、付款凭证和转账凭证
   C. 一次凭证、累计凭证和汇总凭证　　D. 通用凭证和专用凭证
6. 下列内容中，不属于记账凭证审核内容的是（　　）。
   A. 凭证是否符合有关的计划和预算

B. 会计科目使用是否正确
C. 凭证的金额与所附原始凭证的金额是否一致
D. 凭证的内容与所附原始凭证的内容是否一致

7. 在审核原始凭证时，对内容不完整、填制有错误或手续不完备的原始凭证，应（　　）。
   A. 拒绝办理，并向本单位负责人报告　　B. 予以抵制，对经办人员进行批评
   C. 由会计人员重新填制或予以更正　　D. 予以退回，要求重新填制

8. 出纳人员付出货币资金的依据是（　　）。
   A. 收款凭证　　B. 付款凭证　　C. 转账凭证　　D. 原始凭证

9. 下列不属于会计凭证的是（　　）。
   A. 增值税发票　　B. 住宿费收据　　C. 购货合同　　D. 工资汇总表

10. 下列应编制转账凭证的是（　　）。
    A. 从银行提取现金　　B. 固定资产计提折旧
    C. 发放工资　　D. 上缴税金

二、多项选择题

1. 下列文件中，属于外来原始凭证的有（　　）。
   A. 限额领料单　　B. 销售发货票　　C. 银行对账单　　D. 购货发票

2. 周延鑫出差归来，报销差旅费3 000元，原预借4 000元，交回现金1 000元，这笔业务应该（　　）。
   A. 只编制1 000元现金收款凭证　　B. 根据1 000元编制现金收款凭证
   C. 根据3 000元编制转账凭证　　D. 编制4 000元转账凭证

3. 对于外来原始凭证，审核的内容包括（　　）。
   A. 真实性的审查　　B. 合法性的审查
   C. 完整性的审查　　D. 合理性的审查

4. 对于外来原始凭证的更正做法，错误的有（　　）。
   A. 金额错误的采用划线更正法更正并加盖单位公章
   B. 金额错误的采用红字更正法更正并加盖单位公章
   C. 金额错误的退原开票单位重开
   D. 接受单位名称错误的自行更正加盖单位公章

5. 填制记账凭证应根据（　　）。
   A. 收款凭证　　B. 付款凭证　　C. 自制原始凭证　　D. 外来原始凭证

6. 下列业务中，需要编制付款凭证的有（　　）。
   A. 从银行提取现金　　B. 将现金存入银行
   C. 用现金购买办公用品　　D. 收回前欠款项

7. 会计档案的保管可由（　　）担任。
   A. 出纳员　　B. 记账会计　　C. 会计主管　　D. 档案保管员

8. 下列凭证中属于原始凭证的有（　　）。
   A. 完工产品成本计算表　　B. 销货发票
   C. 发出材料汇总表　　D. 银行存款余额调节表

9. 记账凭证的编制要求主要包括（   ）。
A. 记账凭证各项内容必须完整   B. 记账凭证应连续编号
C. 记账凭证的书写应清楚、规范   D. 填制记账凭证时若发生错误，应该重新填
10. 下列记账凭证中可以不附原始凭证的有（   ）。
A. 收款凭证   B. 付款凭证
C. 更正错账记账凭证   D. 结账记账凭证

三、判断题
1. 原始凭证是登记明细分类账的依据，记账凭证是登记总分类账的依据。（   ）
2. 在证明经济业务发生、编制记账凭证等方面，自制原始凭证与外来原始凭证具有同等效力。（   ）
3. 对于不真实、不合法的原始凭证，会计人员有权不予接受；对于记载不准确、不完整的原始凭证，会计人员有权要求其重填。（   ）
4. 一张原始凭证所列支出需要由几个单位共同负担的，应当将其他单位负担的部分用复印件提供给其他单位。（   ）
5. 会计凭证的传递是指会计凭证从取得或填制时起至归档保管过程中，在单位内部会计部门和人员之间的传递程序。（   ）
6. 收款凭证、付款凭证是出纳员收、付款的依据。（   ）
7. 每年装订成册的会计凭证，在年度终了时，可暂时由会计机构保管一年。（   ）
8. 将现金存入银行，既可编制银行存款的收款凭证，也可编制现金的付款凭证，但不能同时编制收、付款凭证。（   ）
9. 为保证原始凭证的正确性，单位自制原始凭证都是由会计人员填制。（   ）
10. 更正错误的原始凭证要加盖印章。（   ）

四、业务分析题
【目的】练习专用记账凭证的运用以及试算平衡表的编制。
【资料】（1）天利股份公司所属的天籁公司20××年9月1日有关账户余额见表6-12。
（2）天籁公司9月份发生的全部经济业务如下：
①从银行取得期限为6个月的借款100 000元，存入银行；
②用银行存款25 000元购入一台全新设备，交付使用；
③接受某外商捐赠的全新设备，价值50 000元，交付使用；
④以现金支付公出人员预借差旅费1 000元；
⑤经企业的董事会批准，将资本公积金转增资本50 000元；
⑥收回某单位所欠本企业的货款10 000元，存入银行；
⑦用银行存款50 000元偿还到期的银行临时借款；
⑧购入一批原材料，价款22 000元（不考虑增值税），其中20 000元开出支票支付，余款用现金支付；
⑨接受某投资人的投资600 000元，其中一台全新设备150 000元，一项专利权作价380 000元，剩余部分通过银行划转；
⑩开出现金支票，从银行提取现金5 000元备用。
（3）天籁公司的会计对本月发生的经济业务进行了相关的处理，并编制了月末的总分

类账户试算平衡表,但由于时间仓促,加之会计对制造业企业有关经济业务的处理不是很熟练,因而发生了某些账务处理的错误,并编制了一张不平衡的试算平衡表,见表6-12。

表6-12 总分类账户本期发生额及余额表 元

会计科目	期初余额 借方	期初余额 贷方	本期发生额 借方	本期发生额 贷方	期末余额 借方	期末余额 贷方
库存现金	2 000		5 000	1 000	6 000	
银行存款	52 600		180 000	77 000	155 600	
应收账款	12 000		10 000		22 000	
其他应收款	3 000		1 000		4 000	
原材料	158 000		2 000		160 000	
库存商品	( )					
固定资产	275 000		245 000		520 000	
无形资产			380 000		380 000	
短期借款		80 000	50 000	100 000		130 000
应付账款		24 000		25 000		49 000
资本公积		( )	100 000	50 000		50 000
盈余公积		46 000				46 000
实收资本		( )		700 000		700 000
合计	502 600	150 000	973 000	953 000	976 000	925 000

面对不平衡的试算表,会计对其核算过程进行了全面的检查,针对其错误和其他资料一并提供了以下信息:本公司月初的净资产为446 000元,有关错误包括余额的计算错误和账务处理的错误。其中,本月业务在处理过程中共发生4处错误,涉及"库存现金""银行存款""原材料""应收账款""固定资产"和"应付账款"账户。由账务处理的错误导致账户记录的错误,进而造成上述试算表中的不平衡。

【要求】

1. 编制本月业务的会计分录,注明每笔业务应编制的专用记账凭证。
2. 计算"库存商品""资本公积"和"实收资本"账户的月初余额。
3. 指出其错误所在,并编制正确的试算平衡表。

第七章

会计账簿

本章内容提示

设置和登记会计账簿,是会计核算的专门方法之一,本章主要介绍设置和登记会计账簿的基础知识。通过本章学习,学生应了解设置和登记会计账簿的概念和设置账簿的意义;熟悉会计账簿的分类及各类账簿的格式和内容;掌握会计账簿的登记规则和方法、对账和结账的要求和方法,以及错账的更正规则和方法。本章包括的内容:会计账簿的意义和种类、会计账簿的设置和登记、会计账簿的登记规则、对账和结账以及会计账簿的更换与保管等。

第一节 会计账簿的意义和种类

一、会计账簿的概念

会计账簿,简称账簿,是由具有一定格式而又相互联系的若干账页组成,以经过审核的会计凭证为依据,全面、系统、连续地记录和反映各项经济业务的簿籍。各单位应当按照国家统一的会计制度的规定和会计业务的需要设置会计账簿。对于账簿的概念,可以从两个方面来理解:一是从外表形式上看,账簿是由具有专门格式而又相互联系的若干账页组成的簿籍;二是从记录的内容上看,账簿是对各项经济业务进行分类和序时记录的簿籍。

各会计主体每发生一项经济业务,必须取得和填制会计凭证,用以反映和监督经济业务的发生和完成情况。但会计凭证数量又多又分散,而且会计凭证不能把会计主体在一定时期内发生的全部经济业务连续、系统、分类地反映出来,也不便于日后查阅,因而不能满足经营管理的需要。为了把分散在会计凭证中的大量核算资料加以集中和归类整理,为经营管理提供系统、完整的核算资料,就必须利用设置和登记账簿这一会计核算的专门方法。

二、设置和登记会计账簿的意义

设置和登记会计账簿是编制会计报表的基础,是连接会计凭证和会计报表的中间环节,在会计核算中具有重要的意义。其意义主要表现在以下四个方面:

（一）通过设置和登记账簿，可以记录、储存会计信息

账簿记录是将企业一定时期内所发生的经济业务事项，逐项、逐笔地录入簿籍。账簿相当于信息存储器，将大量分散的会计信息系统地进行了储存，便于保管。

（二）通过设置和登记账簿，可以分类、汇总会计信息

通过账簿的序时核算和分类核算，可以反映各个会计要素的具体项目在一定时期内的增减变动情况及其结果，使会计信息使用者了解企业分类的经济活动情况，便于对经济活动进行及时的考核和控制，加强对财力、物力的管理，保证对财物的合理利用，实现资产的保值和增值。

（三）通过设置和登记账簿，可以检查、校正会计信息

以账簿记录为中心的会计核算，形成了账证核对、账账核对、账实核对、账表核对等一系列对账关系，这也是进行会计分析、会计检查的重要依据，同时有利于保证各项财产物资和资金的安全与完整。

（四）通过设置和登记账簿，可以编报、输出会计信息

账簿是系统化的凭证，会计账簿中的资料为编制财务会计报告提供依据。根据账簿记录的费用、成本和收入等资料，可以计算一定时期的财务成果；根据账簿记录的资产、负债和所有者权益等分类信息，可以编制资产负债表，反映企业在某一日期的财务状况，从而为报表使用者及企业的经营管理提供能反映企业财务状况、经营成果的会计信息。

三、会计账簿与账户的关系

账户存在于账簿之中，账簿中的每一账页就是账户的存在形式和载体，没有账簿，账户就无法存在；账簿序时、分类地记载经济业务，是在个别账户中完成的。因此，账簿只是一个外在形式，账户才是其真实内容。账簿与账户是形式与内容的关系。

四、会计账簿的种类

各单位所设置的会计账簿应该形成能够适应需要、功能各异、结构合理的一套完整的账簿体系。为了更好地了解和正确运用会计账簿，充分发挥账簿在经济管理中的作用，应该按照不同的标准对账簿进行适当的分类。

（一）账簿按用途分类

账簿按用途分类，可以分为序时账簿、分类账簿和备查账簿。

1. 序时账簿

序时账簿又称日记账，是按照经济业务发生或完成时间的先后顺序，逐日逐笔进行登记的账簿。

序时账簿按其反映的内容不同，又分为两类：一是普通日记账，用来登记全部经济业务的发生情况，即把全部经济业务的各项会计分录都按照时间顺序记录在账簿中，故称分录簿。因它不能分类反映经济业务的发生情况，很少被采用，其格式见表7-1。二是特种日记账，用来记录特殊经济业务发生情况的日记账，一般企业只对库存现金和银行存款的收付业务设置库存现金日记账和银行存款日记账进行序时核算，以便加强对货币资金的管理。其格式见表7-2~表7-4。

2. 分类账簿

分类账簿又称分类账,是将全部经济业务事项按照会计要素的具体科目开设的分类账户进行登记的账簿。分类账簿按其反映指标的详细程度不同,分为总分类账簿和明细分类账簿两种。

总分类账簿,又称总分类账,简称总账,是根据一级会计科目开设,用以记录全部经济业务总括核算资料的分类账簿。

明细分类账簿,又称明细分类账,简称明细账,是根据总账科目所属的二级或明细科目开设,用以记录某一类经济业务详细核算资料的分类账。

3. 备查账簿

备查账簿,又称辅助账簿或备查簿,是对某些在序时账簿和分类账簿等主要账簿中未予登记或登记不够详细的经济业务事项进行补充说明的账簿。注重文字描述,为某些经济业务提供必要的参考资料,如以经营租赁方式租入的固定资产的登记簿、受托加工材料的登记簿、开出商业汇票的到期日和金额等。备查账簿相当于一个备忘录,应根据企业的实际需要设置,没有固定格式,企业可以根据自身需要进行设计。

上述三种账簿中,序时账簿和分类账簿相互联系、相互制约,形成了一个完整的账簿体系。总分类账统驭日记账和明细账,日记账和明细账指标又是对总分类指标的具体说明。备查账簿的资料则是对某些经济业务的必要补充。

(二) 账簿按账页格式分类

账簿按账页格式分类,可分为三栏式、多栏式、数量金额式账簿。

1. 三栏式账簿

三栏式账簿属于最典型的账簿格式,包括借、贷、余三栏,主要用于各种日记账、总分类账,以及资本、债权、债务等的明细账。

2. 多栏式账簿

多栏式账簿是在三栏式账簿的基础上发展起来的,在借方或贷方中按照需要分设若干专栏的账簿,主要用于成本、费用类账户的登记。如"制造费用""生产成本""管理费用"等账户,就需要设置多栏式明细账。

3. 数量金额式账簿

数量金额式账簿是在借方、贷方、余额三个栏目内,分别设置数量、单价、金额三个小栏,借以反映财产物资的实物数量和价值量的账簿,主要在"原材料""库存商品"等存货类科目中使用。

(三) 账簿按其外表形式分类

账簿按其外表形式分类,可分为订本式、活页式、卡片式账簿。

1. 订本式账簿

订本式账簿在启用前已装订成册、连续编号,主要用于总分类账、库存现金日记账、银行存款日记账。其优点是可以防止账页散失和非法抽换;其缺点是账页固定后,不便于分工记账,也不能根据记账需要增减账页。

2. 活页式账簿

活页式账簿把账页装在账夹内，可随时增添或取出账页，装订成册前无固定页码编号，主要用于明细分类账。其优点是可根据需要增添或重新排列账页，并且可以同时分工记账；其缺点是账页容易丢失和被抽换。采用活页式账簿，平时应按账页顺序编号，并在会计期末装订成册。装订完毕后，应按实际账页数顺序编号并加目录。

3. 卡片式账簿

卡片式账簿由专门格式、分散的卡片作为账页，一般放置在卡片箱中，可以随取随放，实际上也是一种活页式账簿。卡片式账簿除具有一般活页式账簿的优缺点外，它无须每年更换，可以跨年度使用。"固定资产明细账""低值易耗品明细账"一般采用这种形式。

第二节 会计账簿的设置和登记

账簿的设置要组织严密、层次分明。账簿之间要互相衔接、互相补充、互相制约，能清晰地反映账户间的对应关系，以便提供完整、系统的资料。会计账簿的设置，既要防止账簿重叠、烦琐复杂，也要防止过于简化，以致不能提供日常管理所需的资料和编制报表的数据。

一、账簿的基本内容

各种账簿所记录的经济内容不同，账簿的外表形式和账页格式也多种多样，但各种账簿都应具备以下基本内容：

（一）封面

封面主要标明账簿的名称，如总分类账、明细分类账、库存现金日记账、银行存款日记账等。

（二）扉页

扉页标明会计账簿的使用信息，即账户目录和账簿使用登记表。

（1）启用表内载明单位名称、账簿名称、账簿编号（第几册）、账簿启止页数、启用日期、会计主管人员等的签名盖章、加盖单位公章等。

（2）经管人员一览表，主要用于记账人员办理交接手续。

（三）账页

账页是账簿用来记录经济业务事项的载体，其格式因反映经济业务内容的不同而有所不同，但其基本内容应当包括账户的名称、登记账簿的日期栏、记账凭证的种类和号数栏、摘要栏、金额栏、总页次和分页次等。

二、日记账的设置与登记

日记账是按照经济业务发生或完成的时间先后顺序逐笔进行登记的账簿。设置日记账的目的就是使经济业务的时间顺序清晰地反映在账簿记录中。日记账按其所核算和监督的经济业务的范围不同，可分为普通日记账和特种日记账，它们的格式、登记方法和内容是不同的。

（一）普通日记账

普通日记账一般分为"借方金额"和"贷方金额"两栏，登记每一会计分录的借方账户和贷方账户及金额，这种账簿不结余额。其格式见表7-1。

表7-1 普通日记账　　　　　　　　　　　　　　　　　　　　　　　　第　页

20××年		凭证		摘要	会计科目	借方金额	贷方金额	过账
月	日	字	号					

（二）特种日记账

1. 库存现金日记账

库存现金日记账是出纳员根据审核后的库存现金的收、付款凭证，按时间先后顺序逐日、逐笔登记的。并根据"上日余额+本日收入－本日支出＝本日余额"逐日结出现金余额，并与库存现金核对，即"日清日结"。库存现金日记账用来核算和监督库存现金每天的收入、支出、结存。其格式有三栏式和多栏式两种，外表形式一律采用订本式。

（1）三栏式库存现金日记账。其基本结构为"收入""支出"和"结余"三栏，有的插入"对方科目"栏，以表明收入的来源和支出的用途。其格式见表7-2。

表7-2 三栏式库存现金日记账

20××年		凭证		摘要	对方科目	收入	支出	结余
月	日	字	号					

（2）多栏式库存现金日记账。有两种多栏式库存现金日记账的账簿格式，一种是在"收入"栏下设"贷方科目"若干，在"支出"栏下设"借方科目"若干，格式见表7-3；另一种是分别设立库存现金收入日记账和库存现金支出日记账，以收入为主，在库存现金收入日记账中设"支出合计"栏，其格式见表7-4和表7-5。

表7-3 多栏式库存现金日记账

20××年		凭证		摘要	收入			支出			结余
月	日	字	号		贷方科目		合计	借方科目		合计	
					银行存款	营业外收入等		其他应收款	管理费用		

表 7-4　库存现金收入日记账

20××年		凭证		摘要	贷方科目			收入合计	支出合计	余额
月	日	字	号		银行存款	其他业务收入	营业外收入等			

表 7-5　库存现金支出日记账

20××年		凭证		摘要	借方科目			支出合计
月	日	字	号		材料采购	管理费用	银行存款等	

根据现金收款凭证登记库存现金收入日记账，按日结算出每天现金收入合计数，登记在"收入合计"栏中；再根据从库存现金支出日记账中转来的"支出合计"，计算出当天的现金结存金额。

2. 银行存款日记账

银行存款日记账是用来核算和监督银行存款每日收入、支出和结存情况的账簿，由出纳员按时间先后顺序逐日逐笔登记。银行存款日记账根据银行存款收款凭证和库存现金送存银行的付款凭证登记收入，根据银行存款付款凭证登记支出；每日结出存款余额。月末与开户银行的对账单进行核对，查明账存数与实存数是否一致。其外表形式一律采用订本式。

（1）三栏式银行存款日记账。一般有注明"现金支票"和"转账支票"的号数栏，方便与银行对账，其他与库存现金日记账相同。

（2）多栏式银行存款日记账。可分为两种：一种是在"收入"栏和"支出"栏下分别按对方科目开设若干栏；另一种格式就是分别设立银行存款收入日记账和银行存款支出日记账，以收入为主，在银行存款收入日记账中设"支出合计"栏，最后结出余额，格式与多栏式库存现金日记账类似。对于外币银行存款，应按不同的币种和开户银行分别设置日记账。

三、总分类账的设置与登记

总分类账也称总账，是按一级会计科目开设，进行分类登记的账簿。总分类账能全面、总括地反映和记录经济业务引起的资金运动和财务收支情况，并为编制会计报表提供数据，因此，总分类账是每个企业必须设置的。

总分类账的基本格式是"借方""贷方"和"余额"的三栏式，见表7-6。其外表为订本式，"借或贷"是限定"余额"方向的。

总分类账按不同账务处理程序进行登记，其主要登记方式有：以记账凭证直接登记总账；以汇总记账凭证登记总账；以科目汇总表的形式登记总账。具体的登记方法将在"账务处理程序"一章中全面阐述。

表7-6 三栏式总分类账

会计科目：　　　　　　　　　　　　　　　　　　　　　　　　　　　　　　　　　　　　　第　　页

20××年		凭证		摘要	借方	贷方	借或贷	余额
月	日	字	号					

四、明细分类账的设置与登记

明细分类账也称明细账，是按明细科目（即子目或细目）进行分类登记的账簿。明细分类账提供详细的核算资料，为编制会计报表提供必要的基础数据。

明细账的格式应根据各单位经营业务的特点和管理需求来确定，常用的有三栏式、多栏式和数量金额式明细分类账三种格式。

（一）三栏式明细分类账

三栏式明细分类账的账页格式同总分类账的格式基本相同，只设"借方""贷方"和"余额"三个金额栏，不设数量栏。适用于只进行金额核算的账户，有债权、债务、资本等。

（二）多栏式明细分类账

多栏式明细分类账的格式视管理需要而多种多样。在一张账页上按明细科目分设若干专栏，集中反映有关明细项目的核算资料。适用于成本、费用类科目的明细核算，如"管理费用""制造费用""生产成本"账户等的核算。如制造费用明细账，见表7-7，在"借方"栏下，可分设"工资和福利费""折旧费""修理费""办公费""水电费"等若干专栏用以核算企业发生的各项制造费用。

表7-7 制造费用明细账

明细科目：　　　　　　　　　　　　　　　　　　　　　　　　　　　　　　　　　　　　　第　　页

20××年		凭证号码	摘要	借方					贷方	余额
月	日			工资和福利费	折旧费	修理费	办公费	水电费等		

（三）数量金额式明细分类账

数量金额式明细分类账的账页格式见表7-8。在"收入""发出""结存"三栏内，又分别设置"数量""单价""金额"等栏目，以分别登记实物的数量和金额。数量金额式明细分类账适用于既要进行金额明细核算，又要进行数量明细核算的财产物资项目，如"原材料""库存商品"等账户的明细核算。它能提供各种财产物资收入、发出、结存的数量和金额资料，便于企业管理。

表7-8 数量金额式明细分类账

会计科目：　　　　　　　　　　　　　　　　　　　　　　　　　　　　　　　　第　页

20××年		凭证号码	摘要	收入			发出			结存		
月	日			数量	单价	金额	数量	单价	金额	数量	单价	金额

明细分类账的登记通常有三种方法：一是根据原始凭证直接登记明细账，二是根据汇总原始凭证登记明细账，三是根据记账凭证逐日逐笔登记明细账。

五、总分类账和明细分类账的平行登记

总分类账是根据总账科目开设，提供总括核算指标的账簿；明细分类账是根据明细科目开设，对总分类账的经济内容进行补充说明，提供具体详细指标的账簿。因此，总分类账和明细分类账所记录的经济内容是相同的，只是提供数据资料的详细程度有所不同。因此，在登记总分类账和明细分类账时，应采用平行登记的方法。

平行登记是指对所发生的每一笔经济业务，根据同一会计凭证，既在有关的总分类账户中进行总括登记，又在有关明细分类账户中进行详细登记的一种方法。

在经济业务发生后，会计人员需要根据原始凭证编制记账凭证，并据以登记入账。在登记账簿时，既要登记总账，以反映总括资料；又要登记明细账，以反映具体资料。为了保持总账和明细账的一致，在登记账簿时，要采用平行登记的方法。

按照平行登记的方法，登记总分类账户和明细分类账户的要点可以概括如下：

（一）会计期间相同

对于发生的每一笔经济业务，必须在同一会计期间记入总分类账户及其所属的明细分类账户。登记过程可以有先有后，但会计期间必须一致。

（二）会计凭证相同

对于发生的经济业务事项，要根据相同的会计凭证，一方面登记有关的总分类账户，另一方面登记总分类账户所属的明细分类账户。

（三）借贷方向一致

每一笔经济业务在记入总分类账户与明细分类账户时，所记的方向必须相同。即在总分类账户中记入借方，在其所属的明细分类账户中也应记入借方；在总分类账户中记入贷方，

在其所属的明细分类账户中也应记入贷方。

(四) 金额记录相等

对于每一笔经济业务,记入总分类账户的金额应与记入其所属的一个或几个明细分类账户的金额合计数相等。其计算公式如下:

总分类账户本期发生额=所属明细分类账户本期发生额合计

总分类账户期末余额=所属明细分类账户期末余额合计

第三节 会计账簿的登记规则

会计账簿是企业重要的经济档案。登记账簿是会计核算工作的重要内容,是为会计报表提供数据资料的重要手段。为了保证账簿记录的合法性、真实性、正确性、完整性,明确经济责任,对会计人员在启用新的会计账簿时,应遵循账簿启用、登记和错账更正的各项规范和要求。

一、会计账簿启用规则

(1) 新建企业或新的会计年度开始时,必须启用新的会计账簿。在新账簿中填写企业全称,加盖单位公章。按国家法律规定自行粘贴并划线注销印花税票。

(2) 在账簿的扉页上填制账簿启用表和经管人员一览表(即交接表)。账簿启用及交接表格式见表7-9。

(3) 启用订本式账簿,按页码顺序登账,不得跳页、隔行、缺号。启用活页式账簿,按账页顺序编号,定期装订成册。

表 7-9 账簿启用及交接表

账簿名称_____						单位名称_____					
账簿编号_____						账簿册数_____					
账簿页数_____						启用日期_____					
单位负责(签章)			会计主管(签章)			记账人员(签章)					
移交日期			交出		接管日期			接管		会计主管	
年	月	日	姓名	盖章	年	月	日	姓名	盖章	姓名	盖章

二、账簿登记规则

(1) 必须根据审核无误的会计凭证登记会计账簿。一项业务一方面记入总账,另一方面登记相关明细账;账簿中记录的日期为记账凭证上的日期,非原始凭证上的日期;数字准确,摘要清楚,登记及时,字迹工整;日期、编号、摘要、金额等全部录入,登记完整。

(2) 每笔业务登记完毕,在记账凭证上签名或盖章,在记账凭证的"过账"栏划

"√",表示已经记账,避免重复、漏记。

(3)在登记账簿中的文字、数字时,其上方应留有1/2空格,以便于更正错账。

(4)登记账簿时要使用蓝黑墨水或碳素墨水书写,不得使用圆珠笔、铅笔等,防止涂改。

(5)下列情况下,可以使用红色墨水记账:

①按照红字冲账的记账凭证,冲销错误记录;

②在不设"借""贷"等栏的多栏式账页中,登记减少数;

③在三栏式账户的"余额"栏前,如未印明余额方向的,在"余额"栏中登记负数;

④根据国家统一会计制度的规定,可以使用红字记账的其他会计记录。

(6)登记账簿时,按页次顺序连续登记,不得隔页、跳行。如出现空页、空行,用红笔划对角线注销,或注明"此页空白""此行空白"等,同时要求记账员签章确认。

(7)凡需要结出余额的账户,应按时结出余额。库存现金日记账和银行存款日记账必须逐日结出余额;债权债务明细账和各种财产物资明细账,要随时结出余额;总账平时需要结出月末余额。结出余额后,应当在"借或贷"栏目内写明"借"或"贷"字样,以标明余额方向。没有余额的账户,应在"借或贷"栏目内写"平"字,并在"余额"栏用"θ"表示。一般来说,"θ"应当放在"元"位。

(8)一页登记完毕,结出本页合计数及余额,在最后一行的"摘要"栏内注明"过次页",新页第一行"摘要"栏内注明"承前页"。

(9)账簿记录发生错误时,不得刮、擦、挖、补,随意涂改或用褪色药水更改字迹,应根据错误情况,按规定的方法进行更正。

三、错账更正规则

在登记账簿的过程中,难免会出现一些记账错误,或是根据错误的记账凭证登记形成的,或是在登记账簿时形成的(会计凭证无误),在记账或结账时如果发现有了差错,应及时查明原因,并予以更正。

(一)错账的查找方法

查找错账的方法主要有个别检查法和全面检查法。

1. 个别检查法

所谓个别检查法,就是针对错账的数字来进行检查的方法。这种方法适用于检查方向记反、数字错位和数字颠倒等造成的记账错误。个别检查法分为差数法、倍数法和除9法三种。

(1)差数法,就是记账人员首先确定错账的差数,再根据差数去查找错误的方法。这种方法对于发现漏记账目比较有效,也很简便。例如,发现借贷不平的差是7 800元,则查找与7 800元有关的账簿记录,看是否有一方漏记。

(2)倍数法,也叫除2法,是首先算出借方和贷方的差额,再根据差额的一半来查找错误的方法。这种方法适用于会计账簿因栏次错写而造成的方向错误。在上例中,可以将7 800元除以2,查找与3 900元有关的账簿记录,看是否将借贷都记在一个方向上了。

(3)除9法,就是先算出借方与贷方的差额,再除以9来查找错误的方法。适用于两种情况,即数字错位和数字颠倒。例如,将7 800元误写成8 700元,或将7 800元错误地扩大 10 倍。借贷不平的差都能被 9 整除。

2. 全面检查法

全面检查法就是对一定时期的账目进行全面核对的检查方法,具体又分为顺查法和逆查法。

(1)顺查法就是按照记账的顺序,从头到尾依次检查原始凭证、记账凭证、总账、明细账以及会计科目余额表等。

(2)逆查法是与记账的顺序相反的方法,也就是首先检查会计科目余额表中数字的计算是否正确,其次检查各账户的计算是否正确,再次核对各账簿与记账凭证是否相符,最后检查记账凭证与原始凭证是否相符。

(二)错账的更正方法

由于记账差错的具体情况不同,更正错误的方法也不同,常用的更正错误的方法有划线更正法、红字更正法和补充登记法三种。

1. 划线更正法

记账凭证正确,在手工记账的情况下,在过账或结账中发现账簿记录的文字或数字有错误,应采用划线更正法。更正时,先在错误的文字或数字上划一红线注销,要使原来的字迹仍可辨认,然后在红线上方空白处用蓝字填上正确的文字或数字,并在更正处由记账人员盖章。对改正错误的数字一定要用红线全部划去,不能只改个别数字。

2. 红字更正法

红字更正法适用于记账凭证上的科目和金额发生错误,并已登记入账的情况。更正时,先用红字金额填制一张内容与错误记账凭证完全相同的记账凭证,并在摘要中写明"更正第×号凭证错误",并据以用红字金额登记入账,冲销原有的错误记录;然后,再用蓝字重填一张正确的记账凭证,登记入账。

现举例说明如下:

【例 7-1】某车间领用 A 材料 1 000 元,编制记账凭证时,借方账户误写为"管理费用",并已登记入账。

借:管理费用　　　　　　　　　　　　　　　　　　　　　　　1 000
　　贷:原材料　　　　　　　　　　　　　　　　　　　　　　　1 000

更正上述错误,应用红字金额填制一张内容与原来一样的记账凭证,即

借:管理费用　　　　　　　　　　　　　　　　　　　　　　　|1 000|
　　贷:原材料　　　　　　　　　　　　　　　　　　　　　　　|1 000|

然后,用蓝字重新填制一张正确的记账凭证。

借:制造费用　　　　　　　　　　　　　　　　　　　　　　　1 000
　　贷:原材料　　　　　　　　　　　　　　　　　　　　　　　1 000

将上述两张记账凭证登记入账后,账簿记录的错误得以更正。

另外,如果在记账后发现记账凭证中应借、应贷的账户没有错,只是所填金额大于应填金额,可填制一张红字金额记账凭证,冲销原来多记的金额。

【例 7-2】某车间领用 A 材料 1 000 元。填制记账凭证时,将金额误记为 10 000 元。

借：制造费用　　　　　　　　　　　　　　　　　　　　10 000
　　贷：原材料　　　　　　　　　　　　　　　　　　　　　　　10 000

为了更正上述账户中多记的9 000元，应填制一张红字金额的记账凭证。

借：制造费用　　　　　　　　　　　　　　　　　　　　9 000
　　贷：原材料　　　　　　　　　　　　　　　　　　　　　　　9 000

将上述更正错误的记账凭证记入有关账户后，原账簿中的错误记录便得到更正。

3. 补充登记法

补充登记法适用于记账后发现记账凭证中应借、应贷的会计科目正确，但所填的金额小于正确金额的情况。采用补充登记法就是将少填的金额（即正确金额与错误金额之间的差额）用蓝字填制一张记账凭证，在"摘要"栏内注明"补记第×号凭证少计数"，并据以登记入账。

【例7-3】 成品仓库收到合格产品一批，共计10 000元，已验收入库。填制记账凭证时，将金额误记为1 000元，并已登记入账。

借：库存商品　　　　　　　　　　　　　　　　　　　　1 000
　　贷：生产成本　　　　　　　　　　　　　　　　　　　　　　1 000

为了更正错误的记录，可将少记的9 000元用蓝字填制一张记账凭证。

借：库存商品　　　　　　　　　　　　　　　　　　　　9 000
　　贷：生产成本　　　　　　　　　　　　　　　　　　　　　　9 000

在用红字更正法和补充登记法更正错误时，在更正错误的记账凭证上，应注明被更正记账凭证的日期和编号，以便核对查考。

第四节　对账和结账

登记账簿作为会计核算的专门方法之一，包括记账、对账和结账三个相互联系、不可分割的工作环节。

一、对账

为了保证账簿记录的真实可靠，对账簿所记录的有关数据加以检查和核对，这种核对账簿的工作，在会计上叫对账。

在记账、过账、算账中难免有疏漏与错误出现，财产在保管中也难免有毁损与丢失。在结账前为确保会计核算资料的正确性、完整性与真实性，必须进行对账。对账的目的就是保证账证相符、账账相符和账实相符。

对账工作一般在月末进行，即在记账之后、结账之前进行对账。若遇特殊情况，如有人员办理调动手续前或发生非常事件后，应随时进行对账。对账的具体内容包括以下几个方面：

（一）账证核对

账证核对是指将账簿（总账、明细账、库存现金和银行存款日记账等）记录与记账凭证、原始凭证进行核对，确定其时间、凭证号、内容、金额、记账方向等是否相符。

这种核对主要是在日常编制凭证和记账过程中进行，核对的重点是凭证所记载的业务内容、金额和分录是否与账簿中的记录一致。若发现差错，应重新对账簿记录和会计凭证进行复核，直到查出错误的原因为止，这是保证账账相符、账实相符的基础。

（二）账账核对

账账核对是指在各种账簿之间进行的核对，其具体核对内容包括以下几个方面：

（1）总分类账户之间的余额核对。依据"资产＝负债＋所有者权益"会计等式进行，即全部账户的借方余额合计数应与贷方余额合计数相符。

（2）总分类账户与所属明细分类账户之间的核对。检查总分类账户本期借、贷方发生额及期末余额，与所属明细账户本期借、贷方发生额及期末余额之和是否相符。

（3）总分类账户与日记账的核对。总分类账户与库存现金日记账、银行存款日记账进行核对，检查现金日记账、银行存款日记账本期发生额及期末余额与总账是否相符。

（4）明细账之间的核对。即财会部门登记的各种财产物资明细账与仓库保管及使用部门明细账之间进行的核对，检查各方期末财产物资结存数是否相符。

（三）账实核对

账实核对是指账簿记录的各项财产物资、债权债务等账面余额与实有数额之间进行的核对，做到账实相符。具体包括以下内容：

（1）银行存款日记账的余额应定期与银行对账单核对，通常每月核对一次。

（2）库存现金日记账的余额应与库存现金实有数之间进行逐日核对。

（3）各项财产物资明细账的结存数量同财产物资的实有数之间的核对。此项核对应根据财产物资清查要求，定期或不定期地进行。

（4）有关债权、债务明细账余额应与对方单位的账面记录进行核对。

二、结账

结账，就是把一定期间（月份、季度、年度）内所发生的经济业务全部登记入账，结出各种账簿的本期发生额和期末余额。

各单位的经济活动是连续不断的，为了总结某一个会计期间（月份、季度、年度）的经济活动情况，考核财务成果，编制会计报表，必须在每一会计期间终了时进行结账。

（一）结账的程序

（1）将本期发生的经济业务事项全部登记入账，并保证其正确性。

（2）根据权责发生制的要求，调整有关账项，合理确定本期应计的收入和应计的费用。

（3）结清损益类账户（期末清零），计算本期利润。

（4）结算出资产、负债、所有者权益类账户的本期发生额和期末余额，并结转下期。

（二）结账的方法

（1）对不需要按月结计本期发生额的账户，如债权、债务明细账等，每次记账以后，都要随时结出余额，每月最后一笔余额即为月末余额。月末结账时，只需要在最后一笔经济业务事项记录之下通栏划单红线，不需要再结计一次余额。

（2）对库存现金日记账、银行存款日记账和需要按月结计发生额的收入、费用等明细账，每月结账时，要结出本月发生额和余额，在"摘要"栏内注明"本月合计"字样，并在下面通栏划单红线。

（3）需要结计本年累计发生额的某些明细账户，如主营业务收入明细账等，每月结账时，应在"本月合计"行下结出自年初起至本月末止的累计发生额，登记在月份发生额下面，在"摘要"栏内注明"本年累计"字样，并在下面通栏划单红线。12月末的"本年累计"就是全年累计发生额，全年累计发生额下通栏划双红线。

（4）总账账户平时只需结出月末余额。年终结账时，将所有总账账户结出全年发生额和年末余额，在"摘要"栏内注明"本年合计"字样，并在合计数下通栏划双红线。

（5）年度终了结账时，有余额的账户，要将其余额结转下年，并在"摘要"栏内注明"结转下年"字样；在下一会计年度新建有关会计账户的第一行余额栏内填写上年结转的余额，并在"摘要"栏内注明"上年结转"字样。

第五节　会计账簿的更换与保管

一、会计账簿的更换

为了保持会计账簿资料的连续性，在每一会计年度结束，新的会计年度开始时，应按会计制度规定，进行账簿的更换。

会计账簿更换的具体做法如下：

（1）总账、日记账和大部分明细账，需要每年更换一次。年初将旧账簿中各账户的余额直接记入新账簿有关账户新账页的第一行"余额"栏内。更换新账时，要注明各账户的年份，然后在第一行"日期"栏内写明1月1日，同时，在"摘要"栏内加盖"上年结转"戳记，将旧账页最后一行数字下的空格，划一条斜红线注销，并在旧账页最后一行"摘要"栏内加盖"结转下年"戳记。在新旧账户之间转记余额，不必填制会计凭证。在年度内，订本式账簿记满，更换新账簿时，应办理与年初更换新账簿相似的手续。

（2）部分明细账，如固定资产明细账等，因年度内变动不多，年初可不必更换账簿。但在"摘要"栏内要加盖"结转下年"戳记，以划分新旧年度之间的金额。

二、会计账簿的保管

会计账簿、会计凭证和会计报表等都是企业重要的经济档案和历史资料，必须妥善保管，不得任意丢失和销毁。年度终了，各种账户结转下年、建立新账时，旧账簿可由本单位财务会计部门保管1年，期满之后，由财务会计部门编制"会计档案移交清册"移交给本单位的档案管理部门进行保管。如果没有档案保管部门，会计档案可由本单位财务会计部门指定专人保管，但出纳人员不得监管会计档案。

年末结账后，会计人员应在活页式账簿前面加放账簿启用表和经管账簿人员一览表装订成册，并加上封面，统一编号后，与各种订本式账簿一并归档。各种账簿应按年度分类归档，编制目录，妥善保管。既保证在需要时能迅速查阅，又保证各种账簿的安全和完整。

各种账簿的保管年限和销毁的审批程序，应按《企业会计制度》的规定严格执行。就企业会计而言，会计凭证保管期限为30年；会计账簿中，一般日记账保管期限为30年，库存现金日记账和银行存款日记账的保管期限为30年，明细账和总账的保管期限为30年，固定资产卡片账在固定资产清理报废后保存5年；财务报表中，年度财务报表永久保管，月度、季度、半年度财务报表保管10年。

复习思考题

1. 什么是账簿？为什么要设置账簿？账簿有哪些作用？
2. 账簿应具备的基本内容有哪些？
3. 各类账簿的登记方法是什么？
4. 错账更正方法有几种？不同的错账更正方法各适用于什么情况下形成的错账？

综合练习题

一、单项选择题

1. 总账与明细账之间的核对是依据（　　）原理。
   A. 复式记账　　　B. 平行登记　　　C. 借贷记账法　　　D. 会计恒等式
2. 一般适用于总分类账、日记账的账簿是（　　）。
   A. 订本式账簿　　　　　　　　B. 活页式账簿
   C. 卡片式账簿　　　　　　　　D. 活页式账簿或卡片式账簿
3. "原材料"明细账应采用的格式是（　　）。
   A. 两栏式　　　B. 三栏式　　　C. 多栏式　　　D. 数量金额式
4. "生产成本"明细账应采用的格式是（　　）。
   A. 借方多栏式　　B. 贷方多栏式　　C. 数量金额式　　D. 三栏式
5. 下列错账中，应采用划线更正法的是（　　）。
   A. 纯属账簿记录中的文字或数字的笔误
   B. 记账后，发现记账凭证中应借、应贷会计科目有错误
   C. 记账后，发现记账凭证和账簿中所记金额大于应记金额，应借、应贷会计科目无错误
   D. 记账后，发现记账凭证和账簿中所记金额小于应记金额，应借、应贷会计科目无错误
6. 企业将各债权、债务明细账余额定期与有关单位或个人进行核对，这种核对属于（　　）。
   A. 账证核对　　　B. 账账核对　　　C. 账实核对　　　D. 账表核对
7. 活页式账簿和卡片式账簿主要适用于（　　）。
   A. 特种日记账　　B. 普通日记账　　C. 总分类账　　D. 明细分类账
8. 记账后，发现记账凭证中应借、应贷会计科目有错误，应采用（　　）方法更正。
   A. 补充登记法　　B. 画线更正法　　C. 红字更正法　　D. 横线登记法
9. 根据一级会计科目设置，用于总括反映单位经济业务的账簿是（　　）。
   A. 总分类账　　　B. 明细分类账　　C. 序时账　　　D. 日记账
10. 关于库存现金日记账，以下各项表述中不正确的是（　　）。
    A. 由出纳人员负责登记
    B. 按时间顺序逐日逐笔登记

C. 使用活页式账簿登记
D. 逐日结出现金余额，并与库存现金实存数检查核对

二、多项选择题

1. 数量金额式明细分类账的账页格式适用于（   ）。
   A. "库存商品"明细账　　　　　　B. "制造费用"明细账
   C. "应付账款"明细账　　　　　　D. "原材料"明细账

2. 下列错误中，可使用划线更正法更正的有（   ）。
   A. 在结账前，发现记账凭证无误，但账簿记录中文字或数字登记有误
   B. 发现记账凭证金额错误，并已登记入账
   C. 发现记账凭证无误，原始凭证无误，登记入账时数字少写一个"0"
   D. 发现记账凭证科目错误，并已登记入账

3. 多栏式明细分类账的账页格式适用于（   ）。
   A. "应收账款"明细分类账　　　　B. "应付账款"明细分类账
   C. "管理费用"明细分类账　　　　D. "销售费用"明细分类账

4. 在下列各类错账中，应采用红字更正法进行更正的错账有（   ）。
   A. 记账凭证没有错误，但账簿记录有数字错误
   B. 因记账凭证中的会计科目有错误而引起的账簿记录错误
   C. 记账凭证中的会计科目正确但所记金额大于应记金额所引起的账簿记录错误
   D. 记账凭证中的会计科目正确但所记金额小于应记金额所引起的账簿记录错误

5. 记账时不得隔页跳行登记，如果发生隔页跳行登记的，不得随意涂改，应将（   ）。
   A. 空页空行用红线划掉　　　　　B. 账页撕下并装入档案保存
   C. 加盖"作废"字样　　　　　　D. 由记账人员签字盖章

6. 因记账凭证错误而导致的账簿记录错误，可采用的更正方法有（   ）。
   A. 划线更正法　　B. 差数法　　C. 补充登记法　　D. 红字更正法

7. 关于银行存款日记账的登记方法，下列说法中正确的有（   ）。
   A. 由会计负责登记　　　　　　　B. 按时间先后顺序逐日逐笔进行登记
   C. 每日结出存款余额　　　　　　D. 月终计算出全月收入、支出的合计数

8. 关于分类账簿，下列说法中正确的是（   ）。
   A. 分类账簿分为总分类账、明细分类账、序时账、备查账
   B. 明细分类账是对总分类账的补充和具体化
   C. 分类账簿提供的核算信息是编制会计报表的主要依据
   D. 分类账簿提供连续系统的信息，反映企业资金运动的全貌

9. 单位从银行提取现金5 000元，应登记（   ）账簿。
   A. 银行存款日记账　　　　　　　B. 库存现金日记账
   C. 总分类账　　　　　　　　　　D. 明细分类账

10. 在手工会计处理系统中，可作为明细账登记的依据有（   ）。
    A. 原始凭证　　B. 汇总原始凭证　　C. 记账凭证　　D. 汇总记账凭证

三、判断题

1. 为了实行钱账分管原则，通常由出纳人员填制收款凭证和付款凭证，由会计人员登

记库存现金日记账和银行存款日记账。   (   )

2. "原材料"账户的明细分类账，应采用多栏式账簿。   (   )

3. 登记账簿要用蓝黑色墨水钢笔或蓝黑色圆珠笔书写，不得使用其他颜色的墨水。
                                                              (   )

4. 订本式账簿不便在会计人员分工条件下于同一时间内登记。   (   )

5. 新的会计年度开始时，除了不用更换总分类账、库存现金日记账和银行存款日记账外，其他账簿都要更换。   (   )

6. 更正错账和结账的记账凭证，可以不附原始凭证。   (   )

7. 记账后如发现记账凭证中应借、应贷的科目有错误，应采用红字更正法更正。(   )

8. 库存现金日记账一般采用活页式账簿，以便于根据需要增补账页。(   )

9. 按照"出纳管钱不管账"的要求，出纳员只负责库存现金的收付，库存现金的总账和日记账应分别由其他会计人员经管和登记。   (   )

10. 账簿记录发生错误时，不准涂改、挖补、刮擦或用药水消除字迹，可以重抄。(   )

四、业务分析题

习题一　练习错账的更正方法

【资料】某企业将账簿记录与记账凭证进行核对，发现下列经济业务的账簿记录有误：

1. 开出现金支票800元，支付企业管理部门日常零星开支。原编记账凭证的会计分录为：

借：管理费用   1 800
　　贷：库存现金   1 800

2. 结转本月实际完工产品的生产成本49 000元。原编记账凭证的会计分录为：

借：库存商品   94 000
　　贷：生产成本   94 000

3. 收到购货单位偿还上月所欠货款7 600元。原编记账凭证的会计分录为：

借：银行存款   6 700
　　贷：应收账款   6 700

4. 计提厂部本月固定资产折旧费4 100元。原编记账凭证的会计分录为：

借：管理费用   1 400
　　贷：累计折旧   1 400

5. 以现金支付采购人员差旅费2 000元。原编记账凭证的会计分录为：

借：其他应付款   2 000
　　贷：库存现金   2 000

【要求】将上列各项经济业务的错误记录，分别以适当的方法予以更正。

习题二　练习总账和所属明细账的平行登记

【资料】20××年8月31日，隆昌工厂"原材料"和"应付账款"账户及其所属明细账户的余额如下：

"原材料"账户借方余额为65 000元，其中，A材料100千克，单价500元/千克，共计50 000元；B材料50千克，单价300元/千克，共计15 000元。

"应付账款"账户贷方余额为45 000元，其中，江南工厂35 000元，好美工厂10 000元。

该厂 9 月发生下列经济业务：

1. 1 日，以银行存款支付前欠江南工厂材料款 35 000 元、好美工厂材料款 10 000 元。

2. 7 日，向江南工厂购入 A、B 两种材料。A 材料 40 千克，单价 480 元/千克，共计 19 200 元，应交增值税 2 496 元；B 材料 60 千克，315 元/千克，共计 18 900 元，应交增值税 2 457 元。材料已验收入库，货款尚未支付。

3. 15 日，发出 A、B 两种材料，其中 A 材料 90 千克，每千克 500 元，共计 45 000 元；B 材料 40 千克，每千克 300 元，共计 12 000 元，用于生产甲产品。

4. 29 日，向好美工厂购入 B 材料 70 千克，单价 345 元/千克，共计 24 150 元，应交增值税 3 139.50 元。材料已验收入库，货款尚未支付。

【要求】根据上述资料编制记账凭证，并登记有关"原材料""应付账款"的总账和所属明细账。

第八章

财产清查

本章内容提示

财产清查是会计核算的一种专门方法。通过本章学习，学生应了解财产清查的一般程序；理解和熟悉财产清查的概念、意义和种类；掌握关于库存现金、银行存款、存货、固定资产、往来账项等财产物资清查的方法及相应的账务处理，并学会编制银行存款余额调节表。本章包括的内容：财产清查概述、财产清查的方法、财产清查结果的账务处理等。

第一节 财产清查概述

一、财产清查的概念和意义

（一）财产清查的概念

各单位应当定期将会计账簿记录与实物、款项及有关资料相互核对，保证会计账簿记录与实物及有关款项的实有数额相符。企业通常通过财产清查来查看账实是否相符。

所谓财产清查，是指通过对各种财产物资、货币资金和往来款项的盘点和核对，确定其实存数，以查明账存数与实存数是否相符的一种专门方法。财产清查是内部控制制度的一个组成部分，它的功能在于定期确定内部控制制度是否有效执行。

（二）财产清查的意义

会计核算的任务之一，就是反映和监督各项财产物资的保管和使用情况，保证企业财产物资的安全和完整，提高其使用效率。企业的各项财产物资主要有库存现金、银行存款、原材料、在产品、库存商品、固定资产，以及应收、应付等往来款项。为保证账簿记录的正确性，应加强会计凭证的日常审核，定期核对账簿记录，做到账证相符、账账相符。但是只有账簿记录正确，还不能说明账簿所做的记录真实可靠，因为有很多主客观原因会使各项财产物资账面数与实际数发生差异，导致账实不符。具体表现主要有：财产物资收发过程中，由于计量不准而发生品种或数量上的差错；因贪污盗窃、营私舞弊等违法行为造成财产的短缺；因管理不善而出现财产的腐烂变质及毁损；财产保管过程中的自然损耗或自然升溢；发生自然灾害等造成的非常损失；凭证由于传递时出现的时间差造成的未达账项；会计人员在记账过程中由于个人的疏忽造成的漏记、重记和错记等。

财产清查是会计核算的一种专门方法，也是单位内部实施会计控制和监督的一种活动。其作用主要表现在以下几个方面：

1. **保证进行核算时账实相符和会计资料真实可靠**

通过财产清查，可以查明财产物资有无短缺或盈余，以及发生盈亏的原因，确定财产物资的实际结存数，并通过账项的调整达到账实相符，从而保证会计核算资料的真实性，促使企业加强物资管理，为编制会计报表提供可靠的数据资料。

2. **充分挖掘潜力，加速资金周转**

通过财产清查，可以查明财产物资的利用情况，发现其有无超储积压或储备不足以及不配套等现象，以便采取措施，对储备不足的设法补足，对呆滞积压和不配套的给予及时处理，充分挖掘财产物资潜力，提高资金利用率。

3. **强化财产管理经济责任制度**

通过财产清查，可以发现财产管理工作中存在的各种问题，诸如收发手续不健全、保管措施不得力、控制手续不严密等，以便采取对策加以改进，建立健全内部控制制度，完善财产物资管理的岗位责任制，保证企业财产物资的安全与完整。

4. **保证结算制度的贯彻执行**

在财产清查中，对于债权债务等往来结算款项，也要与对方一一核对清楚，对于各种应收、应付款项应及时结算无误，已确认的坏账要按规定处理，避免长期拖欠和长年挂账，共同维护企业结算纪律和商业信用。

二、财产清查的分类

根据不同的标准，财产清查可有如下几种分类：

（一）按清查的对象和范围分类

按照清查的对象和范围的不同，可分为全面清查和局部清查。

1. **全面清查**

全面清查，也称全部清查，是指对企业的全部财产物资，包括货币资金、实物资产以及债权债务等进行的全面彻底的盘点与核对。其特点是清查范围大、投入人力多、耗费时间长。一般只在下述情况下实施全面清查：

（1）年终编制财务决算报表前。
（2）企业更换主要负责人时。
（3）企业撤销、合并或改变隶属关系时。
（4）企业改制等需要进行资产评估时。
（5）企业遭遇自然灾害时。

2. **局部清查**

局部清查是指对企业部分重点物资或债权债务进行盘点和核对。其特点是清查范围小、专业性强、人力与时间的耗费较少。其清查对象主要是流动性较强、易发生损耗以及比较贵重的财产。实际工作中，局部清查一般适用于以下几种情况：

（1）材料、商品、在产品、产成品等存货在年中进行的轮流盘点或重点清查。

（2）对贵重物资进行的经常性盘点。

（3）对库存现金于每日营业终了进行的实地盘点。

（4）企业与银行之间月末进行的账项核对。

（5）企业与有关单位进行的债权和债务查询等。

（二）按清查的时间分类

财产清查按照清查的时间不同，可分为定期清查和不定期清查。

1. 定期清查

定期清查就是根据事先计划和制度安排的时间，对企业的全部或部分财产进行的清查，一般在月末、季末和年末结账时进行。定期清查可以是全面清查，如年终决算前的清查；也可以是企业部分财产的清查，如月末结账前对现金、银行存款和一些贵重物资的清查。另外，往来账项年度内至少应清查一至两次，防止债权丧失诉讼权。

2. 不定期清查

不定期清查也称突击清查，是指事前未规定清查时间，而是根据企业实际需要进行的临时清查。根据企业自身管理需要，不定期清查可以是全面清查，也可以是局部清查，其主要适用于以下几种情况：

（1）更换财产物资经管人员（出纳员、仓库保管员）时。

（2）财产物资遭受自然灾害或其他意外损失时。

（3）单位发生合并、迁移、改制和改变隶属关系时。

（4）上级主管部门、财政、审计、银行、工商、税务等部门进行会计检查时。

（5）按规定开展临时性清产核资工作时。

三、财产清查的一般程序

不同目的的财产清查应按不同的程序进行，但就其一般程序来说，主要包括以下三步：

（一）成立清查工作组织

企业应在本单位行政人员领导下，专门成立由会计、业务、实物保管等人员组成的清查领导组织，具体负责组织和管理企业财产清查工作。

（1）需要配备必要的清查人员，并且明确其责任和工作任务。

（2）需要制定明确的财产清查计划及实施规定，明确清查的具体对象、范围，以及清查的工作进度。

（3）需要对财产清查工作进行检查和督促，解决清查中出现的问题，保证财产清查的质量和进度。

（4）需要在财产清查完成后，针对清查的结果做出处理意见并提出建议或改进方案。

（二）财产清查的准备工作

为做好财产清查工作，会计部门和有关业务部门要在企业清查组织的领导下，做好各项业务准备工作，主要包括以下几方面的准备工作：

(1) 企业会计部门应当把有关账项全部登记完毕，做好期末结账和对账，确保账证、账账相符；备好有关银行存款、银行借款和结算款项的对账资料，以便随时清查核对。

(2) 实物资产管理部门应提供各种度量衡器具和清查用的表册；将备查的各项财产物资整理清楚、排放整齐，挂好实物标签，并标注实物的名称、规格和结存数量等基本信息，以便清查和核对。

(3) 取得银行存款、银行借款和结算款项的对账单及债权债务的函证材料。

（三）财产清查的实施

在做好各项准备工作以后，应由清查人员根据清查对象的特点，依据清查的目的，采用相应的清查方法，在清查领导组织的统一安排下，有计划、按步骤地实施财产清查。

第二节 财产清查的方法

一、财产物资的盘存制度

会计核算中，在计算各种财产物资期末结存数额时有两种方法，由此形成两种盘存制度，即永续盘存制和实地盘存制。

（一）永续盘存制

永续盘存制，也称账面盘存制，是指对各种财产物资数量的变化情况，会计人员平时根据会计凭证在账簿上予以连续登记，并随时结算出账面结存数额的一种方法。永续盘存制的优点是可以及时反映和掌握各种资产的收、发和结存的数量和金额，随时了解资产变动情况，有利于加强对财产物资的控制和管理，这样可以保证财产物资的完整和安全；缺点是登记账簿的工作量较大，即加大了会计人员的工作量。其公式表示如下：

账面期末余额＝账面期初余额＋本期增加额－本期减少额

采用永续盘存制计算的期末结存数与资产的实存数并不一定相符，因此，仍需定期对各种资产进行实地盘点，明确账实是否相符及其基本原因。

（二）实地盘存制

实地盘存制，也称定期盘存制，是指对于各种财产物资数量的变化情况，平时在账簿上只登记其增加数，而不记其减少数，期末通过实地盘点确定财产物资的结存数后，再倒算出本期减少数并登记入账的一种方法。其公式表示如下：

本期资产减少额＝期初账面结存额＋本期增加额－期末资产结存额

采用实地盘存制，核算工作较简便，但手续不够严密，诸如浪费、被盗、被挪用以及自然损耗等引起的资产短缺，常常被视为正常的减少而入账，从而影响资产减少数额计算的正确性，难以通过会计记录对资产实施日常控制，造成工作上的管理疏漏。

二、财产清查的具体方法

目前，我国企事业单位在进行财产清查时，常用的清查方法主要有实地盘点法、技术推算法、核对账目法和查询核实法等。

（一）实物资产清查的具体方法

实物资产的清查主要是对固定资产、原材料、在产品、产成品、低值易耗品及库存商品等财产物资的清查，主要从数量和质量两个方面展开。实物资产清查的具体方法主要有实地盘点法、技术推算法等。

1. 实地盘点法

它是指通过逐一点数、过磅、尺量等计量方式来确定财产物资实有数量的一种方法。这种方法适用范围较广且易于操作，大多数实物资产，如原材料、在产品、库存商品、周转材料、固定资产等的确定都采用这种方法。

2. 技术推算法

它是指通过技术推算（如量方、比重、体积等）确定财产物资实存数量的方法。该方法适用于大量堆放、物体笨重、价值低廉、无法逐一盘点和精确计量的实物资产，如沙、石、土、煤等。

在财产清查进行的过程中，实物保管人员必须在场，并与清查人员共同参与盘点，以明确经济责任。盘点时，有关人员要认真核实并及时记录，对于清查中发现的异常情况，如腐烂、破损、过期失效等，致使不能正常使用或销售的实物资产，应该详细标注并提出处理意见。盘点结果应由有关人员如实填制盘存单，并由盘点人和实物保管人签字或盖章。盘存单是用来记录实物盘点结果的书面文件，也是反映实物资产实存数额的原始凭证。其格式见表8-1。

表8-1 盘存单

单位名称：
财产类别：　　　　　存放地点：　　　　　盘点日期：　　　　　编号：

编号	名称	规格	计量单位	数量	单价	金额	备注

盘点人：　　　　　　　　　　　　　　　　　实物保管人：

为了查明实物资产的实存与账存是否相符，应根据盘存单和有关会计账簿的记录，编制实存账存对比表，以确定各种账实不符资产的具体盈亏数额。该表可用来分析实物资产实存数与账存数存在差异的原因，也是经批准后调整账簿记录的依据。其格式见表8-2。

表8-2 实存账存对比表

单位名称：　　　　　　　　　　年　月　日　　　　　　　　　　编号：

编号	名称	规格	计量单位	单价	实存		账存		盘盈		盘亏	
					数量	金额	数量	金额	数量	金额	数量	金额

主管：　　　　　　　　　　会计：　　　　　　　　　　制表：

实存账存对比表也称盘点盈亏报告单，清查人员应以该表为基础核准各种资产的盈亏情况，分析账实不符的性质和原因，划清经济责任，按规定程序报请有关部门领导予以审批处理，并针对清查中发现的资产管理方面存在的问题，提出改进措施，促使各项资产管理制度的健全和完善。在清查实物资产时，对于委托外单位加工、保管的材料、商品，以及在途的材料、商品等，可采用询证方法与有关单位核对查实。

（二）货币资金的清查方法

1. 库存现金的清查

对库存现金的清查主要采用实地盘点法。为了完善库存现金的管理，出纳人员对现金的收、支、结存应该及时记入账簿，并且做到日清日结和账实相符，除出纳人员于每日结账后对其经管的现金进行清点外，清查小组还应对库存现金进行定期和不定期的清查。盘点时，要求出纳人员必须在场，以明确责任。既要清点现金实存数并与库存现金日记账余额相核对，查明盈亏，又要严格检查库存现金限额的遵守情况，以及有无白条抵库的现象。盘点完毕，应根据盘点结果和库存现金日记账的结存余额填制库存现金盘点报告表，将现金盘点后的盈亏情况及其原因如实填入。该表兼有盘存单和实存账存对比表的双重作用，是对库存现金进行差异分析和用以调整账项的原始凭证。其格式见表8-3。

表8-3　库存现金盘点报告表

单位名称：　　　　　　　　　　　　　年　月　日　　　　　　　　　　　　　　　元

账存金额	实存金额	对比结果		备注
		盘盈	盘亏	

盘点人：　　　　　　　　　监点人：　　　　　　　　　出纳员：

2. 银行存款的清查

银行存款的清查是采用账项核对的方法，即根据银行存款日记账与开户银行月末转来的银行对账单进行核对。一般方法是开户银行定期将企业一定时期内在该行存款的变化和结存情况，以对账单的形式传递给存款企业并供其核对。企业接到银行对账单后，应与银行存款日记账逐笔核对其发生额及余额，如果双方账目的结存余额不一致，除账簿登记发生差错外，一般都是未达账项所致。

所谓未达账项，是指企业与开户银行之间因结算凭证传递时间不一致，导致一方已经登记入账，而另一方因未接到有关凭证尚未登记入账的款项。未达账项一般有四种情况：第一，企业已收款入账，银行尚未收款入账；第二，企业已付款入账，银行尚未付款入账；第三，银行已收款入账，企业尚未收款入账；第四，银行已付款入账，企业尚未付款入账。

上述任何一种未达账项的存在，都会使企业银行存款日记账余额与银行转来的对账单余额不符，并会有如下影响规律：在上述第一、第四种情况下，企业的银行存款日记账余额大于开户银行的对账单余额；而在第二、第三种情况下，企业的银行存款日记账余额小于开户银行的对账单余额。

在与银行对账时，应首先查明是否有未达账项，如果存在未达账项，为了消除未达账项的影响，可通过编制银行存款余额调节表来进一步确定账单不符的原因。银行存款余额调节表应在企业银行存款日记账余额和银行对账单余额的基础上，通过采用补记法或还原法来进行编制。

补记法，是指双方在原有余额的基础上，各自补记对方已入账而本方尚未登记入账的未达账项，使经调整后的双方账面余额相符的做法。

还原法，也称冲销法，是指双方在原有余额的基础上，各自将本单位已入账而对方尚未入账的款项，从本单位原有账面余额中冲销（包括增加和减少的会计事项），使经调整后的双方账面余额相符的做法。

现举例说明银行存款余额调节法的具体编制方法。

【例8-1】某企业20××年8月31日银行存款日记账余额为683 000元，开户银行转来的银行对账单余额为579 000元，经逐笔核对，发现有以下未达账项：

(1) 企业29日收到转账支票一张，金额112 000元，银行尚未收款入账。
(2) 委托银行代收销货款9 000元，银行已于29日收妥入账，企业未接到收款通知。
(3) 企业30日开出支票一张支付广告费3 000元，持票人尚未到银行办理转账手续。
(4) 银行于31日代企业支付水电费4 000元已登记入账，企业未接到付款通知单。

根据上述未达账项，采用补记法编制的银行存款余额调节表见表8-4。

表8-4 银行存款余额调节表（补记法）

20××年8月31日　　　　　　　　　　　　　　　　　　元

项目	金额	项目	金额
企业银行存款日记账余额	683 000	银行对账单余额	579 000
加：银行已收、企业未收款	9 000	加：企业已收、银行未收款	112 000
减：银行已付、企业未付款	4 000	减：企业已付、银行未付款	3 000
调节后余额	688 000	调节后余额	688 000

根据上述未达账项，采用还原法编制的银行存款余额调节表见表8-5。

表8-5 银行存款余额调节表（还原法）

20××年8月31日　　　　　　　　　　　　　　　　　　元

项目	金额	项目	金额
企业银行存款日记账余额	683 000	银行对账单余额	579 000
加：银行已收、企业未收款	3 000	加：企业已收、银行未收款	4 000
减：银行已付、企业未付款	112 000	减：企业已付、银行未付款	9 000
调节后余额	574 000	调节后余额	574 000

值得注意的是，编制银行存款余额调节表只是为检查银行存款的正确性，并不能作为调整账面余额的原始凭证。对于其中所涉及的全部未达账项，均必须等到有关结算凭证收到后方可登记入账。

(三) 往来账项的清查方法

往来账项是指企业债权债务往来的款项，包括各种应收应付款项和预付预收款项等。对于应收和应付等往来账项的清查,采用的主要方法是通过函询与债权债务单位核对账目。企业应将有关结算凭证全部登记入账并核对清楚,在确认本单位应收、应付款项余额正确无误的基础上,编制一式两联的对账单,送交对方单位进行核对。对方单位核对后,应将核对结果在对账单上注明,加盖公章后退回清查单位。若发现未达账项,亦可采用前述调节方法予以调整。对于清查过程中有争议或确实无法收回,以及无须支付的款项,应及时采取措施加以处理,以便减少坏账损失,避免呆滞款项长期挂账;按规定为个人垫付的各种款项,也应定期列示清单与本人核对,并督促其及时归还。企业应根据收到的有关单位退回的对账单,编制往来账项清查报告表。往来账项清查报告表格式见表8-6。

表8-6 往来账项清查报告表

会计科目: 年 月 日 元

明细账户名称	账面结存余额	清查结果		发生时间	核对不相符原因分析					备注
		核对相符金额	核对不符金额		错误账项	未达账项	无望收回账项	拒付账项	有争议账项	其他	

清查人员: 会计: 经管人员:

第三节 财产清查结果的账务处理

根据《企业内部控制基本规范》财产保护控制的相关要求,企业应建立财产日常管理制度和定期清查制度,采取财产记录、实物保管、定期盘点、账实核对等措施,确保财产安全。企业应定期或者至少于每年年末对财产进行清查盘点,以保证财产核算的真实性和完整性。如果清查中发现财产的损溢,应及时查明原因,并在期末结账前处理完毕。

一、财产清查结果处理程序

(一)查明差异,分析原因

通过财产清查,及时发现财产物资盘盈、盘亏、毁损的数量和金额,分析其发生的原因,明确各方责任,提出处理意见,并按程序报请有关部门及领导审批。

(二)总结经验教训,完善财产管理制度

针对清查中发现的问题,认真总结经验教训。建立健全岗位责任制,鼓励先进,鞭策后进,对给企业财产造成损失的人员进行教育并要求其赔偿损失。对于管理环节的漏洞,提出相应补救措施,加强企业财产管理。积极查找财产保管中的安全隐患,做到防患于未然。

(三)调整账簿记录,做到账实相符

财产清查的重要目的是保证账实相符,按程序报请有关部门及领导审批后按照账务处理的有关规定调整账簿记录,做到账实相符,发挥财产清查的作用。

二、财产清查结果的账务处理方法

为了核算和监督企业财产盘盈、盘亏、毁损的发生与处理情况，需要设置"待处理财产损溢"科目。该科目属于从发现问题到上报处理的过渡科目，借方核算发现的待处理财产物资的盘亏及毁损金额，以及批准处理后盘盈财产的结转金额；贷方核算发现的待处理财产物资的盘盈金额，以及批准处理后盘亏及毁损财产的结转金额。一般情况下，批准处理后该科目应无余额，如果借方有余额，表示待批准处理的财产物资的净损失；如果贷方有余额，则表示待批准处理的财产物资的净溢余。

（一）固定资产盘盈、盘亏的会计处理

1. 固定资产盘盈的会计处理

按现行企业会计准则规定，固定资产盘盈应作为以前期间的会计差错记入"以前年度损益调整"科目。

现行企业会计准则将固定资产盘盈作为前期差错进行会计处理，原因是企业因无法控制的因素而造成固定资产盘盈的可能性极小，甚至是不可能，企业固定资产盘盈必定是企业以前会计期间少计、漏计而产生的，因此应当作为会计差错进行更正处理，这样也能在一定程度上控制人为地调解利润的可能性。企业在盘盈固定资产时，首先应确定盘盈固定资产的原值、累计折旧和固定资产净值。

【例8-2】 东华公司月末对企业全部固定资产进行盘查时，发现账外一台五成新的机器设备，该设备同类产品市场价格为120 000元，企业所得税税率为25%。

企业应根据实存账存对比表调整账簿记录，按其新旧程度借记"固定资产"科目，贷记"以前年度损益调整"科目；报经批准后，先确定应补交的所得税，然后按以前年度损益调整额与补交所得税的差额计提法定盈余公积，剩余的部分再转作未分配利润。具体会计处理如下：

（1）审批前，根据实存账存对比表调整账实记录：

借：固定资产　　　　　　　　　　　　　　　　　　　　　　　60 000
　　贷：以前年度损益调整　　　　　　　　　　　　　　　　　　60 000

（2）审批后，根据相应的处理意见进行调整。

①先补提所得税：60 000×25%＝15 000（元）。

借：以前年度损益调整　　　　　　　　　　　　　　　　　　　15 000
　　贷：应交税费——应交所得税　　　　　　　　　　　　　　　15 000

②计提法定盈余公积：（60 000－15 000）×10%＝4 500（元）。

借：以前年度损益调整　　　　　　　　　　　　　　　　　　　 4 500
　　贷：盈余公积——法定盈余公积　　　　　　　　　　　　　　 4 500

③剩余的金额转为未分配利润：60 000－15 000－4 500＝40 500（元）。

借：以前年度损益调整　　　　　　　　　　　　　　　　　　　40 500
　　贷：利润分配——未分配利润　　　　　　　　　　　　　　　40 500

2. 固定资产盘亏的会计处理

固定资产盘亏造成的损失，应当计入当期损益。企业在财产清查中发现盘亏固定资产，

应按以下账务处理程序进行会计核算：

(1) 审批处理以前，按账存实存对比表调整账实记录：

借：待处理财产损溢——待处理固定资产损溢
　　累计折旧
　　固定资产减值准备
　　贷：固定资产

(2) 按管理权限报经批准后处理时：

借：其他应收款（保险赔偿或过失人赔偿的部分）
　　营业外支出——盘亏损失（净损失部分）
　　贷：待处理财产损溢——待处理固定资产损溢

【例 8-3】东华公司月末组织人员对固定资产进行清查时发现丢失电机 1 台，该设备原价 100 000 元，已计提折旧 30 000 元，并已计提减值准备 20 000 元。经查，设备丢失的原因在于设备管理员看守不当。经董事会批准，由设备管理员赔偿 15 000 元。有关账务处理如下：

(1) 盘点发现电机设备丢失时：

借：待处理财产损溢——待处理固定资产损溢　　　　　　50 000
　　累计折旧　　　　　　　　　　　　　　　　　　　　30 000
　　固定资产减值准备　　　　　　　　　　　　　　　　20 000
　　贷：固定资产　　　　　　　　　　　　　　　　　　　　　100 000

(2) 董事会报经批准后：

借：其他应收款　　　　　　　　　　　　　　　　　　15 000
　　营业外支出——盘亏损失　　　　　　　　　　　　35 000
　　贷：待处理财产损溢——待处理固定资产损溢　　　　　　50 000

(3) 收到设备管理员赔款时：

借：库存现金　　　　　　　　　　　　　　　　　　　15 000
　　贷：其他应收款　　　　　　　　　　　　　　　　　　　15 000

（二）存货盘盈、盘亏的会计处理

由于存货种类繁多、收发频繁，在日常的收发过程中可能发生计量错误、计算错误、自然损耗，还可能发生损坏变质、贪污盗窃等情况，造成账实不符，形成存货的盘盈、盘亏。

1. 存货盘盈的会计处理

(1) 企业发生存货盘盈时，在报经批准前：

借：原材料（库存商品、周转材料、委托加工物资等）
　　贷：待处理财产损溢——待处理流动资产损溢

(2) 报经批准后，一般情况下冲减"管理费用"账户：

借：待处理财产损溢——待处理流动资产损溢
　　贷：管理费用

2. 存货盘亏及毁损的会计处理

(1) 企业发生存货盘亏及毁损时，在报经批准前：

借：待处理财产损溢——待处理流动资产损溢
　　　贷：原材料（库存商品、周转材料、委托加工物资等）
（2）报经批准后，应做如下会计处理：
借：原材料（回收入库的残料价值）
　　其他应收款（由保险公司或过失人赔偿的部分）
　　管理费用（属于一般经营损失的部分）
　　营业外支出（属于非常损失）
　　　贷：待处理财产损溢——待处理流动资产损溢

【例8-4】甲公司期末对材料仓库进行盘点，盘点结果如下：

（1）因仓库材料保管员人为疏忽，导致A材料缺少10件，每件材料100元，应由保管员负责赔偿500元，其余损失予以核销。

（2）B材料清查多出5件，每件材料80元，多出原因是供应商多送且不收款，决定冲减管理费用。

会计处理步骤分别如下：

第一步，审批前，根据实存账存对比表调整账实记录，做如下会计分录：
（1）借：待处理财产损溢——待处理流动资产损溢　　　　　　　1 000
　　　　　贷：原材料——A材料　　　　　　　　　　　　　　　　　　1 000
（2）借：原材料——B材料　　　　　　　　　　　　　　　　　　　　　400
　　　　　贷：待处理财产损溢——待处理流动资产损溢　　　　　　　　400

第二步，审批后，根据批准文件冲销"待处理财产损溢"科目，做如下会计分录：
（1）借：其他应收款——材料保管员　　　　　　　　　　　　　　　500
　　　　管理费用　　　　　　　　　　　　　　　　　　　　　　　　500
　　　　　贷：待处理财产损溢——待处理流动资产损溢　　　　　　1 000
（2）借：待处理财产损溢——待处理流动资产损溢　　　　　　　　　400
　　　　　贷：管理费用　　　　　　　　　　　　　　　　　　　　　　400

【例8-5】企业在财产清查中盘盈包装物一批，估计其实际成本为3 000元。

盘盈时，根据实存账存对比表调整账实记录，做如下会计分录：
借：周转材料——包装物　　　　　　　　　　　　　　　　　　　　3 000
　　　贷：待处理财产损溢——待处理流动资产损溢　　　　　　　　3 000

经批准，盘盈的包装物冲减"管理费用"科目，根据批准文件，做如下会计分录：
借：待处理财产损溢——待处理流动资产损溢　　　　　　　　　　　3 000
　　　贷：管理费用　　　　　　　　　　　　　　　　　　　　　　　3 000

【例8-6】企业在财产清查中，发现C材料短缺2 700元。

（1）审批前，根据实存账存对比表调整账实记录：
借：待处理财产损溢——待处理流动资产损溢　　　　　　　　　　　2 700
　　　贷：原材料——C材料　　　　　　　　　　　　　　　　　　　2 700

（2）经批准，属于定额内的自然损耗，应记入"管理费用"科目：
借：管理费用　　　　　　　　　　　　　　　　　　　　　　　　　　2 700
　　　贷：待处理财产损溢——待处理流动资产损溢　　　　　　　　　2 700

如果由保险公司或过失人赔偿，应记入"其他应收款"科目：

借：其他应收款——×××　　　　　　　　　　　　　　　　2 700
　　贷：待处理财产损溢——待处理流动资产损溢　　　　　　 2 700

如果属于人力不可抗拒的自然灾害造成的损失，则应记入"营业外支出"科目：

借：营业外支出　　　　　　　　　　　　　　　　　　　　2 700
　　贷：待处理财产损溢——待处理流动资产损溢　　　　　　 2 700

3. 固定资产盘盈与存货盘盈的区别

《企业会计准则第 28 号——会计政策、会计估计变更和差错更正》第 11 条中规定："前期差错通常包括计算错误、应用会计政策错误、疏忽或曲解事实以及舞弊产生的影响以及存货、固定资产盘盈等。"至于前期差错的更正方法，根据《企业会计准则》的规定，企业应当采用追溯重述法更正重要的前期差错，但确定前期差错累积影响数不切实可行的除外。追溯重述法，是指在发现前期差错时，视同该项前期差错从未发生过，从而对财务报表相关项目进行更正的方法。

存货和固定资产的盘盈都属于前期差错，但存货盘盈通常金额较小，不会影响财务报表使用者对企业以前年度的财务状况、经营成果和现金流量的判断，因此存货盘盈时通过"待处理财产损溢"科目进行核算，按管理权限报经批准后冲减"管理费用"，不调整以前年度的报表。而固定资产是一种单位价值较高、使用期限较长的有形资产，因此对于管理较规范的企业而言，在清查中发现盘盈的固定资产是比较少见的，也是不正常的，并且固定资产盘盈会影响财务报表使用者对企业以前年度的财务状况、经营成果和现金流量的判断。因此，固定资产盘盈应作为前期差错处理，通过"以前年度损益调整"科目核算。

（三）库存现金清查结果的会计处理

根据《内部会计控制规范》的要求，企业对现金业务应每日结算并定期进行盘点，发现现金溢余或短缺时应及时按照会计处理的要求进行处理。库存现金清查结束后，应及时填制库存现金盘点报告表，并由清查人员和出纳人员签名或盖章。如果有长款或短款，应根据库存现金盘点报告表及时进行账务处理。

1. 现金盘盈（或溢余）的会计处理

发现溢余时，按溢余金额借记"库存现金"科目，贷记"待处理财产损溢"科目。查明原因后，应分情况处理，属于应支付给有关人员或单位的，记入"其他应付款"科目；属于无法查明原因的，经批准后记入"营业外收入"科目。

（1）发现现金长款时：

借：库存现金
　　贷：待处理财产损溢——待处理流动资产损溢

（2）对于无法查明原因的，报经批准后记入"营业外收入"科目：

借：待处理财产损溢——待处理流动资产损溢
　　贷：营业外收入——现金溢余

【例 8-7】东华公司某日盘点现金时，发现现金溢余（盘盈）1 000 元，原因待查。

（1）批准处理以前，根据库存现金盘点报告表：

借：库存现金　　　　　　　　　　　　　　　　　　　　　1 000

贷：待处理财产损溢——待处理流动资产损溢　　　　　　　　　　　　1 000
　（2）经查明，溢余现金 1 000 元中，800 元属于少付给职工王某的款项；200 元无法查明原因，经批准作为营业外收入处理。
　　借：待处理财产损溢——待处理流动资产损溢　　　　　　　　　1 000
　　　贷：其他应付款——应付现金溢余（王某）　　　　　　　　　　　　800
　　　　　营业外收入——现金溢余　　　　　　　　　　　　　　　　　　200

2. 现金盘亏（或短缺）的会计处理

发现现金短缺时，按短缺金额借记"待处理财产损溢"科目，贷记"库存现金"科目。查明原因后，应分情况处理，属于应由责任人或保险公司赔偿的部分，记入"其他应收款"科目；属于无法查明的其他原因，根据管理权限批准后，记入"管理费用"科目。

（1）发现现金短缺时：
　借：待处理财产损溢——待处理流动资产损溢
　　贷：库存现金
（2）报经批准后，应由责任人或保险公司赔偿的部分记入"其他应收款"科目：
　借：其他应收款——出纳员（保险公司）
　　贷：待处理财产损溢——待处理流动资产损溢
如果属于无法查明原因的部分，根据管理权限批准后记入"管理费用"科目：
　借：管理费用
　　贷：待处理财产损溢——待处理流动资产损溢

【例 8-8】 东华公司在财产清查中，发现现金短款 2 000 元，原因待查。
（1）发现现金短缺时：
　借：待处理财产损溢——待处理流动资产损溢　　　　　　　　　2 000
　　贷：库存现金　　　　　　　　　　　　　　　　　　　　　　　　2 000
（2）经查，上述短款中 500 元属于出纳员失误造成的，应由出纳员张某赔偿；其余短款无法查明原因，经批准作为管理费用处理。
　借：其他应收款——张某　　　　　　　　　　　　　　　　　　　　500
　　　管理费用——现金短款　　　　　　　　　　　　　　　　　　　1 500
　　贷：待处理财产损溢——待处理流动资产损溢　　　　　　　　　2 000

（四）往来账项清查结果的账务处理

在财产清查中，如果发现长期挂账的往来款项，应及时清理并予以转销。对于确实无法支付的应付款项和确实无法收回的应收账款造成的坏账损失，无须通过"待处理财产损溢"账户核算，应该按照规定程序报经领导批准后，直接记入有关账户。

1. 应收账款清查结果的账务处理

企业因债务人破产、死亡、拒付或债务单位撤销等原因导致应收而无法收回的款项，称为坏账。由于发生坏账而造成的损失称为坏账损失。对于坏账损失的处理，在会计上一般有两种核算方法，即直接转销法和备抵法。

（1）直接转销法。直接转销法是指在实际发生坏账，确认为坏账损失时，直接计入当期损益并冲销应收账款的一种方法。采用直接转销法核算坏账损失时，将实际损失直接冲减应收款项，账务处理如下：

借：信用减值损失
　　贷：应收账款

（2）备抵法。备抵法是指企业采用一定的方法按期估计坏账损失，计入当期损益，同时建立坏账准备金，待实际发生坏账损失时，冲减已计提的坏账准备和相应的应收款项的一种核算方法。我国《企业会计准则》规定，企业只能采用备抵法核算坏账损失。账务处理如下：

①计提坏账准备时：

借：信用减值损失
　　贷：坏账准备

②发生坏账损失时：

借：坏账准备
　　贷：应收账款

【例8-9】东华公司在财产清查中，查明有一笔应收A公司账款400 000元已经超过4年尚未收回，经公司批准作为坏账损失处理。按两种方法分别处理，其会计分录如下：

（1）采用直接转销法，在确认发生坏账损失时：

借：信用减值损失　　　　　　　　　　　　　　　　　　　400 000
　　贷：应收账款——A公司　　　　　　　　　　　　　　　　　　400 000

（2）采用备抵法，在确认发生坏账损失时：

借：坏账准备　　　　　　　　　　　　　　　　　　　　　400 000
　　贷：应收账款 ——A公司　　　　　　　　　　　　　　　　　　400 000

2. 应付账款清查结果的账务处理

在财产清查过程中，如果发现债权单位撤销或其他原因造成应付而无法支付的应付款项时，在报经批准后计入当期损益。账务处理如下：

当发生应付而无法支付的款项时，报经批准处理：

借：应付账款
　　贷：营业外收入

【例8-10】东华公司在财产清查中，查明有一笔应付账款300 000元确实无法支付，根据批准文件，做如下会计处理：

借：应付账款　　　　　　　　　　　　　　　　　　　　　300 000
　　贷：营业外收入　　　　　　　　　　　　　　　　　　　　　300 000

复习思考题

1. 财产清查有哪些种类？
2. 永续盘存制和实地盘存制的区别是什么？各自有何优缺点？
3. 如何进行银行存款的清查？如何编制银行存款余额调节表？
4. 财产清查结果应如何处理？

第八章　财产清查

综合练习题

一、单项选择题

1. 财产清查是通过对各项资产的实地盘点或核对，查明（　　）是否相符的一种专门方法。
   A. 账簿记录与会计凭证　　　　B. 有关会计账簿之间
   C. 实有数与账面数　　　　　　D. 会计账簿与财务报表

2. 在永续盘存制下，企业应（　　）。
   A. 只在账簿中登记财产物资的增加数，不登记其减少数
   B. 在账簿中不需要登记各项财产物资的增加数和减少数
   C. 在账簿中需要登记各项财产物资的增加数和减少数
   D. 只在账簿中登记财产物资的减少数，不登记其增加数

3. 采用实地盘存制，平时对财产物资的记录（　　）。
   A. 只登记增加数，不登记减少数　　B. 只登记减少数，不登记增加数
   C. 先登记增加数，后登记减少数　　D. 先登记减少数，后登记增加数

4. 对库存现金的清查一般采用的方法是（　　）。
   A. 实地盘点法　　B. 核对账目　　C. 技术推算法　　D. 询证

5. 企业对银行存款日记账和银行对账单的核对属于（　　）。
   A. 账实核对　　B. 账证核对　　C. 账账核对　　D. 账表核对

6. 银行存款清查的方法是（　　）。
   A. 定期盘存法　　　　　　　　B. 和往来单位核对账目的方法
   C. 实地盘点法　　　　　　　　D. 与银行核对账目的方法

7. 产生未达账项的原因是（　　）。
   A. 双方结账时间不一致　　　　B. 双方记账时间不一致
   C. 双方对账时间不一致　　　　D. 双方记账金额不一致

8. 在企业进行财产清查时，发现存货盘亏，在报批前正确的账务处理方法为（　　）。
   A. 借：库存商品　　　　　　　B. 借：待处理财产损溢
   　　　贷：待处理财产损溢　　　　　　贷：管理费用
   C. 借：管理费用　　　　　　　D. 借：待处理财产损溢
   　　　贷：待处理财产损溢　　　　　　贷：库存商品

9. 存货毁损属于非常损失部分，扣除保险公司赔款和残料价值之后，记入（　　）。
   A. "营业外支出"科目　　　　　B. "营业外收入"科目
   C. "管理费用"科目　　　　　　D. "主营业务成本"科目

10. 企业在遭受自然灾害后，对其受损的财产物资进行的清查，属于（　　）。
    A. 局部清查和定期清查　　　　B. 全面清查和定期清查
    C. 局部清查和不定期清查　　　D. 全面清查和不定期清查

11. 库存现金清查中，无法查明原因的溢余，应记入（　　）账户进行核算。
    A. "其他应付款"　　　　　　　B. "其他应收款"
    C. "管理费用"　　　　　　　　D. "营业外收入"

12. 对于盘盈的固定资产，报经批准前应记入的科目是（　　）。

A. "以前年度损益调整" B. "营业外收入"
C. "管理费用" D. "主营业务收入"

13. 盘亏的固定资产净损失，报经批准转销时，应借记的账户是（　　）。
A. "资本公积" B. "管理费用"
C. "其他业务支出" D. "营业外支出"

14. 技术推算法适用的范围是（　　）。
A. 固定资产 B. 银行存款
C. 库存现金 D. 大堆难以逐一清点的材料

15. 一般来说，年终决算之前，要对企业（　　）。
A. 所有财产进行一次全面清查 B. 部分财产进行实地盘点
C. 所有财产进行局部清查 D. 流动性较大的财产进行全面清查

二、多项选择题

1. 财产清查结果的处理工作包括（　　）。
A. 查明盘盈盘亏产生的原因 B. 建立和健全财产管理制度
C. 积极处理积压物资 D. 对财产盘盈盘亏做出账务处理

2. 财产清查按其清查的范围不同，可分为（　　）。
A. 全面清查 B. 定期清查 C. 局部清查 D. 不定期清查

3. 下列清查事项中，属于不定期清查的有（　　）。
A. 单位更换财产保管人员时的清查 B. 发生非常损失时的清查
C. 年终结算时的全面清查 D. 月末银行存款清查

4. 清查库存现金时发现的现金短缺，经核查后原因不明，则应（　　）。
A. 借记"待处理财产损溢"科目 B. 贷记"待处理财产损溢"科目
C. 借记"管理费用"科目 D. 贷记"管理费用"科目

5. 财产清查的一般程序包括（　　）。
A. 核对有关账簿记录 B. 进行财产清点
C. 登记清查结果 D. 分析盘盈盘亏的原因，提出处理意见

6. 下列情形中，需要进行全面清查的有（　　）。
A. 单位进行撤并时 B. 对外投资时
C. 开展清产核资时 D. 单位负责人调离时

7. 会使企业银行存款日记账账面余额大于银行对账单余额的未达账项有（　　）。
A. 企业已收，银行未收 B. 企业已付，银行未付
C. 银行已收，企业未收 D. 银行已付，企业未付

8. 财产清查前，要做好组织准备和业务准备，主要包括（　　）。
A. 会计人员保证账证、账账之间相符 B. 实物保管人员把各项实物排列整齐
C. 制定盘点计划、安排人员 D. 准备清查财产登记表册

9. 存货的盘存制度包括（　　）。
A. 实地盘存制 B. 永续盘存制 C. 权责发生制 D. 收付实现制

10. 财产清查的意义有（　　）。
A. 确保会计资料真实可靠 B. 保护财产物资的安全完整

C. 确保财产物资的有效使用　　　　D. 确保财经纪律的贯彻执行

三、判断题

1. 在企业撤销或合并时，要对企业的部分财产进行重点清查。（　）
2. 采用永续盘存制，平时对各项财产的收发可不做详细记录。（　）
3. 未达账项是指企业与银行之间由于记账的时间不一致，而发生的一方已登记入账，另一方漏记、错记的项目。（　）
4. 调节平衡后的银行存款余额调节表，可以作为调整银行账面余额的依据。（　）
5. 由于债权人特殊原因确定无法支付的应付账款，应记入"营业外收入"账户。（　）
6. 定期清查一般是全面清查，不定期清查是局部清查。（　）
7. 库存现金的清查是通过实地盘点进行的。为明确责任，盘点时如果出纳员不在场，可由会计代理。（　）
8. 盘存类账户的财产清查均可采用实地盘点的方法。（　）
9. 实地盘存制的最大缺点是，期末通过盘点来倒挤出本期发生数量和金额，如果管理中出现问题，不易被发现。（　）
10. 采用实地盘存制，平时只登记财产物资的增加数，不登记减少数。（　）

四、业务分析题

习题一

【资料】某企业20××年5月30日银行存款日记账余额为238 000元，银行送来的对账单余额为243 000元。经逐笔核对，发现有几笔未达账项。

（1）企业偿还A公司货款25 000元已登记入账，但银行尚未登记入账。
（2）企业收到销售商品款35 100元已登记入账，但银行尚未登记入账。
（3）银行已划转电费4 900元登记入账，但企业尚未收到付款通知单，未登记入账。
（4）银行已收外地汇入货款20 000元登记入账，但企业尚未收到收款通知单，未登记入账。

【要求】编制银行存款余额调节表。

习题二

【资料】某公司20××年8月31日银行存款日记账余额为37 685元，29—31日银行存款日记账的账面记录如下：

（1）8月29日，开出转账支票#9417，向方达公司购买文具用品，支票金额1 045元。
（2）8月30日，收到银行收款通知，叶文公司偿还欠款150 000元。
（3）8月30日，收到庆历公司预购商品的转账支票4 700元。
（4）8月31日，开出支票#9418，支付房屋维修费3 000元。
（5）8月31日，开出支票#9420，支付销货运费200元。

8月31日，银行送来的对账单余额为38 570元，29—31日银行对账单记录如下：

（1）8月29日，银行代收货款7 800元。
（2）8月30日，银行扣收手续费12元。
（3）8月31日，根据支票#9418，支付房屋维修费3 000元。
（4）8月31日，根据支票#9420，支付销货运费200元。
（5）8月31日，银行代付公用事业费3 456元。

（6）8月31日，本月银行存款利息208元。

【要求】 根据以上资料，编制银行存款余额调节表，并确定企业20××年8月31日银行存款的实际结存额。

习题三

【资料】 某公司20××年12月31日在全面财产清查中发现以下有关情况：

（1）宝路公司欠货款30 000元，由于该公司已被法院宣布破产，无力偿还欠款，经批准予以转销（本公司采用备抵法核算）。

（2）应付玉洁公司货款20 000元，因其撤销导致无法偿还，经批准予以转销。

（3）企业矿硒粉盘盈4千克，单价500元/千克。

（4）生产用打孔机丢失2个，原价1 000元/个，已计提折旧300元/个。

（5）库存待售的钢化玻璃盘亏，价值800元，由责任人赔偿。

（6）发现账外吸盘机一台，评估价600元。

（7）运输途中毁损成品玻璃5 000元，保险公司赔偿4 000元，剩余损失由企业承担。

（8）现金盈溢200元，无法查明出处，做长款处理。

（9）企业在火灾中毁损设备一台，原价30 000元，已计提折旧12 000元，未上保险。

【要求】 根据以上资料，编制相关会计分录。

第九章

账务处理程序

本章内容提示

账务处理程序是指从取得原始凭证到编制财务会计报表的一系列会计核算工作程序和方法。通过本章的学习，学生应了解账务处理程序的意义和基本程序；熟悉各种账务处理程序的核算要求、步骤、使用范围以及相同点和不同点；掌握记账凭证账务处理程序、登记总账的方法、科目汇总表账务处理程序，以及科目汇总表的编制和总账的登记方法。本章内容包括：账务处理程序概述、记账凭证账务处理程序、科目汇总表账务处理程序、汇总记账凭证账务处理程序。

第一节 账务处理程序概述

一、账务处理程序的含义

账务处理程序也叫会计核算组织形式，是指对会计数据的记录、归类、汇总、列报的步骤和方法，即从原始凭证的整理、汇总，记账凭证的填制，登记日记账、明细分类账、总分类账，到最后编制会计报表的工作程序和方法。科学地组织账务处理程序，对提高会计核算的质量和会计工作的效率、充分发挥会计的职能具有重要意义。

前面各章分别阐述了设置账户、复式记账、填制和审核凭证、设置和登记账簿等会计核算的专门方法。这些专门方法并不是彼此孤立，互不联系的，为了合理地组织会计核算工作，必须相互联系地运用这些方法，使之有机结合起来，形成各种账务处理程序。合理的账务处理程序既是正确组织会计核算工作的一个重要环节，又是会计制度设计的一个重要内容。会计凭证、会计账簿和会计报告之间的结合方式不同，就形成了不同的账务处理程序。为了把会计核算工作科学地组织起来，任何单位都应根据会计核算的要求，结合本单位的实际情况，选择适应本单位特点的账务处理程序。

二、选择适用的账务处理程序的原则

各企事业单位,在选择适用的账务处理程序时,应遵循如下几个原则:

(1) 结合本单位具体情况,与本单位的业务性质、规模大小、经营管理的要求以及记账分工情况相适应。

(2) 不仅要适用本单位经营管理的特点,而且要满足各有关方面对会计核算资料的要求。

(3) 应该在保证会计核算工作质量的前提下,力求简化核算手续、节约时间、降低费用,提高会计核算工作效率。

三、账务处理程序的种类

账务处理程序,也称会计核算组织形式,是会计凭证、会计账簿和会计报表相结合的方式。

目前,我国各企事业单位采用的账务处理程序主要有记账凭证账务处理程序、科目汇总表账务处理程序、汇总记账凭证账务处理程序三种。这三种账务处理程序之间既有相同之处,也有不同的地方,它们之间的根本区别及各自的特点就在于登记总账的依据和方法不同。

在上述三种账务处理程序中,记账凭证账务处理程序是基本的账务处理程序,其他账务处理程序都是由此发展、演变而来的。各种账务处理程序都有自己的优点和局限性。实际工作中,各企事业单位应根据实际需要选用其中一种账务处理程序,以满足本单位经营管理的需要。

第二节 记账凭证账务处理程序

一、记账凭证账务处理程序的特点

记账凭证账务处理程序的主要特点:根据每张记账凭证逐笔登记总分类账。这是一种最基本的账务处理程序,其内容包括填制凭证、登记账簿、编制报表三个基本方面。

二、记账凭证账务处理程序下凭证、账簿的种类和格式

在记账凭证账务处理程序下,记账凭证可以采用通用格式,也可以采用收、付款凭证和转账凭证三种专用记账凭证格式。

账簿一般应设置库存现金日记账、银行存款日记账、总分类账和明细分类账。账页格式上日记账和总账可采用借、贷、余三栏式;而明细分类账则可根据管理需要设置三栏式、数量金额式和多栏式账簿。

三、记账凭证账务处理程序的核算步骤

(1) 根据原始凭证或原始凭证汇总表编制各种记账凭证(收款凭证、付款凭证和转账凭证)。

(2) 根据收款凭证、付款凭证逐日逐笔登记库存现金日记账和银行存款日记账。

(3) 根据各种记账凭证和原始凭证或原始凭证汇总表逐笔登记各种明细分类账。

(4) 根据记账凭证逐笔登记总分类账。

(5) 月末,将各种明细账、库存现金日记账和银行存款日记账的余额与总分类账余额相核对。

(6) 月末,根据总分类账和明细分类账的记录编制财务会计报表。

记账凭证账务处理程序的核算步骤如图9-1所示。

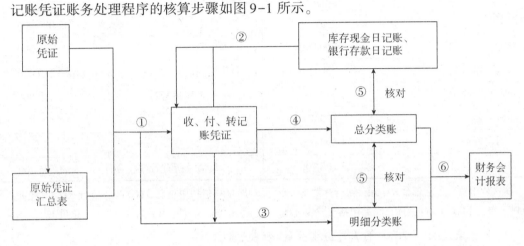

图9-1　记账凭证账务处理程序的核算步骤

四、记账凭证账务处理程序的优缺点及适用范围

记账凭证账务处理程序的优点是总分类账直接根据记账凭证逐笔登记,记账程序非常简单,容易掌握;总分类账的记录比较详细,便于查账。缺点是登记总分类账的工作量比较大,账页耗用较多,预留账页较难把握。这种核算组织程序一般只适用于规模比较小、业务量比较少、凭证不多的单位。

五、记账凭证账务处理程序实例

(一) 资料

1. 长春宏达公司20××年年末的资产负债表

长春宏达公司20××年年末的资产负债表见表9-1。

表9-1　资产负债表(简式)

编制单位:长春宏达公司　　　　20××年12月31日　　　　　　　　　单位:元

资产	借方余额	负债及所有者权益	贷方余额
流动资产:		流动负债	
货币资金	400 800	短期借款	700 000
应收账款	60 000	应付账款	80 000
其他应收款	4 900	其他应付款	2 000

续表

资产	借方余额	负债及所有者权益	贷方余额
存货	1 050 000	应付职工薪酬	12 000
原材料	800 000	应交税费	1 700
库存商品	250 000	流动负债合计	795 700
流动资产合计	1 515 700	所有者权益:	
固定资产:		实收资本	2 000 000
固定资产原值	1 700 000	资本公积	100 000
减:累计折旧	230 000	未分配利润	210 000
固定资产净值	1 470 000	所有者权益合计	2 310 000
在建工程	120 000		
固定资产合计	1 590 000		
资产合计	3 105 700	负债及所有者权益合计	3 105 700

注：货币资金包括现金800元，银行存款400 000元；原材料包括甲材料3 000吨，单价200元/吨；乙材料200吨，单价1 000元/吨；库存商品包括A产品1 000件，单价150元/件；B产品1 000件，单价100元/件。

2. 长春宏达公司20××年7月份发生的经济业务

长春宏达公司20××年7月份发生了下列经济业务：

（1）7月1日，从银行提取现金18 000元。

（2）7月1日，公司以现金发放6月份职工工资12 000元。

（3）7月2日，公司购买办公用品200元，以现金付讫。

（4）7月2日，从新星公司购入甲材料1 000吨，单价200元/吨，计200 000元，增值税进项税额26 000元。材料尚在途中，全部款项暂欠。

（5）7月4日，7月2日购入的甲材料验收入库，结转其实际采购成本。

（6）7月4日，公司职工王刚预借差旅费300元。

（7）7月5日，公司后勤处宋育报销差旅费700元，原借款金额为1 000元。

（8）7月5日，公司收回华兴水泥厂的货款24 000元，已存入银行。

（9）7月5日，用银行存款支付前欠新星公司购料款226 000元。

（10）7月6日，公司从三民工厂购入乙材料50吨，单价1 000元/吨，计50 000元，增值税进项税额6 500元。材料尚在途中，所有款项均已以银行存款支付。

（11）7月6日，乙材料已验收入库，结转其实际采购成本。

（12）7月7日，公司销售A产品500件给天元公司，单价600元/件，计300 000元，增值税销项税额39 000元。货款及税款对方尚未支付。

（13）7月7日，以现金支付销售A产品的装卸费、运输费共计900元。

（14）7月9日，公司仓库发出甲材料900吨，其中A产品生产用300吨，B产品生产用600吨；发出乙材料60吨，其中A产品生产用20吨，B产品生产用40吨。

（15）7月11日，公司上交6月份有关税费和教育费附加共计1 700元，其中以银行存款支付税费1 600元，以现金支付教育费附加100元。

(16) 7月15日，王刚出差回来，报销差旅费350元，公司补付其50元现金。
(17) 7月15日，以银行存款支付公司产品广告费8 000元。
(18) 7月18日，接到银行付款通知，支付银行承兑手续费3 000元。
(19) 7月19日，公司出租给宏云工厂包装物一批，押金500元，收到现金。
(20) 7月19日，接到银行收款通知单，收回天元公司前欠部分货款100 000元。
(21) 7月20日，收到钟恒公司投资一台新设备，价值8 600元，已投入使用。
(22) 7月22日，销售A产品100件给钟恒公司，单价550元/件，共计55 000元，增值税销项税额7 150元；所有款项均收存银行。
(23) 7月24日，将现金2 000元存入银行。
(24) 7月28日，公司取得生产周转用借款20 000元，已划入公司银行存款账户。
(25) 7月31日，分配7月份职工工资费用，其中，生产A产品工人工资16 000元，生产B产品工人工资8 000元；车间管理人员工资2 500元；公司管理人员工资3 000元，并按14%的比例提取职工福利费。
(26) 7月31日，计提固定资产折旧11 000元。其中，车间提取9 000元，公司管理部门提取2 000元。
(27) 7月31日，用银行存款支付本月应负担的财产保险费用400元。
(28) 7月31日，用银行存款支付本月发生的短期银行借款利息700元。
(29) 7月31日，公司用现金支付违约罚款1 200元。
(30) 7月31日，结转A产品应承担的制造费用7 140元，B产品应承担的制造费用4 710元。
(31) 7月31日，全月投产的A产品350件、B产品1 700件全部完工入库，计算并结转完工产品的实际生产成本。
(32) 7月31日，结转本月已售A产品600件的成本（发出存货用先进先出法计价）。
(33) 7月31日，按规定计算出本月应交城市维护建设税700元，应交教育费附加300元。
(34) 7月31日，结转有关损益类账户并计算本月利润总额。
(35) 7月31日，按25%的税率计算应交所得税。
(36) 7月31日，结转本月应交所得税至"本年利润"账户。
(37) 7月31日，将本月净收益结转至"利润分配"账户。

（二）采用记账凭证账务处理程序进行账务处理

1. 根据7月份的原始凭证填制记账凭证

记账凭证见表9-2至表9-48，金额单位：元。

表9-2 付款凭证

贷方科目：银行存款　　　　　20××年7月1日　　　　　银付第401号

摘要	借方科目		账页	金额
	总账科目	明细科目		
从银行提取现金	库存现金		√	18 000
合计				18 000

会计主管：印　　　记账：印　　　审核：印　　　填制：印

表 9-3 付款凭证

贷方科目：库存现金　　　　　　　　20××年 7 月 1 日　　　　　　　　现付第 201 号

摘要	借方科目		账页	金额
	总账科目	明细科目		
支付 6 月份职工工资	应付职工薪酬		√	12 000
合计				12 000

会计主管：[印]　　　记账：[印]　　　审核：[印]　　　填制：[印]

表 9-4 付款凭证

贷方科目：库存现金　　　　　　　　20××年 7 月 2 日　　　　　　　　现付第 202 号

摘要	借方科目		账页	金额
	总账科目	明细科目		
购买办公用品	管理费用	办公用品	√	200
合计				200

会计主管：[印]　　　记账：[印]　　　审核：[印]　　　填制：[印]

表 9-5 转账凭证

20××年 7 月 2 日　　　　　　　　　　　　　　　　　　转字第 501 号

摘要	会计科目		账页	借方金额	贷方金额
	总账科目	明细科目			
购入甲材料 1 000 吨	在途物资	甲材料	√	200 000	
	应交税费	应交增值税	√	26 000	
	应付账款	新星公司	√		226 000
合计				226 000	226 000

会计主管：[印]　　　记账：[印]　　　审核：[印]　　　填制：[印]

表 9-6 转账凭证

20××年 7 月 4 日　　　　　　　　　　　　　　　　　　转字第 502 号

摘要	会计科目		账页	借方金额	贷方金额
	总账科目	明细科目			
甲材料验收入库	原材料	甲材料	√	200 000	
	在途物资	甲材料	√		200 000
合计				200 000	200 000

会计主管：[印]　　　记账：[印]　　　审核：[印]　　　填制：[印]

表 9-7 付款凭证

贷方科目：库存现金　　　　　　　20××年 7 月 4 日　　　　　　　现付第 203 号

摘要	借方科目		账页	金额
	总账科目	明细科目		
王刚预借差旅费	其他应收款	王刚	√	300
合计				300

会计主管：印　　　记账：印　　　审核：印　　　填制：印

表 9-8 转账凭证

20××年 7 月 5 日　　　　　　　转字第 503 号

摘要	会计科目		账页	借方金额	贷方金额
	总账科目	明细科目			
宋育报销差旅费	管理费用	差旅费	√	700	
	其他应收款	宋育	√		700
合计				700	700

会计主管：印　　　记账：印　　　审核：印　　　填制：印

表 9-9 收款凭证

借方科目：库存现金　　　　　　　20××年 7 月 5 日　　　　　　　现收第 101 号

摘要	贷方科目		账页	金额
	总账科目	明细科目		
宋育退回多余差旅费	其他应收款	宋育	√	300
合计				300

会计主管：印　　　记账：印　　　审核：印　　　填制：印

表 9-10 收款凭证

借方科目：银行存款　　　　　　　20××年 7 月 5 日　　　　　　　银收第 301 号

摘要	贷方科目		账页	金额
	总账科目	明细科目		
收回华兴水泥厂货款	应收账款	华兴水泥厂	√	24 000
合计				24 000

会计主管：印　　　记账：印　　　审核：印　　　填制：印

表 9-11　付款凭证

贷方科目：银行存款　　　　20××年7月5日　　　　银付第 402 号

摘要	借方科目		账页	金额
	总账科目	明细科目		
支付新星公司材料款	应付账款	新星公司	√	226 000
合计				226 000

会计主管：[印]　　　记账：[印]　　　审核：[印]　　　填制：[印]

表 9-12　付款凭证

贷方科目：银行存款　　　　20××年7月6日　　　　银付第 403 号

摘要	借方科目		账页	金额
	总账科目	明细科目		
购入三民工厂乙材料	在途物资	乙材料	√	50 000
	应交税费	应交增值税	√	6 500
合计				56 500

会计主管：[印]　　　记账：[印]　　　审核：[印]　　　填制：[印]

表 9-13　转账凭证

20××年7月6日　　　　转字第 504 号

摘要	会计科目		账页	借方金额	贷方金额
	总账科目	明细科目			
乙材料验收入库	原材料	乙材料	√	50 000	
	在途物资	乙材料	√		50 000
合计				50 000	50 000

会计主管：[印]　　　记账：[印]　　　审核：[印]　　　填制：[印]

表 9-14　转账凭证

20××年7月7日　　　　转字第 505 号

摘要	会计科目		账页	借方金额	贷方金额
	总账科目	明细科目			
销售 A 产品 500 件	应收账款	天元公司	√	339 000	
	主营业务收入	A 产品	√		300 000
	应收账款	应交增值税	√		39 000
合计				339 000	339 000

会计主管：[印]　　　记账：[印]　　　审核：[印]　　　填制：[印]

表 9-15　付款凭证

贷方科目：库存现金　　　　　　　20××年 7 月 7 日　　　　　　　　　现付第 204 号

摘要	借方科目		账页	金额
	总账科目	明细科目		
支付 A 产品销售费用	销售费用	装卸费、运输费	√	900
合计				900

会计主管：[印]　　　　记账：[印]　　　　审核：[印]　　　　填制：[印]

表 9-16　转账凭证

　　　　　　　　　　　　　　　　20××年 7 月 9 日　　　　　　　　　转字第 506 号

摘要	会计科目		账页	借方金额	贷方金额
	总账科目	明细科目			
生产领用材料	生产成本	A 产品	√	80 000	
		B 产品	√	160 000	
	原材料	甲材料	√		180 000
		乙材料	√		60 000
合计				240 000	240 000

会计主管：[印]　　　　记账：[印]　　　　审核：[印]　　　　填制：[印]

表 9-17　付款凭证

贷方科目：银行存款　　　　　　　20××年 7 月 11 日　　　　　　　　银付第 404 号

摘要	借方科目		账页	金额
	总账科目	明细科目		
上交 6 月份税费	应交税费		√	1 600
合计				1 600

会计主管：[印]　　　　记账：[印]　　　　审核：[印]　　　　填制：[印]

表 9-18　付款凭证

贷方科目：库存现金　　　　　　　20××年 7 月 11 日　　　　　　　　现付第 205 号

摘要	借方科目		账页	金额
	总账科目	明细科目		
上交 6 月份教育费附加	应交税费	教育费附加	√	100
合计				100

会计主管：[印]　　　　记账：[印]　　　　审核：[印]　　　　填制：[印]

表 9-19 转账凭证

20××年 7 月 15 日   转字第 507 号

摘要	会计科目		账页	借方金额	贷方金额
	总账科目	明细科目			
王刚报销差旅费	管理费用	差旅费	√	300	
	其他应收款	王刚	√		300
合计				300	300

会计主管：[印]   记账：[印]   审核：[印]   填制：[印]

表 9-20 付款凭证

贷方科目：库存现金   20××年 7 月 15 日   现付第 206 号

摘要	借方科目		账页	金额
	总账科目	明细科目		
补付王刚差旅费	管理费用	差旅费	√	50
合计				50

会计主管：[印]   记账：[印]   审核：[印]   填制：[印]

表 9-21 付款凭证

贷方科目：银行存款   20××年 7 月 15 日   银付第 405 号

摘要	借方科目		账页	金额
	总账科目	明细科目		
支付公司产品广告费	销售费用	广告费	√	8 000
合计				8 000

会计主管：[印]   记账：[印]   审核：[印]   填制：[印]

表 9-22 付款凭证

贷方科目：银行存款   20××年 7 月 18 日   银付第 406 号

摘要	借方科目		账页	金额
	总账科目	明细科目		
支付银行承兑手续费	财务费用	手续费	√	3 000
合计				3 000

会计主管：[印]   记账：[印]   审核：[印]   填制：[印]

表 9-23　收款凭证

借方科目：库存现金　　　　　20××年7月19日　　　　　　　　　　现收第 102 号

摘要	贷方科目		账页	金额
	总账科目	明细科目		
收出租包装物押金	其他应付款	宏云工厂	√	500
合计				500

会计主管：印　　　　记账：印　　　　审核：印　　　　填制：印

表 9-24　收款凭证

借方科目：银行存款　　　　　20××年7月19日　　　　　　　　　　银收第 302 号

摘要	贷方科目		账页	金额
	总账科目	明细科目		
收回天元公司货款	应收账款	天元公司	√	100 000
合计				100 000

会计主管：印　　　　记账：印　　　　审核：印　　　　填制：印

表 9-25　转账凭证

20××年7月20日　　　　　　　　　　　　　　　　　　　　　　　转字第 508 号

摘要	会计科目		账页	借方金额	贷方金额
	总账科目	明细科目			
接受钟恒公司投资设备	固定资产		√	8 600	
	实收资本		√		8 600
合计				8 600	8 600

会计主管：印　　　　记账：印　　　　审核：印　　　　填制：印

表 9-26　收款凭证

借方科目：银行存款　　　　　20××年7月22日　　　　　　　　　　银收第 303 号

摘要	贷方科目		账页	金额
	总账科目	明细科目		
钟恒公司购买 A 产品	主营业务收入	A 产品	√	55 000
	应交税费	应交增值税	√	7 150
合计				62 150

会计主管：印　　　　记账：印　　　　审核：印　　　　填制：印

表 9-27　付款凭证

贷方科目：库存现金　　　　　　　　20××年 7 月 24 日　　　　　　　　　　　现付第 207 号

摘要	借方科目		账页	金额
	总账科目	明细科目		
现金存入银行	银行存款		√	2 000
合计				2 000

会计主管：[印]　　　记账：[印]　　　审核：[印]　　　填制：[印]

表 9-28　收款凭证

借方科目：银行存款　　　　　　　　20××年 7 月 28 日　　　　　　　　　　　银收第 304 号

摘要	贷方科目		账页	金额
	总账科目	明细科目		
取得生产周转用借款	短期借款		√	20 000
合计				20 000

会计主管：[印]　　　记账：[印]　　　审核：[印]　　　填制：[印]

表 9-29　转账凭证

20××年 7 月 31 日　　　　　　　　　　　转字第 509 号

摘要	会计科目		账页	借方金额	贷方金额
	总账科目	明细科目			
计算职工工资总额	生产成本	A 产品	√	16 000	
		B 产品	√	8 000	
	制造费用		√	2 500	
	管理费用		√	3 000	
	应付职工薪酬		√		29 500
合计				29 500	29 500

会计主管：[印]　　　记账：[印]　　　审核：[印]　　　填制：[印]

表 9-30　转账凭证

20××年 7 月 31 日　　　　　　　　　　　转字第 510 号

摘要	会计科目		账页	借方金额	贷方金额
	总账科目	明细科目			
计提职工福利费	生产成本	A 产品	√	2 240	
		B 产品	√	1 120	
	制造费用		√	350	
	管理费用		√	420	
	应付职工薪酬		√		4 130
合计				4 130	4 130

会计主管：[印]　　　记账：[印]　　　审核：[印]　　　填制：[印]

表 9-31　转账凭证

20××年 7 月 31 日　　　　　　　　　　　　　　　　转字第 511 号

摘要	会计科目		账页	借方金额	贷方金额
	总账科目	明细科目			
计提固定资产折旧	制造费用		√	9 000	
	管理费用		√	2 000	
	累计折旧		√		11 000
合计				11 000	11 000

会计主管：[印]　　　记账：[印]　　　审核：[印]　　　填制：[印]

表 9-32　付款凭证

贷方科目：银行存款　　　　　20××年 7 月 31 日　　　　　　银付第 407 号

摘要	借方科目		账页	金额
	总账科目	明细科目		
支付财产保险费用	管理费用	保险费用	√	400
合计				400

会计主管：[印]　　　记账：[印]　　　审核：[印]　　　填制：[印]

表 9-33　付款凭证

贷方科目：银行存款　　　　　20××年 7 月 31 日　　　　　　银付第 408 号

摘要	借方科目		账页	金额
	总账科目	明细科目		
支付本月利息费用	财务费用	利息费用	√	700
合计				700

会计主管：[印]　　　记账：[印]　　　审核：[印]　　　填制：[印]

表 9-34　付款凭证

贷方科目：库存现金　　　　　20××年 7 月 31 日　　　　　　现付第 208 号

摘要	借方科目		账页	金额
	总账科目	明细科目		
现金支付罚款	营业外支出	违约罚款	√	1 200
合计				1 200

会计主管：[印]　　　记账：[印]　　　审核：[印]　　　填制：[印]

表 9-35 转账凭证

20××年 7 月 31 日　　　　　　　　　　　　　　　　　　　　　　　转字第 512 号

摘要	会计科目		账页	借方金额	贷方金额
	总账科目	明细科目			
结转 A、B 产品制造费用	生产成本	A 产品	√	7 140	
		B 产品	√	4 710	
	制造费用		√		11 850
合计				11 850	11 850

会计主管：[印]　　　记账：[印]　　　审核：[印]　　　填制：[印]

表 9-36 转账凭证

20××年 7 月 31 日　　　　　　　　　　　　　　　　　　　　　　　转字第 513 号

摘要	会计科目		账页	借方金额	贷方金额
	总账科目	明细科目			
结转 A、B 产品生产成本	库存商品	A 产品	√	105 380	
		B 产品	√	173 830	
	生产成本	A 产品	√		105 380
		B 产品	√		173 830
合计				279 210	279 210

会计主管：[印]　　　记账：[印]　　　审核：[印]　　　填制：[印]

表 9-37 转账凭证

20××年 7 月 31 日　　　　　　　　　　　　　　　　　　　　　　　转字第 514 号

摘要	会计科目		账页	借方金额	贷方金额
	总账科目	明细科目			
计算本月产品销售成本	主营业务成本		√	90 000	
	库存商品	A 产品	√		90 000
合计				90 000	90 000

会计主管：[印]　　　记账：[印]　　　审核：[印]　　　填制：[印]

表 9-38 转账凭证

20××年 7 月 31 日　　　　　　　　　　　　　　　　　　　　　　　转字第 515 号

摘要	会计科目		账页	借方金额	贷方金额
	总账科目	明细科目			
计算本月城市维护建设税及教育费附加	税金及附加		√	1 000	
	应交税费	城市维护建设税	√		700
		教育费附加	√		300
合计				1 000	1 000

会计主管：[印]　　　记账：[印]　　　审核：[印]　　　填制：[印]

表 9-39 转账凭证

20××年 7 月 31 日   转字第 516 号

摘要	会计科目		账页	借方金额	贷方金额
	总账科目	明细科目			
结转本月产品销售收入	主营业务收入		√	355 000	
	本年利润		√		355 000
合计				355 000	355 000

会计主管：印　　　记账：印　　　审核：印　　　填制：印

表 9-40 转账凭证

20××年 7 月 31 日   转字第 517 号

摘要	会计科目		账页	借方金额	贷方金额
	总账科目	明细科目			
结转本月产品销售成本	本年利润		√	90 000	
	主营业务成本		√		90 000
合计				90 000	90 000

会计主管：印　　　记账：印　　　审核：印　　　填制：印

表 9-41 转账凭证

20××年 7 月 31 日   转字第 518 号

摘要	会计科目		账页	借方金额	贷方金额
	总账科目	明细科目			
结转本月管理费用	本年利润		√	7 070	
	管理费用		√		7 070
合计				7 070	7 070

会计主管：印　　　记账：印　　　审核：印　　　填制：印

表 9-42 转账凭证

20××年 7 月 31 日   转字第 519 号

摘要	会计科目		账页	借方金额	贷方金额
	总账科目	明细科目			
结转本月财务费用	本年利润		√	3 700	
	财务费用		√		3 700
合计				3 700	3 700

会计主管：印　　　记账：印　　　审核：印　　　填制：印

表 9-43　转账凭证

20××年7月31日　　　　　　　　　　　　　　　　　　转字第 520 号

摘要	会计科目		账页	借方金额	贷方金额
	总账科目	明细科目			
结转本月销售费用	本年利润		√	8 900	
	销售费用		√		8 900
合计				8 900	8 900

会计主管：印　　　　记账：印　　　　审核：印　　　　填制：印

表 9-44　转账凭证

20××年7月31日　　　　　　　　　　　　　　　　　　转字第 521 号

摘要	会计科目		账页	借方金额	贷方金额
	总账科目	明细科目			
结转本月税费	本年利润		√	1 000	
	税金及附加		√		1 000
合计				1 000	1 000

会计主管：印　　　　记账：印　　　　审核：印　　　　填制：印

表 9-45　转账凭证

20××年7月31日　　　　　　　　　　　　　　　　　　转字第 522 号

摘要	会计科目		账页	借方金额	贷方金额
	总账科目	明细科目			
结转本月营业外支出	本年利润		√	1 200	
	营业外支出		√		1 200
合计				1 200	1 200

会计主管：印　　　　记账：印　　　　审核：印　　　　填制：印

表 9-46　转账凭证

20××年7月31日　　　　　　　　　　　　　　　　　　转字第 523 号

摘要	会计科目		账页	借方金额	贷方金额
	总账科目	明细科目			
计算本月应交所得税	所得税费用		√	60 782.50	
	应交税费	所得税	√		60 782.50
合计				60 782.50	60 782.50

会计主管：印　　　　记账：印　　　　审核：印　　　　填制：印

表 9-47 转账凭证

20××年 7 月 31 日   转字第 524 号

摘要	会计科目		账页	借方金额	贷方金额
	总账科目	明细科目			
结转本月所得税费用	本年利润		√	60 782.50	
	所得税费用		√		60 782.50
合计				60 782.50	60 782.50

会计主管：印　　　记账：印　　　审核：印　　　填制：印

表 9-48 转账凭证

20××年 7 月 31 日   转字第 525 号

摘要	会计科目		账页	借方金额	贷方金额
	总账科目	明细科目			
结转本月利润	本年利润		√	182 347.50	
	利润分配	未分配利润	√		182 347.50
合计				182 347.50	182 347.50

会计主管：印　　　记账：印　　　审核：印　　　填制：印

2. 根据收款凭证和付款凭证登记库存现金日记账和银行存款日记账

库存现金日记账和银行存款日记账见表 9-49、表 9-50。

表 9-49 库存现金日记账   元

20××年		凭证编号	摘要	收入	支出	余额
月	日					
7	1		月初余额			800
	1	401	从银行提取现金	18 000		18 800
	1	201	支付 6 月份职工工资		12 000	6 800
	2	202	购买办公用品		200	6 600
	4	203	王刚暂借差旅费		300	6 300
	5	101	宋育退回多余差旅费	300		6 600
	7	204	支付 A 产品销售费用		900	5 700
	11	205	上交 6 月份教育费附加		100	5 600
	15	206	补付王刚差旅费		50	5 550
	19	102	收取宏云工厂包装物押金	500		6 050
	24	207	现金送存银行		2 000	4 050
	31	208	现金支付企业违约罚款		1 200	2 850
			本月发生额及余额	18 800	16 750	2 850

表 9-50　银行存款日记账　　　　　　　　　　　　　　　　　　元

20××年		凭证编号	摘要	收入	支出	余额
月	日					
7	1		月初余额			400 000
	1	401	从银行提取现金		18 000	382 000
	5	301	收回华兴水泥厂货款	24 000		406 000
	5	402	支付新星公司材料款		226 000	180 000
	6	403	购入三民工厂乙材料		56 500	123 500
	11	404	上交6月份税金		1 600	121 900
	15	405	支付公司产品广告费		8 000	113 900
	18	406	支付银行承兑手续费		3 000	110 900
	19	302	收回天元公司货款	100 000		210 900
	22	303	钟恒公司购买A产品	62 150		273 050
	24	207	现金送存银行	2 000		275 050
	28	304	取得生产周转用借款	20 000		295 050
	31	407	支付本月财产保险费用		400	294 650
	31	408	支付本月利息费用		700	293 950
			本月发生额及余额	208 150	314 200	293 950

3. 根据记账凭证和原始凭证登记各种明细账

以存货明细账为例，见表 9-51 至表 9-54。

表 9-51　原材料明细账

材料编号：略
材料类别：略
材料名称：甲材料

20××年		凭证编号	摘要	收入			发出			结存		
月	日			数量	单价	金额	数量	单价	金额	数量	单价	金额
7	1		月初金额							3 000	200	600 000
	4	502	验收入库	1 000	200	200 000				4 000	200	800 000
	9	506	A产品生产领用材料				300	200	60 000	3 700	200	740 000
	9	506	B产品生产领用材料				600	200	120 000	3 100	200	620 000
			本月发生额及余额	1 000	200	200 000	900	200	180 000	3 100	200	620 000

表 9-52 原材料明细账

材料编号：略
材料类别：略
材料名称：乙材料

20××年		凭证编号	摘要	收入			发出			结存		
月	日			数量	单价	金额	数量	单价	金额	数量	单价	金额
7	1		月初金额							200	1 000	200 000
	6	504	验收入库	50	1 000	50 000				250	1 000	250 000
	9	506	A产品生产领用材料				20	1 000	20 000	230	1 000	230 000
	9	506	B产品生产领用材料				40	1 000	40 000	190	1 000	190 000
			本月发生额及余额	50	1 000	50 000	60	1 000	60 000	190	1 000	190 000

表 9-53 库存商品明细账

产品名称：A产品

20××年		凭证编号	摘要	收入			发出			结存		
月	日			数量	单价	金额	数量	单价	金额	数量	单价	金额
7	1		月初余额							1000	150	150 000
	31	513	本月完工产成品	350	301.09	105 380				1 000 350	150 301.09	150 000 105 380
		514	月末汇总发出产品				600	150	90 000	400 350	150 301.09	60 000 105 380
			本月发生额及余额	350	301.09	105 380	600	150	90 000	400 350	150 301.09	60 000 105 380

表 9-54 库存商品明细账

产品名称：B产品

20××年		凭证编号	摘要	收入			发出			结存		
月	日			数量	单价	金额	数量	单价	金额	数量	单价	金额
7	1		月初余额							1 000	100	100 000
	31	513	本月完工产成品	1 700	102.25	173 830				1 000 1 700	100 102.25	100 000 173 830
			本月发生额及余额	1 700	102.25	173 830				1 000 1 700	100 102.25	100 000 173 830

4. 根据记账凭证直接登记总分类账

总分类账见表 9-55 至表 9-83。

表 9-55 库存现金总分类账

账户名称：库存现金　　　　　　　　　　　　　　　　　　　　　　　　　　　　　　　第　　页

20××年		凭证编号	摘要	借方	贷方	借或贷	余额
月	日						
7	1		月初余额			借	800
	1	401	从银行提取现金	18 000		借	18 800
	1	201	支付6月份职工工资		12 000	借	6 800
	2	202	购买办公用品		200	借	6 600
	4	203	王刚暂借差旅费		300	借	6 300
	5	101	宋育退回多余差旅费	300		借	6 600
	7	204	支付A产品销售费用		900	借	5 700
	11	205	上交6月份教育费附加		100	借	5 600
	15	206	补付王刚差旅费		50	借	5 550
	19	102	收取宏云工厂包装物押金	500		借	6 050
	24	207	现金送存银行		2 000	借	4 050
	31	208	现金支付企业违约罚款		1 200	借	2 850
			本月发生额及余额	18 800	16 750	借	2 850

表 9-56 银行存款总分类账

账户名称：银行存款　　　　　　　　　　　　　　　　　　　　　　　　　　　　　　　第　　页

20××年		凭证编号	摘要	借方	贷方	借或贷	余额
月	日						
7	1		月初余额			借	400 000
	1	401	从银行提取现金		18 000	借	382 000
	5	301	收回华兴水泥厂货款	24 000		借	406 000
	5	402	支付新星公司材料款		226 000	借	180 000
	6	403	购入三民工厂乙材料		56 500	借	123 500
	11	404	上交6月份税费		1 600	借	121 900
	15	405	支付公司产品广告费		8 000	借	113 900
	18	406	支付银行承兑手续费		3 000	借	110 900
	19	302	收回天元公司货款	100 000		借	210 900
	22	303	钟恒公司购买A产品	62 150		借	273 050
	24	207	现金送存银行	2 000		借	275 050
	28	304	取得生产周转用借款	20 000		借	295 050
	31	407	支付本月财产保险费用		400	借	294 650

续表

20××年		凭证编号	摘要	借方	贷方	借或贷	余额
月	日						
7	31	408	支付本月利息费用		700	借	293 950
			本月发生额及余额	208 150	314 200	借	293 950

表9-57 应收账款总分类账

账户名称：应收账款   第 页

20××年		凭证编号	摘要	借方	贷方	借或贷	余额
月	日						
	1		月初余额			借	60 000
7	5	301	收回华兴水泥厂货款		24 000	借	36 000
	7	505	售给天元公司A产品	339 000		借	375 000
	19	302	收回天元公司货款		100 000	借	275 000
			本月发生额及余额	339 000	124 000	借	275 000

表9-58 其他应收款总分类账

账户名称：其他应收款   第 页

20××年		凭证编号	摘要	借方	贷方	借或贷	余额
月	日						
	1		月初余额				4 900
	4	203	王刚暂借差旅费	300		借	5 200
7	5	503	宋育报销差旅费		700	借	4 500
	5	101	宋育剩余差旅费		300	借	4 200
	15	507	王刚报销差旅费		300	借	3 900
			本月发生额及余额	300	1 300	借	3 900

表9-59 在途物资总分类账

账户名称：在途物资   第 页

20××年		凭证编号	摘要	借方	贷方	借或贷	余额
月	日						
	2	501	购入新星公司甲材料	200 000			
	4	502	甲材料验收入库		200 000	平	—
7	6	403	购入三民工厂乙材料	50 000			
	6	504	乙材料验收入库		50 000	平	—
			本月发生额及余额	250 000	250 000	平	—

表 9-60 原材料总分类账

账户名称：原材料   第 页

20××年		凭证编号	摘要	借方	贷方	借或贷	余额
月	日						
7	1		月初余额			借	800 000
	4	502	甲材料验收入库	200 000		借	1 000 000
	6	504	乙材料验收入库	50 000		借	1 050 000
	9	506	领用甲材料		180 000	借	870 000
	9	506	领用乙材料		60 000	借	810 000
			本月发生额及余额	250 000	240 000	借	810 000

表 9-61 制造费用总分类账

账户名称：制造费用   第 页

20××年		凭证编号	摘要	借方	贷方	借或贷	余额
月	日						
7	31	509	计算车间管理人员工资	2 500		借	2 500
	31	510	计算车间管理人员福利费	350		借	2 850
	31	511	计提固定资产折旧费	9 000		借	11 850
	31	512	结转 A 产品制造费用		7 140	借	4 710
	31	512	结转 B 产品制造费用		4 710	平	—
			本月发生额及余额	11 850	11 850	平	—

表 9-62 生产成本总分类账

账户名称：生产成本   第 页

20××年		凭证编号	摘要	借方	贷方	借或贷	余额
月	日						
7	9	506	A 产品生产领用材料	80 000		借	80 000
	9	506	B 产品生产领用材料	160 000		借	240 000
	31	509	A 产品生产工人工资	16 000		借	256 000
	31	509	B 产品生产工人工资	8 000		借	264 000
	31	510	A 产品生产工人福利费	2 240		借	266 240
	31	510	B 产品生产工人福利费	1 120		借	267 360
	31	512	结转 A 产品制造费用	7 140		借	274 500
	31	512	结转 B 产品制造费用	4 710		借	279 210
	31	513	结转 A 产品生产成本		105 380	借	173 830
	31	513	结转 B 产品生产成本		173 830	平	—
			本月发生额及余额	279 210	279 210	平	—

表9-63 库存商品总分类账

账户名称：库存商品　　　　　　　　　　　　　　　　　　　　　　　　　　　　　　第　　页

20××年		凭证编号	摘要	借方	贷方	借或贷	余额
月	日						
7	1		月初余额			借	250 000
	31	513	完工入库A产品	105 380		借	355 380
	31	513	完工入库B产品	173 830		借	529 210
	31	514	汇总发出A产品		90 000	借	439 210
			本月发生额及余额	279 210	90 000	借	439 210

表9-64 固定资产总分类账

账户名称：固定资产　　　　　　　　　　　　　　　　　　　　　　　　　　　　　　第　　页

20××年		凭证编号	摘要	借方	贷方	借或贷	余额
月	日						
7	1		月初余额			借	1 700 000
	20		接受钟恒公司投资设备	8 600		借	1 708 600
			本月发生额及余额	8 600	—	借	1 708 600

表9-65 累计折旧总分类账

账户名称：累计折旧　　　　　　　　　　　　　　　　　　　　　　　　　　　　　　第　　页

20××年		凭证编号	摘要	借方	贷方	借或贷	余额
月	日						
7	1		月初余额			贷	230 000
	31	511	计提固定资产折旧		11 000	贷	241 000
			本月发生额及余额		11 000	贷	241 000

表9-66 在建工程总分类账

账户名称：在建工程　　　　　　　　　　　　　　　　　　　　　　　　　　　　　　第　　页

20××年		凭证编号	摘要	借方	贷方	借或贷	余额
月	日						
7	1		月初余额			借	120 000
			本月发生额及余额	—	—	借	120 000

表9-67 短期借款总分类账

账户名称：短期借款　　　　　　　　　　　　　　　　　　　　　　　　　　　　　　第　　页

20××年		凭证编号	摘要	借方	贷方	借或贷	余额
月	日						
7	1		月初余额			贷	700 000
	28	304	取得生产周转用借款		20 000	贷	720 000
			本月发生额及余额	—	—	贷	720 000

表 9-68 应付账款总分类账

账户名称：应付账款　　　　　　　　　　　　　　　　　　　　　　　　　　　　第　　页

20××年		凭证编号	摘要	借方	贷方	借或贷	余额
月	日						
7	1		月初余额			贷	80 000
	2	501	购入新星公司甲材料		226 000	贷	306 000
	5	402	支付新星公司甲材料款	226 000		贷	80 000
			本月发生额及余额	226 000	226 000	贷	80 000

表 9-69 其他应付款总分类账

账户名称：其他应付款　　　　　　　　　　　　　　　　　　　　　　　　　　　第　　页

20××年		凭证编号	摘要	借方	贷方	借或贷	余额
月	日						
7	1		月初余额			贷	2 000
	19	102	收到出租包装物押金		500	贷	2 500
			本月发生额及余额	—	500	贷	2 500

表 9-70 应付职工薪酬总分类账

账户名称：应付职工薪酬　　　　　　　　　　　　　　　　　　　　　　　　　　第　　页

20××年		凭证编号	摘要	借方	贷方	借或贷	余额
月	日						
7	1		月初余额			贷	12 000
	1	201	支付6月份职工工资	12 000		平	—
	31	509	计算7月份职工工资总额		29 500	贷	29 500
	31	510	计提职工福利费		4 130	贷	33 630
			本月发生额及余额	12 000	33 630	贷	33 630

表 9-71 应交税费总分类账

账户名称：应交税费　　　　　　　　　　　　　　　　　　　　　　　　　　　　第　　页

20××年		凭证编号	摘要	借方	贷方	借或贷	余额
月	日						
7	1		月初余额			贷	1 700
	2	501	向新星公司购入甲材料	26 000		借	24 300
	6	403	向三民工厂购入乙材料	6 500		借	30 800
	7	505	向天元公司出售A产品		39 000	贷	8 200
	11	404	上交6月份税费	1 600		贷	6 600
	11	205	上交6月份教育费附加	100		贷	6 500

续表

20××年		凭证编号	摘要	借方	贷方	借或贷	余额
月	日						
7	22	303	向钟恒公司出售A产品		7 150	贷	13 650
	31	515	计算本月城市维护建设税及教育费附加		1 000	贷	14 650
	31	523	计算本月应交所得税		60 782.50	贷	75 432.50
			本月发生额及余额	34 200	107 932.50	贷	75 432.50

表9-72 实收资本总分类账

账户名称：实收资本　　　　　　　　　　　　　　　　　　　　　　　　　第　　页

20××年		凭证编号	摘要	借方	贷方	借或贷	余额
月	日						
7	1		月初余额			贷	2 000 000
	20	508	接受投资设备		8 600	贷	2 008 600
			本月发生额及余额	—	8 600	贷	2 008 600

表9-73 资本公积总分类账

账户名称：资本公积　　　　　　　　　　　　　　　　　　　　　　　　　第　　页

20××年		凭证编号	摘要	借方	贷方	借或贷	余额
月	日						
7	1		月初余额			贷	100 000
			本月发生额及余额	—	—	贷	100 000

表9-74 主营业务收入总分类账

账户名称：主营业务收入　　　　　　　　　　　　　　　　　　　　　　　第　　页

20××年		凭证编号	摘要	借方	贷方	借或贷	余额
月	日						
7	7	505	天元公司购买A产品		300 000	贷	300 000
	22	303	钟恒公司购买A产品		55 000	贷	355 000
	31	516	结转本月产品销售收入	355 000		平	—
			本月发生额及余额	—	355 000	平	—

表9-75 管理费用总分类账

账户名称：管理费用　　　　　　　　　　　　　　　　　　　　　　　　　第　　页

20××年		凭证编号	摘要	借方	贷方	借或贷	余额
月	日						
7	2	202	购买办公用品	200		借	200
	5	503	宋育报销差旅费	700		借	900

续表

20××年		凭证编号	摘要	借方	贷方	借或贷	余额
月	日						
7	15	507	王刚报销差旅费	300		借	1 200
	15	206	补付王刚差旅费	50		借	1 250
	31	509	公司管理人员工资	3 000		借	4 250
	31	510	公司管理人员福利费	420		借	4 670
	31	511	计提固定资产折旧	2 000		借	6 670
	31	407	支付本月财产保险费用	400		借	7 070
	31	518	结转本月管理费用		7 070	平	—
			本月发生额及余额	—	7 070	平	—

表9—76 财务费用总分类账

账户名称：财务费用　　　　　　　　　　　　　　　　　　　　　　　　　第　页

20××年		凭证编号	摘要	借方	贷方	借或贷	余额
月	日						
7	18	406	支付银行承兑手续费	3 000		借	3 000
	31	408	支付本月利息费用	700		借	3 700
	31	519	结转本月财务费用		3 700	平	—
			本月发生额及余额	3 700	3 700	平	—

表9—77 销售费用总分类账

账户名称：销售费用　　　　　　　　　　　　　　　　　　　　　　　　　第　页

20××年		凭证编号	摘要	借方	贷方	借或贷	余额
月	日						
7	7	204	支付A产品销售费用	900		借	900
	15	405	支付公司产品广告费	8 000		借	8 900
	31	520	结转本月销售费用		8 900	平	—
			本月发生额及余额	8 900	8 900	平	—

表9—78 税金及附加总分类账

账户名称：税金及附加　　　　　　　　　　　　　　　　　　　　　　　　第　页

20××年		凭证编号	摘要	借方	贷方	借或贷	余额
月	日						
7	31	515	计提本月应交城市维护建设税及本月教育费附加	1 000		借	1 000
	31	521	结转本月税金及附加		1 000	平	—
			本月发生额及余额	1 000	1 000	平	—

表 9-79 主营业务成本总分类账

账户名称：主营业务成本　　　　　　　　　　　　　　　　　　　　　　　　　　　　　　第　　页

20××年		凭证编号	摘要	借方	贷方	借或贷	余额
月	日						
7	31	514	计提本月主营业务成本	90 000		借	90 000
	31	517	结转本月主营业务成本		90 000	平	—
			本月发生额及余额	90 000	900 000	平	—

表 9-80 营业外支出总分类账

账户名称：营业外支出　　　　　　　　　　　　　　　　　　　　　　　　　　　　　　　第　　页

20××年		凭证编号	摘要	借方	贷方	借或贷	余额
月	日						
7	31	208	用现金支付违约罚款	1 200		借	1 200
	31	522	结转本月营业外支出		1 200	平	—
			本月发生额及余额	1 200	1 200	平	—

表 9-81 所得税费用总分类账

账户名称：所得税费用　　　　　　　　　　　　　　　　　　　　　　　　　　　　　　　第　　页

20××年		凭证编号	摘要	借方	贷方	借或贷	余额
月	日						
7	31	523	计算本月应交所得税	60 782.50		借	60 782.50
	31	524	结转本月应交所得税		60 782.50	平	—
			本月发生额及余额	60 782.50	60 782.50	平	—

表 9-82 本年利润总分类账

账户名称：本年利润　　　　　　　　　　　　　　　　　　　　　　　　　　　　　　　　第　　页

20××年		凭证编号	摘要	借方	贷方	借或贷	余额
月	日						
7	31	516	结转本月主营业务收入		355 000	贷	355 000
		517	结转本月主营业务成本	90 000			
		518	结转本月管理费用	7 070			
		519	结转本月财务费用	3 700			
		520	结转本月销售费用	8 900			
		521	结转本月税金及附加	1 000			
		522	结转本月营业外支出	1 200			
		524	结转本月应交所得税	60 782.50			
		525	结转本月利润	182 347.50		平	—
			本月发生额及余额	355 000	355 000	平	—

表 9-83　利润分配总分类账

账户名称：利润分配　　　　　　　　　　　　　　　　　　　　　　　　　　　　第　　页

20××年		凭证编号	摘要	借方	贷方	借或贷	余额
月	日						
7	1		月初余额			贷	210 000
	31	525	结转本月利润		182 347.50	贷	392 347.50
			本月发生额及余额	—	182 347.50	贷	392 347.50

5. 编制试算平衡表

长春宏达公司试算平衡表见表 9-84。

表 9-84　长春宏达公司试算平衡表

编制单位：长春宏达公司　　　　　　20××年 7 月 31 日　　　　　　　　　　　　　元

账户名称	期初余额		本期发生额		期末余额	
	借方	贷方	借方	贷方	借方	贷方
库存现金	800		18 800	16 750	2 850	
银行存款	400 000		208 150	314 200	293 950	
应收账款	60 000		339 000	124 000	275 000	
其他应收款	4 900		300	1 300	3 900	
在途物资			250 000	250 000		
原材料	800 000		250 000	240 000	810 000	
制造费用			11 850	11 850		
生产成本			279 210	279 210		
库存商品	250 000		279 210	90 000	439 210	
固定资产	1 700 000		8 600		1 708 600	
累计折旧		230 000		11 000		241 000
在建工程	120 000			120 000		
短期借款		700 000		20 000		720 000
应付账款		80 000	226 000	226 000		80 000
其他应付款		2 000		500		2 500
应付职工薪酬		12 000	12 000	33 630		33 630
应交税费		1 700	34 200	107 932.50		75 432.50
实收资本		2 000 000		8 600		2 008 600
资本公积		100 000				100 000
未分配利润		210 000		182 347.50		392 347.50
主营业务收入			355 000	355 000		

续表

账户名称	期初余额		本期发生额		期末余额	
	借方	贷方	借方	贷方	借方	贷方
主营业务成本			90 000	90 000		
销售费用			8 900	8 900		
税金及附加			1 000	1 000		
管理费用			7 070	7 070		
财务费用			3 700	3 700		
营业外支出			1 200	1 200		
所得税费用			60 782.5	60 782.5		
本年利润			355 000	355 000		
合计	3 335 700	3 335 700	2 799 972.50	2 799 972.50	3 653 510	3 653 510

6. 编制财务会计报告

财务会计报表见表9-85、表9-86

表9-85 资产负债表

编制单位：长春宏达公司　　　　20××年7月31日　　　　会企01表
　　　　　　　　　　　　　　　　　　　　　　　　　　　　　单位：元

资产	期末余额	上年年末余额	负债和所有者权益（或股东权益）	期末余额	上年年末余额
流动资产：			流动负债：		
货币资金	296 800		短期借款	720 000	
交易性金融资产			交易性金融负债		
衍生金融资产			衍生金融负债		
应收票据			应付票据		
应收账款	275 000		应付账款	80 000	
预付账款			预收账款		
应收利息			合同负债		
应收股利			应付职工薪酬	33 630	
其他应收款	3 900		应交税费	75 432.50	
存货	1 249 210		应付股利		
合同资产			其他应付款	2 500	
持有待售资产			持有待售负债		
一年内到期的非流动资产			一年内到期的非流动负债		
其他流动资产			其他流动负债		

续表

资产	期末余额	上年年末余额	负债和所有者权益（或股东权益）	期末余额	上年年末余额
流动资产合计	1 824 910		流动负债合计	911 562.50	
非流动资产：			非流动负债：		
债权投资			长期借款		
其他债权资产			应付债券		
长期应收款			租赁负债		
长期股权投资			长期应付款		
其他权益工具投资			专项应付款		
其他非流动金融资产			预计负债		
投资性房地产			递延收益		
固定资产	1 467 600		递延所得税负债		
在建工程	120 000		其他非流动负债		
工程物资			非流动负债合计		
生产性生物资产			负债合计	911 562.50	
油气资产			所有者权益（或股东权益）：		
使用权资产			实收资本（或股本）	2 008 600	
无形资产			其他权益工具		
开发支出			其中：优先股		
商誉			永续债		
长期待摊费用			资本公积	1 00 000	
递延所得税资产			减：库存股		
其他非流动资产			其他综合收益		
非流动资产合计	1 587 600		专项储备		
			盈余公积		
			未分配利润	392 347.50	
			所有者权益（或股东权益）合计	2 500 947.50	
资产合计	3 412 510		负债和所有者权益（或股东权益）合计	3 412 510	

表9-86 利润表

会企02表
编制单位：长春宏达公司　　　　　　20××年7月　　　　　　　　　　单位：元

项目	本期金额	上期金额
一、营业收入	355 000	
减：营业成本	90 000	
税金及附加	1 000	
销售费用	8 900	
管理费用	7 070	
研发费用		
财务费用	3 700	
其中：利息费用		
利息收入		
加：其他收益		
投资收益（损失以"-"号填列）		
其中：对联营企业和合营企业的投资收益		
以摊余成本计量的金融资产终止确认收益（损失以"-"号填列）		
净敞口套期收益（损失以"-"号填列）		
公允价值变动收益（损失以"-"号填列）		
信用减值损失（损失以"-"号填列）		
资产减值损失（损失以"-"号填列）		
资产处置收益（损失以"-"号填列）		
二、营业利润（亏损以"-"号填列）	244 330	
加：营业外收入		
减：营业外支出	1 200	
三、利润总额（亏损总额以"-"号填列）	243 130	
减：所得税费用	60 782.50	
四、净利润（净亏损以"-"号填列）	182 347.50	
（一）持续经营净利润（净亏损以"-"号填列）		
（二）终止经营净利润（净亏损以"-"号填列）		
五、其他综合收益的税后净额		
（一）不能重分类进损益的其他综合收益		
1.重新计量设定收益计划变动额		

续表

项目	本期金额	上期金额
2. 权益法下不能转损益的其他综合收益		
……		
（二）将重分类进损益的其他综合收益		
1. 权益法下可转损益的其他综合收益		
2. 其他债权投资公允价值变动		
……		
六、综合收益总额		
七、每股收益		
（一）基本每股收益		
（二）稀释每股收益		

第三节　科目汇总表账务处理程序

一、科目汇总表账务处理程序的特点

科目汇总表（也称记账凭证汇总表）账务处理程序的特点是定期将所有记账凭证汇总编制科目汇总表，然后再根据科目汇总表登记总分类账。科目汇总表的编制方法是定期将所有的记账凭证，按照相同的会计科目进行归类，汇总出每一个会计科目的借方本期发生额和贷方本期发生额，并将发生额填写在科目汇总表的相应栏内。对于库存现金和银行存款借方本期发生额和贷方本期发生额，也可以直接根据库存现金日记账和银行存款日记账的收入、支出合计数填列，而不必根据收款凭证和付款凭证归类汇总填列。科目汇总表每汇总一次编制一张，并据以登记总账。科目汇总表的一般格式见表9-87。

表9-87　科目汇总表

年　　月　　日　　　　　　　　　　　　　科汇字第　　号

借方发生额	科目名称	贷方发生额
	合计	

二、科目汇总表账务处理程序下凭证、账簿的种类和格式

科目汇总表账务处理程序需要设置账簿的种类和格式，以及记账凭证的种类和格式，与记账凭证账务处理程序基本相同，但必须设置科目汇总表。

科目汇总表是将一定时期（每天或每隔数天）填制的记账凭证，按相同的会计科目，分借、贷方归类汇总填制的记账凭证。其编制是根据收款凭证、付款凭证和转账凭证，按照相同的会计科目归类，定期汇总每一个会计科目的借方发生额和贷方发生额，并将发生额填入科目汇总表的相应栏目内。对于现金和银行存款科目的借、贷发生额，也可以根据库存现金日记账和银行存款日记账的收支数填列，而不再根据收款凭证和付款凭证归类汇总填列。按会计科目汇总后，应加总借方、贷方发生额，进行发生额的试算平衡。

科目汇总表的编制时间，应根据各企业、单位的业务量而定。一般来说，经济业务较少的企业，可按月汇总，每月编制一张；经济业务较多的企业，间隔期短，可根据需要定期汇总一次编制一张。

科目汇总表在归类汇总时，可先把需要汇总的记账凭证，按科目以 T 型账户形式编制成工作底稿；然后把工作底稿上有关科目的借方发生额合计数和贷方发生额合计数填入科目汇总表。具体的编制方法可参考科目汇总表核算程序案例。

三、科目汇总表账务处理程序的核算步骤

（1）根据原始凭证或原始凭证汇总表编制各种记账凭证。
（2）根据收款凭证和付款凭证逐日逐笔登记库存现金日记账和银行存款日记账。
（3）根据各种记账凭证和原始凭证或原始凭证汇总表逐笔登记各种明细分类账。
（4）根据各种记账凭证定期编制科目汇总表。
（5）根据科目汇总表登记总分类账。
（6）月末，将明细分类账、库存现金日记账和银行存款日记账余额与有关总账余额相核对。
（7）月末，根据总分类账和明细分类账的记录，编制财务会计报表。

科目汇总表账务处理程序的核算步骤如图 9-2 所示。

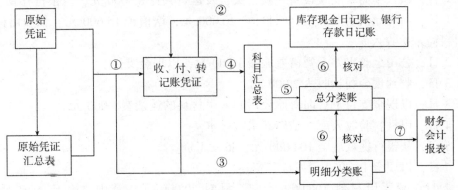

图 9-2　科目汇总表账务处理程序的核算步骤

四、科目汇总表账务处理程序的优缺点及适用范围

根据上述程序可以看出，科目汇总表账务处理程序是根据科目汇总表登记总账，因而可以大大减少登记总账的工作量，在编制科目汇总表的过程中，可以进行总分类账户本期借、贷方发生额的试算平衡；而且这种核算形式手续简便，容易掌握，运用起来也很方便。因此，这种核算形式广泛应用于经济业务量较大的企业及行政事业单位。科目汇总表账务处理程序也有其不足之处，由于科目汇总表是将一级科目的本期借方发生额和本期贷方发生额汇总在一张表格内，反映不出各个会计科目之间的对应关系，因而不便于对经济业务进行分析和检查。

五、科目汇总表账务处理程序实例

（一）编制记账凭证

某公司20××年3月份有关账户期初余额见表9-88。

表9-88　某公司20××年3月份有关账户期初余额　　　　　　　　　　元

账户名称	借方余额	账户名称	贷方余额
库存现金	2 000	应付账款	52 000
银行存款	260 000	短期借款	200 000
应收账款	100 000	实收资本	550 000
其他应收款	3 000	盈余公积	170 000
原材料	57 000	利润分配	49 000
库存商品	124 000	累计折旧	130 000
固定资产	605 000		
合计	1 151 000	合计	1 151 000

3月份1—10日公司发生下列经济业务：

（1）1日，购入不需要安装设备一台，买价及运费共计85 000元，以银行存款支付。

（2）1日，向海原公司购入甲材料价值120 000元，增值税15 600元。款项由银行存款支付，材料尚未验收入库。

（3）2日，公司金鑫出差，暂借差旅费1 000元，以现金支付。

（4）3日，收到现金罚款收入2 000元。

（5）3日，以现金支付1日向海原公司购入甲材料的运杂费1 000元。

（6）4日，甲材料验收入库，结转其采购成本。

（7）5日，从银行提取现金104 000元，备发工资。

（8）5日，以现金104 000元发放工资。

（9）7日，领用甲材料100 000元，乙材料20 000元。其中，生产A产品用甲材料70 000元，乙材料10 000；生产B产品用甲材料20 000元，乙材料5 000元；车间修理用甲材料10 000元，乙材料5 000元。

（10）8日，收到顺达公司追加投资500 000元，存入银行。

(11) 9日，售出A产品80 000元，B产品20 000元，增值税为13 000元。款项已存入银行。

(12) 10日，以银行存款偿还有新公司货款52 000元。

该实例用科目汇总表账务处理程序操作如下：

根据原始凭证编制记账凭证。见表9-89至表9-100。

表9-89 记账凭证

20××年3月1日　　　　　　　　　　　　　　　　　　　　顺序第001号

业务内容	借方科目		页数	贷方科目		页数	金额
	一级科目	二级科目		一级科目	二级科目		
购买设备	固定资产	生产设备					85 000
				银行存款			85 000
合计							85 000

会计主管：[印]　　审核：[印]　　记账：[印]　　出纳：[印]　　填制：[印]

表9-90 记账凭证

20××年3月1日　　　　　　　　　　　　　　　　　　　　顺序第002号

业务内容	借方科目		页数	贷方科目		页数	金额
	一级科目	二级科目		一级科目	二级科目		
购买材料	在途物资	甲材料					120 000
	应交税费	应交增值税					15 600
				银行存款			135 600
合计							135 600

会计主管：[印]　　审核：[印]　　记账：[印]　　出纳：[印]　　填制：[印]

表9-91 记账凭证

20××年3月2日　　　　　　　　　　　　　　　　　　　　顺序第003号

业务内容	借方科目		页数	贷方科目		页数	金额
	一级科目	二级科目		一级科目	二级科目		
预支差旅费	其他应收款	金鑫					1 000
				库存现金			1 000
合计							1 000

会计主管：[印]　　审核：[印]　　记账：[印]　　出纳：[印]　　填制：[印]

表 9-92　记账凭证

20××年 3 月 3 日　　　　　　　　　　　　　　　　　　　顺序第004号

业务内容	借方科目		页数	贷方科目		页数	金额
	一级科目	二级科目		一级科目	二级科目		
收到现金罚款	库存现金						1 000
				营业外收入			1 000
合计							1 000

会计主管：印　　　审核：印　　　记账：印　　　出纳：印　　　填制：印

表 9-93　记账凭证

20××年 3 月 3 日　　　　　　　　　　　　　　　　　　　顺序第005号

业务内容	借方科目		页数	贷方科目		页数	金额
	一级科目	二级科目		一级科目	二级科目		
支付运杂费	在途物资	甲材料					1 000
				库存现金			1 000
合计							1 000

会计主管：印　　　审核：印　　　记账：印　　　出纳：印　　　填制：印

表 9-94　记账凭证

20××年 3 月 4 日　　　　　　　　　　　　　　　　　　　顺序第006号

业务内容	借方科目		页数	贷方科目		页数	金额
	一级科目	二级科目		一级科目	二级科目		
甲材料验收入库	原材料	甲材料					121 000
				在途物资	甲材料		121 000
合计							121 000

会计主管：印　　　审核：印　　　记账：印　　　出纳：印　　　填制：印

表 9-95　记账凭证

20××年 3 月 5 日　　　　　　　　　　　　　　　　　　　顺序第007号

业务内容	借方科目		页数	贷方科目		页数	金额
	一级科目	二级科目		一级科目	二级科目		
计提现金	库存现金						104 000
				银行存款			104 000
合计							104 000

会计主管：印　　　审核：印　　　记账：印　　　出纳：印　　　填制：印

表 9-96　记账凭证

20××年3月5日　　　　　　　　　　　　　　　　　　　　顺序第008号

业务内容	借方科目		页数	贷方科目		页数	金额
	一级科目	二级科目		一级科目	二级科目		
支付工资	应付职工薪酬						104 000
				库存现金			104 000
合计							104 000

会计主管：[印]　　审核：[印]　　记账：[印]　　出纳：[印]　　填制：[印]

表 9-97　记账凭证

20××年3月7日　　　　　　　　　　　　　　　　　　　　顺序第009号

业务内容	借方科目		页数	贷方科目		页数	金额
	一级科目	二级科目		一级科目	二级科目		
发出材料	生产成本	A产品					80 000
		B产品					25 000
	制造费用	机物料消耗					15 000
				原材料	甲材料		100 000
					乙材料		20 000
合计							120 000

会计主管：[印]　　审核：[印]　　记账：[印]　　出纳：[印]　　填制：[印]

表 9-98　记账凭证

20××年3月8日　　　　　　　　　　　　　　　　　　　　顺序第010号

业务内容	借方科目		页数	贷方科目		页数	金额
	一级科目	二级科目		一级科目	二级科目		
收到追加投资	银行存款						500 000
				实收资本	顺达公司		500 000
合计							500 000

会计主管：[印]　　审核：[印]　　记账：[印]　　出纳：[印]　　填制：[印]

表 9-99　记账凭证

20××年3月9日　　　　　　　　　　　　　　　　　　　　顺序第011号

业务内容	借方科目		页数	贷方科目		页数	金额
	一级科目	二级科目		一级科目	二级科目		
销售商品	银行存款						113 000
				主营业务收入	A、B产品		100 000
				应交税费	增值税		13 000
合计							113 000

会计主管：[印]　　审核：[印]　　记账：[印]　　出纳：[印]　　填制：[印]

表 9-100　记账凭证

20××年3月10日　　　　　　　　　　　　　　　　　　　　　　　　　顺序第012号

业务内容	借方科目		页数	贷方科目		页数	金额
	一级科目	二级科目		一级科目	二级科目		
偿还欠款	应付账款	有新公司					52 000
				银行存款			52 000
合计							52 000

会计主管：印　　审核：印　　记账：印　　出纳：印　　填制：印

（二）编制科目汇总表（汇总1—10日）

根据上述记账凭证编制科目汇总表，见表9-101。

表 9-101　科目汇总表

20××年3月10日　　　　　　　　　　　　　　　　　　　　　　　　　科汇字第01号

借方	科目名称	贷方
105 000	库存现金	106 000
613 000	银行存款	376 600
1 000	其他应收款	
121 000	在途物资	121 000
121 000	原材料	120 000
85 000	固定资产	
104 000	应付职工薪酬	
52 000	应付账款	
	实收资本	500 000
105 000	生产成本	
15 000	制造费用	
	主营业务收入	100 000
	营业外收入	1 000
15 600	应交税费	13 000
1 337 600	合计	1 337 600

（三）登记总账

根据科目汇总表登记总分类账，见表9-102至表9-106。

表 9-102　库存现金总分类账

会计科目：库存现金

20××年		凭证		摘要	借方	贷方	借或贷	余额
月	日	字	号					
3	1			期初余额			借	2 000
	10	汇	1	1—10 日发生额	105 000	106 000	借	1 000
				11—20 日（略）				
				21—31 日（略）				
3	31			本月发生额及余额				

表 9-103　银行存款总分类账

会计科目：银行存款

20××年		凭证		摘要	借方	贷方	借或贷	余额
月	日	字	号					
3	1			期初余额			借	260 000
	10	汇	1	1—10 日发生额	613 000	376 600	借	496 400
				11—20 日（略）				
				21—31 日（略）				
3	31			本月发生额及余额				

表 9-104　其他应收款总分类账

会计科目：其他应收款

20××年		凭证		摘要	借方	贷方	借或贷	余额
月	日	字	号					
3	1			期初余额			借	3 000
	10	汇	1	1—10 日发生额	1 000		借	4 000
				11—20 日（略）				
				21—31 日（略）				
3	31			本月发生额及余额				

表 9-105　在途物资总分类账

会计科目：在途物资

20××年		凭证		摘要	借方	贷方	借或贷	余额
月	日	字	号					
3	10	汇	1	1—10 日发生额	121 000	121 000	平	
				11—20 日（略）				
				21—31 日（略）				
				本月发生额及余额				

表 9-106　原材料总分类账

会计科目：原材料

20××年		凭证		摘要	借方	贷方	借或贷	余额
月	日	字	号					
3	1			期初余额			借	57 000
	10	汇	1	1—10 日发生额	121 000	120 000	借	58 000
				11—20 日（略）				
				21—31 日（略）				
				本月发生额及余额				

其余科目的总分类账登记略（方法同上）。

第四节　汇总记账凭证账务处理程序

汇总记账凭证账务处理程序是根据原始凭证或汇总原始凭证编制记账凭证，定期根据记账凭证分类编制汇总收款凭证、汇总付款凭证、汇总转账凭证，再根据汇总记账凭证登记总分类账的一种账务处理程序。

一、汇总记账凭证账务处理程序下凭证、账簿的种类和格式

在汇总记账凭证账务处理程序下，设置的账簿主要有库存现金日记账、银行存款日记账、总分类账和明细分类账。在记账凭证方面，除设收款凭证、付款凭证和转账凭证三种记账凭证外，还应增设汇总收款凭证、汇总付款凭证和汇总转账凭证，并分别根据库存现金、银行存款的收款和付款凭证，以及转账凭证汇总填制。

汇总收款凭证、汇总付款凭证和汇总转账凭证的格式见表 9-107 至表 9-109。

表 9-107　汇总收款凭证

借方科目：银行存款　　　　　　　　　20××年××月　　　　　　　　　　汇收第×号

贷方科目	金额				总账页数	
	（1）	（2）	（3）	合计	借方	贷方
					（略）	（略）
合计						

附注：(1) 上旬记账凭证共×张；(2) 中旬记账凭证共×张；(3) 下旬记账凭证共×张。

表 9-108　汇总付款凭证

贷方科目：银行存款　　　　　　　　　20××年××月　　　　　　　　　　汇付第×号

借方科目	金额				总账页数	
	（1）	（2）	（3）	合计	借方	贷方
					（略）	（略）
合计						

附注：(1) 上旬记账凭证共×张；(2) 中旬记账凭证共×张；(3) 下旬记账凭证共×张。

表 9-109　汇总转账凭证

贷方科目：原材料　　　　　　　　　　20××年××月　　　　　　　　　　汇转第×号

借方科目	金额				总账页数	
	（1）	（2）	（3）	合计	借方	贷方
合计						

附注：（1）上旬记账凭证共×张；（2）中旬记账凭证共×张；（3）下旬记账凭证共×张。

二、汇总记账凭证账务处理程序的特点

先定期将全部记账凭证按收款凭证、付款凭证和转账凭证分别归类编制成汇总记账凭证，再根据汇总记账凭证登记总分类账。

三、汇总记账凭证账务处理程序的核算步骤

（1）根据原始凭证编制汇总原始凭证。

（2）根据原始凭证或汇总原始凭证填制收款凭证、付款凭证和转账凭证。

（3）根据收款凭证、付款凭证逐笔登记库存现金日记账和银行存款日记账。

（4）根据原始凭证或汇总原始凭证、收款凭证、付款凭证和转账凭证逐笔登记各种明细分类账。

（5）根据收款凭证、付款凭证和转账凭证，定期填制汇总收款凭证、汇总付款凭证和汇总转账凭证。

（6）根据汇总收款凭证、汇总付款凭证和汇总转账凭证登记总分类账。

（7）期末，将库存现金日记账和银行存款日记账的余额，以及各明细账的余额合计数与有关总分类账的余额核对相等。

（8）期末，根据总分类账、各种明细账的记录，编制财务会计报表。

汇总记账凭证账务处理程序的核算步骤如图9-3所示。

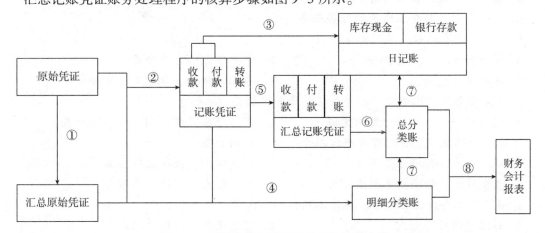

图 9-3　汇总记账凭证账务处理的核算步骤

四、汇总记账凭证账务处理程序的优缺点和适用范围

汇总记账凭证账务处理程序简化了登记总分类账的次数,记账数字也不易发生错误,便于了解账户之间的对应关系。其缺点是按每一贷方科目编制汇总转账凭证,不利于会计核算的日常分工,当转账凭证较多时,编制汇总转账凭证的工作量较大,增加了汇总记账凭证的工作量。该程序一般适用于规模较大、业务量较多的企业。

复习思考题

1. 简述账务处理程序的概念及其种类。
2. 简述记账凭证账务处理程序的一般步骤。
3. 简述科目汇总表账务处理程序的特点、优缺点及其适用范围。
4. 简述各账务处理程序之间的异同。

综合练习题

一、单项选择题

1. (　　)账务处理程序的特点是根据记账凭证直接登记总账。
   A. 记账凭证　　　　B. 汇总记账凭证　　C. 科目汇总表　　　D. 原始凭证
2. 各种会计账务处理程序之间的主要区别在于(　　)。
   A. 总账的格式不同　　　　　　　　　B. 登记总账的依据不同
   C. 会计凭证的种类不同　　　　　　　D. 编制会计报表的依据不同
3. 科目汇总表的汇总范围是(　　)。
   A. 全部科目的借方余额　　　　　　　B. 全部科目的贷方余额
   C. 全部科目的借、贷方发生额　　　　D. 部分科目的借、贷方发生额
4. 汇总记账凭证账务处理程序的优点之一是(　　)。
   A. 能够清楚地反映各个科目之间的对应关系
   B. 不能清楚地反映各个科目之间的对应关系
   C. 能够综合反映企业所有的经济业务
   D. 能够序时反映企业所有的经济业务
5. 科目汇总表的缺点是不能反映(　　)。
   A. 账户借方、贷方发生额　　　　　　B. 账户借方、贷方余额
   C. 账户对应关系　　　　　　　　　　D. 各账户借方、贷方发生额合计
6. 汇总记账凭证账务处理程序登记总账的依据是(　　)。
   A. 记账凭证　　　B. 原始凭证　　　C. 汇总记账凭证　　D. 科目汇总表
7. 汇总记账凭证账务处理程序适用于(　　)的企业。
   A. 规模较大、经济业务不多　　　　　B. 规模较小、经济业务不多
   C. 规模较小、经济业务较多　　　　　D. 规模较大、经济业务较多
8. 在下列账务处理程序中,最基本的核算形式是(　　)。
   A. 日记总账核算形式　　　　　　　　B. 汇总记账凭证核算形式
   C. 记账凭证汇总表核算形式　　　　　D. 记账凭证核算形式

9. 规模较小、经济业务量较少的单位,适用的账务处理程序是（　　）。
A. 记账凭证账务处理程序　　　　B. 汇总记账凭证账务处理程序
C. 科目汇总表账务处理程序　　　D. 日记总账账务处理程序

二、多项选择题

1. 科目汇总表账务处理程序的优点有（　　）。
A. 减轻登记总账的工作量　　　　B. 减轻登记明细账的工作量
C. 能明晰地反映科目的对应关系　D. 可以通过定期汇总对发生额进行试算平衡

2. 记账凭证账务处理程序的优点有（　　）。
A. 简单明了,易于理解　　　　　　B. 简化了登记总账的工作
C. 清晰反映账户间的对应关系　　　D. 适用于业务量少、记账凭证不多的企业

3. 下列关于科目汇总表账务处理程序的表述,正确的是（　　）。
A. 起到试算平衡的作用
B. 反映各科目借、贷方本期发生额
C. 不反映各科目之间的对应关系,不便于查对账目
D. 反映各科目的期末余额

4. 各种账务处理程序的相同之处有（　　）。
A. 根据原始凭证编制汇总原始凭证　B. 根据收、付款凭证登记库存现金日记账
C. 根据总账和明细账编制会计报表　　D. 根据记账凭证登记总账

5. 科目汇总表核算形式的特点有（　　）。
A. 根据记账凭证登记总账
B. 根据一定时期的全部记账凭证编制科目汇总表
C. 根据科目汇总表登记总分类账
D. 根据汇总记账凭证登记总账

6. 能够起到简化登记总分类账户工作的账务处理程序有（　　）。
A. 汇总记账凭证账务处理程序　　B. 记账凭证账务处理程序
C. 科目汇总表账务处理程序　　　　D. 单式记账法账务处理程序

7. 账务处理程序是指（　　）结合的方式。
A. 会计报表　　B. 会计账簿　　C. 会计凭证　　D. 原始凭证

8. 记账凭证账务处理程序适用于（　　）的单位。
A. 规模较大　　　　　　　　　　B. 规模较小
C. 凭证不多　　　　　　　　　　D. 所有会计科目较多

9. 汇总记账凭证一般分为（　　）。
A. 汇总收款凭证　　　　　　　　B. 汇总付款凭证
C. 原始凭证汇总表　　　　　　　D. 汇总转账凭证

10. 在汇总记账凭证账务处理程序下,会计凭证方面除设置收款凭证、付款凭证、转账凭证外,还应设置（　　）。
A. 科目汇总表　　　　　　　　　B. 汇总收款凭证
C. 汇总付款凭证　　　　　　　　D. 汇总转账凭证

三、判断题

1. 记账凭证核算形式是其他核算形式的基础。　　　　　　　　　　　　　　（　　）

2. 在汇总记账凭证核算形式下，为了便于编制汇总转账凭证，要求所有转账凭证的科目对应关系只能是一借一贷或一借多贷。   （ ）
3. 汇总记账凭证可以明确地反映账户之间的对应关系。   （ ）
4. 汇总记账凭证核算形式适用于规模大、经济业务较多的单位。   （ ）
5. 科目汇总表不仅可以起到试算平衡的作用，而且可以反映账户之间的对应关系。
                                                                                （ ）
6. 记账凭证账务处理程序适用于规模小、经济业务量较少的单位。   （ ）
7. 各种账务处理程序的主要区别在于登记总分类账的依据和方法不同。   （ ）
8. 在科目汇总表核算形式下，总分类账必须逐日逐笔进行登记。   （ ）
9. 汇总转账凭证应当按照每一账户的借方分别设置，并根据转账凭证按贷方账户归类，定期汇总填列一次，每月填制一张。   （ ）
10. 由于各企业单位业务性质、规模大小、业务繁简程度不同，所以它们所采取的会计核算程序也有所不同。   （ ）

四、业务分析题

【资料】企业概况：北京长城机械厂是一家股份制企业，设有财务处等若干个经营管理部门，其中，财务处有处长朱小丹、复核员王宏、记账员汤思琪、出纳员牛萌萌。该企业采用记账凭证账务处理程序，生产 A、B 两种产品。

北京长城机械厂 20××年 12 月总账及原材料明细账期初余额见表 9-110。

表 9-110　北京长城机械厂 20××年 12 月总账及原材料明细账期初余额　　　　元

会计科目	余额方向	余额
库存现金	借	3 500
银行存款	借	300 000
应收账款	借	200 000
其他应收款	借	22 000
原材料	借	900 000
库存商品	借	500 000
固定资产	借	3 300 000
累计折旧	贷	900 000
短期借款	贷	1 570 000
应付账款	贷	350 000
应付职工薪酬	贷	50 000
应交税费	贷	50000
应付股利	贷	70000
其他应付款	贷	35 500
实收资本	贷	2 000 000
盈余公积	贷	150 000

续表

会计科目	余额方向	余额
本年利润	贷	300 000
利润分配	借	250 000

注：

（1）原材料明细账情况：甲材料1 500吨，单价400元/吨；乙材料2 000吨，单价150元/吨。

（2）库存商品明细账情况：A产品300 000元，B产品200 000元。

北京长城机械厂20××年12月发生下列经济业务：

（1）2日，购进甲材料100吨，单价400元/吨，增值税税率为13%。货款已用银行存款支付。

（2）5日，从胜利工厂购进乙材料400吨，单价150元/吨，增值税税率为13%。货款尚未支付。

（3）5日，仓库发出材料，发出材料汇总表见表9-111。

表9-111 发出材料汇总表

项目	甲材料		乙材料		金额合计/元
	数量/吨	金额/元	数量/吨	金额/元	
1. 制造产品耗用					104 000
A产品	60	24 000	150	22 500	46 500
B产品	50	20 000	250	37 500	57 500
2. 车间管理部门耗用	10	4 000	50	7 500	11 500
3. 行政管理部门耗用	7.75	3 100	6	900	4 000
合计	127.75	51 100	456	68 400	119 500

（4）6日，以现金支付管理部门的办公费用2 000元。

（5）10日，从银行提取现金50 000元，备发工资。

（6）10日，以现金50 000元发放工资。

（7）15日，销售A产品100件，单价1 800元/件，增值税税率为13%。款项收存银行。

（8）15日，销售给前进工厂B产品200件，单价500元/件，增值税税率为13%。款项尚未收到。

（9）15日，以银行存款4 000元支付广告费。

（10）25日，结转在途物资成本。

（11）26日，分配本月应付工资，其中，A产品生产工人工资15 000元，B产品生产工人工资20 000元，车间管理人员工资5 000元，企业管理人员工资10 000元。

（12）26日，按工资总额的14%计提福利费。

（13）27日，以现金支付车间办公费550元，管理部门办公费320元。

（14）30日，计提本月车间用固定资产折旧费1 500元，企业管理部门用固定资产折旧费500元。

(15) 31 日，结转制造费用（按 A、B 产品生产工人工资比例分配）。
(16) 31 日，结转完工产品生产成本（假定 A、B 产品全部完工）。
(17) 31 日，计算本月应交消费税、城市维护建设税等 16 380 元。
(18) 31 日，结转已销产品生产成本 140 000 元。
(19) 31 日，结清损益类账户。
(20) 31 日，计算并结转本月所得税，所得税税率为 25%。
(21) 31 日，结清"所得税费用"账户。
(22) 31 日，以银行存款 30 000 元交纳所得税费用。
(23) 31 日，结清"本年利润"账户。

【要求】
1. 根据资料中给出的经济业务编制记账凭证。
2. 根据记账凭证登记库存现金日记账和银行存款日记账。
3. 根据记账凭证登记原材料明细账。
4. 根据记账凭证逐笔登记总分类账。
5. 根据总账编制本期发生额余额表。
6. 对账和结账。

第十章

财务会计报告

本章内容提示

企业财务会计的目标，是对外提供财务会计报告。财务会计报告是指企业对外提供的反映企业某一特定日期的财务状况和某一会计期间的经营成果、现金流量等会计信息的书面文件。编制财务会计报告是会计核算专门方法中的最后一种。通过本章的学习，要了解财务会计报告的意义和编制要求；熟悉财务会计报告的概念和分类；掌握资产负债表和利润表的编制方法，最后能正确填制资产负债表和利润表。

第一节 财务会计报告概述

一、财务会计报告的含义和作用

(一) 财务会计报告的概念

财务会计报告，是指企业对外提供的反映企业在某一特定日期的财务状况和某一会计期间的经营成果、现金流量等会计信息的书面文件。企业的财务会计报告是企业会计核算的最终成果，是企业对外提供财务会计信息的主要形式。每个企事业单位都要定期编制财务会计报告。

财务会计报告分为年度财务报告和中期财务报告。年度财务会计报告是指年末编制的会计报告，其会计期间为公历每年的1月1日至12月31日；中期财务会计报告是指短于一个完整的会计年度的报告，包括月度、季度和半年度财务会计报告。年度、半年度的内容至少包括财务会计报表、会计报表附注和财务情况说明书。月度、季度财务会计报告通常仅指会计报表。小企业编制的会计报表可以不包括现金流量表和所有者权益变动表。

1. 财务会计报表

财务会计报表（简称会计报表）是对企业财务状况、经营成果和现金流量的结构性表述，主要包括资产负债表、利润表、现金流量表和所有者权益变动表四个主表及相关附表。

2. 会计报表附注

会计报表附注是指对会计报表的编制基础、编制依据、编制原则和编制方法及主要项目等所做的解释。会计报表附注至少应当包括的内容有：

(1) 不符合基本会计假设的说明；
(2) 重要会计政策、会计估计及其变更说明；
(3) 或有事项和资产负债表日后事项的说明；
(4) 关联方关系及其交易说明；
(5) 重要资产转让及其出售情况；
(6) 企业合并、分立；
(7) 重大投资、融资活动；
(8) 会计报表中重要项目明细资料；
(9) 有助于理解和分析会计报表需要说明的其他事项。

3. 财务情况说明书

财务情况说明书是指对企业在一定会计期间内的生产经营、资金周转和利润实现及其分配等情况的综合性说明，是财务会计报告的重要组成部分。它简明扼要地提供企业生产经营和财务活动的情况，分析总结经营业绩的优势与不足，是财务会计报告使用者了解和考核企业生产经营和业务开展情况的重要会计信息资料。

(二) 财务会计报告的作用

企业发生的交易或事项，通过日常会计核算，已在会计凭证和账簿中进行了全面、系统、详细的记录。但由于凭证、账簿的种类和数量较多，提供的财务会计资料比较分散，不能概括地反映企业的经济活动全貌，无法满足会计信息使用者的需要。因此，需要通过定期编制财务会计报告，将日常会计核算资料集中起来，进行归类、整理，以全面、概括地反映企业的经济活动全貌，向使用者传递关于企业财务状况、经营成果和现金流量的信息，满足财务会计信息使用者的需要。

财务会计报告的作用主要体现在以下几个方面：

1. 对企业本身来说

便于经营者了解本单位一定时期内的财务状况的变动，及时掌握经营成果的变化，以及适时发现经营管理工作中存在的问题。

2. 对主管部门来说

利用财务会计报告，可以考核所属单位的经营业绩，以及各项经济政策贯彻执行的情况，并通过对所属单位同类指标的对比分析总结成绩，推广先进经验；发现问题，分析原因，采取更正措施。同时，为政府管理部门进行宏观调控提供参考资料。

3. 对财政与税务部门来说

利用财务会计报告所提供的资料，可以检查企业对国家财政、税收制度的贯彻执行情况，检查其是否及时、足额地完成各项税费的交纳，从而确保国家财政收入的及时完整。

4. 对银行和审计部门来说

利用财务会计报告所提供的资料，银行部门可以检查企业流动资金的使用情况，分析企业银行借款的物资保证程度，研究企业资金的正常需要量，了解银行借款的归还以及信贷纪律的执行情况，充分发挥银行经济监督和经济杠杆的作用；审计部门可以了解企业的财务状况和经营情况以及对财经政策、法令和纪律的执行情况，从而为进行财务审计和经济效益审计提供必要的资料。

5. 对投资人、债权人和其他利害有关人来说

财务会计报告可以反映企业的财务状况和偿债能力，从而可作为投资、贷款和贸易的决策依据。

二、财务会计报表的分类

财务会计报表，是对企业财务状况、经营成果和现金流量的结构性表述，是企业财务会计报告的主要组成部分。一整套完整的企业财务会计报表应当包括资产负债表、利润表、现金流量表、所有者权益变动表及相关附表。财务会计报表可以根据不同标准进行分类，以区别其性质和内容。

（一）按反映的经济内容分类

（1）反映企业财务状况的报表，如资产负债表。

（2）反映企业经营成果的报表，如利润表。

（3）反映企业财务状况变动情况的报表，如现金流量表、所有者权益变动表。

（二）按反映资金运动的形态分类

（1）静态报表，它反映的是截至某一特定时点的指标数值，如资产负债表。

（2）动态报表，它反映的是一定时期内的指标数值，如利润表、现金流量表和所有者权益变动表。

（三）按编制的时期分类

（1）中期报表，包括月度报表、季度报表和半年度报表。

（2）年度报表，是指年末编制的资产负债表、利润表、现金流量表和有关附表。由于年度报表的编制时间是在12月末，这时既要编制12月份和第四季度的报表，又要编制全年的年度报表。年度资产负债表与当月编制的月度资产负债表完全相同，只是利润表中的"本月金额"改为"上期金额"，反映的是上年全年实际发生数，"本期金额"反映本年全年的实际发生数。通过另一栏设置的"上期金额"，便于和本年实际进行对比，以揭示更多信息。

（四）按编报主体分类

（1）个别会计报表，是指由某一会计主体编制的，反映该会计主体财务状况、经营成果和现金流量等的会计报表。

（2）合并会计报表，是指按照控股关系，由母公司或总公司编制的反映企业集团整体财务状况、经营成果以及现金流量等的会计报表。

（3）汇总会计报表，是指上级企业或上级单位对所属企业汇总编制的财务报表。

三、财务会计报表的编制要求

为了充分发挥会计报表在经营管理中的重要作用，保证会计报表的质量，满足会计信息

使用者对会计信息的需求，企业在编制财务会计报表时，按国家统一的会计制度和会计准则规定，应做到以下几点：

（一）数字真实

企业应当根据实际发生的经济业务，按照会计制度和会计准则的规定编制会计报表，不能采用估计数、计划数代替实际数，更不能弄虚作假，篡改数字，隐瞒谎报，以保证会计报表的真实性。

账簿记录是编制会计报表的主要依据，在编制会计报表前，必须做好以下准备工作：

1. 按期结账

在结账前，要将本期发生的全部交易或事项，以及期末应调整的账项都登记入账，不得漏账、压账。

2. 按期对账

对各种账簿记录，在编制会计报表之前，必须认真地审查和核对，对有关的财产物资要清查盘点，对债权、债务及银行存（借）款进行查询核对，保证账实相符；核对账簿记录与会计凭证的内容、金额等是否一致，记账方向是否正确，保证账证相符；按规定的结账日结账，结出各会计账簿的发生额和余额，并核对会计账簿之间的余额，保证账账相符。在清查中应对会计报表中各项会计要素进行合理的确认和计量，不得随意更改。

3. 试算平衡

在结账、对账和财产清查的基础上，通过编制试算平衡表验算账目有无错漏，确保会计报表所提供的数据真实可靠。在编制会计报表以后，还必须认真复核，做到账表相符，各种报表之间有关数字衔接一致。

（二）相关可比

财务会计报表的相关可比，是指企业财务会计报表所提供的会计信息必须与财务会计报表使用者的决策相关，并且便于会计报表使用者在不同企业之间及同一企业前后各期之间进行比较。只有相关可比的会计信息，才便于会计信息使用者分析企业在整个社会特别是同行业中的地位，掌握企业过去、现在的情况，预测企业的未来发展趋势，进行相应的经济决策。

（三）内容完整

会计报表的内容完整，是指企业会计报表应当全面、完整地披露企业的财务状况、经营成果和现金流量。因此，企业必须按照会计制度规定的报表种类、格式和内容编制会计报表，以保证会计报表的完整性。对不同的会计期间（月、季、半年、年）应当编制的各种会计报表，必须编报齐全；应该填列的报表项目，都要认真、如实地填列，对某些重要的事项，应当按照要求在会计报表附注中加以说明。不能任意改变会计报表项目的内容，增列或减并报表项目，不得漏编、漏报或者任意取舍。

（四）说明清楚

会计报表需要说明的问题，在会计报表附注中要用简要的文字加以说明，对会计报表中主要指标的构成和计算方法，本报告期发生的特殊情况，如经营范围变化、经营结构变更，以及对本报告期经济效益影响较大的各种因素等，都必须加以说明。

（五）报送及时

财务会计报表提供的会计信息具有较强的时效性，企业应当依照法律、行政法规和国家统一会计制度规定的期限和程序，及时编制，及时报送，以确保报表的及时性。

月度财务会计报告，应于月份终了后 6 天内（节假日顺延，下同）对外提供；季度财务会计报告，应于季度终了后 15 天内对外提供；半年度财务会计报告，应于年度中期结束后 60 天内（相当于两个连续的月份）对外提供；年度财务会计报告，应于年度终了后 4 个月内对外提供。

要保证会计报表编报及时，必须加强企业的日常会计核算工作，认真做好记账、算账、对账和调整账面的工作；同时，加强会计人员的配合协作，使会计报表编报及时。但不能为编会计报表而提前结账，更不应为了提前报送而影响报表质量。

另外，对外提供的财务会计报告，应当依次编定页数，加具封面，装订成册，加盖公章。封面上应注明单位名称、统一代码、组织形式、地址、报表所属年度或者月份、报出日期，并由单位负责人和主管会计工作的负责人、会计机构负责人（会计主管人员）签名并盖章；设置总会计师的，还应当由总会计师签名并盖章。单位负责人应对本单位财务会计报告的真实性、合法性、完整性负责。

第二节　资产负债表

一、资产负债表的概念和作用

（一）资产负债表的概念

资产负债表，是反映企业在某一特定日期（月末、季末、半年末和年末）财务状况的报表。资产负债表是静态报表。资产负债表是根据"资产＝负债+所有者权益"这一会计等式，按照一定的分类标准和顺序，将企业在某一特定日期的资产、负债和所有者权益项目进行排列编制而成的。

（二）资产负债表的作用

（1）资产负债表可以反映某一日期的资产总额及其构成，表明企业拥有或控制的经济资源及其分布情况，为分析企业生产经营能力提供重要资料。

（2）资产负债表可以反映企业某一日期的负债总额及其结构，分析企业目前与未来需要支付的债务数额，为分析企业的财务风险提供重要资料。

（3）资产负债表可以反映企业的所有者权益情况，了解企业现有的投资者在企业资产中所占的份额，据以判断资本保值、增值情况，以及对负债的保障程度。

（4）资产负债表可以帮助报表使用者全面了解企业的财务状况，分析企业的变现能力、偿债能力和资金周转能力，从而为未来的经济决策提供重要的信息。

二、资产负债表的结构

资产负债表有两种基本格式，即账户式和报告式。

（一）账户式资产负债表

账户式资产负债表，是将报表分为左、右两方，左方列示资产项目，右方列示负债和所有者权益项目。左方列示的资产项目,按其流动性强弱排列;右方列示的负债和所有者权益项目,一般按求偿权先后顺序排列。左方资产项目合计数与右方负债和所有者权益项目合计数相等。根据国家统一会计制度的规定,我国企业的资产负债表采用账户式结构。

账户式资产负债表一般有三个组成部分,即表头、表体和表尾。表头部分主要列示资产负债表的名称、编制单位、编制日期和货币计量单位;表体部分主要列示资产项目、负债项目和所有者权益项目以及年初余额和期末余额,是资产负债表的主要部分;表尾部分主要是对表体中需要说明的事项按规定加以补充说明。资产负债表的基本格式见表10-1。

表10-1 资产负债表

会企01表

编制单位: ___年___月___日 单位:元

资产	期末余额	上年年末余额	负债和所有者权益(或股东权益)	期末余额	上年年末余额
流动资产:			流动负债:		
货币资金			短期借款		
交易性金融资产			交易性金融负债		
衍生金融资产			衍生金融负债		
应收票据			应付票据		
应收账款			应付账款		
预付账款			预收账款		
应收利息			合同负债		
应收股利			应付职工薪酬		
其他应收款			应交税费		
存货			应付股利		
合同资产			其他应付款		
持有待售资产			持有待售负债		
一年内到期的非流动资产			一年内到期的非流动负债		
其他流动资产			其他流动负债		
流动资产合计			流动负债合计		
非流动资产:			非流动负债:		
债权投资			长期借款		
其他债权资产			应付债券		
长期应收款			租赁负债		
长期股权投资			长期应付款		
其他权益工具投资			专项应付款		
其他非流动金融资产			预计负债		

续表

资产	期末余额	上年年末余额	负债和所有者权益（或股东权益）	期末余额	上年年末余额
投资性房地产			递延收益		
固定资产			递延所得税负债		
在建工程			其他非流动负债		
工程物资			非流动负债合计		
生产性生物资产			负债合计		
油气资产			所有者权益（或股东权益）：		
使用权资产			实收资本（或股本）		
无形资产			其他权益工具		
开发支出			其中：优先股		
商誉			永续债		
长期待摊费用			资本公积		
递延所得税资产			减：库存股		
其他非流动资产			其他综合收益		
非流动资产合计			专项储备		
			盈余公积		
			未分配利润		
			所有者权益（或股东权益）合计		
资产合计			负债和所有者权益（或股东权益）合计		

（二）报告式资产负债表

报告式资产负债表，是将资产负债表分为上下两部分，上部分列示资产项目，下部分列示负债与所有者权益项目，且上下两部分合计金额相等。

三、资产负债表的编制方法

《企业财务会计报告条例》规定，年度、半年度会计报表至少应当反映两个年度或者相关两个期间的比较数据。也就是说，企业需要提供比较资产负债表，所以，资产负债表各项目需要分为"期末余额"和"上年年末余额"两栏分别填列。

（一）"上年年末余额"栏各项目的填列方法

"上年年末余额"栏各项目的数字，应根据上年末资产负债表"期末余额"栏内相应的数字填列。如果本年度资产负债表规定的各个项目的名称和内容与上一年度不一致，应对上年末资产负债表各项目的名称和数字按照本年度的规定进行调整，按调整后的数字填入本年度"上年年末余额"栏内。

(二)"期末余额"栏各项目的填列方法

资产负债表"期末余额"栏内各项数字,主要是依据资产、负债和所有者权益的总账账户和有关明细分类账户的期末余额填列。其中,大部分项目的"期末余额"可以依据有关账户的期末余额直接填列,少部分项目需要根据有关账户的期末余额分析、合并、计算填列。

1. 根据总账科目的期末余额直接填列

资产负债表中的有些项目,可以根据有关总账科目的期末余额直接填列,直接填列的项目有"交易性金融资产""工程物资""固定资产清理""短期借款""应付票据""应付职工薪酬""应付利息""应付股利""应交税费""其他应付款""实收资本""资本公积""盈余公积"等。

上述项目中,"应交税费"等负债项目,如果其相应账户出现借方余额,应以"-"号填列;"固定资产清理"等项目,如果其相应的账户出现贷方余额,则应以"-"号填列。

2. 根据总账科目的期末余额合计填列

有些项目需要根据几个总账科目的期末余额合计填列,如"货币资金"项目,应根据"库存现金""银行存款"和"其他货币资金"账户的期末余额的合计数填列。

3. 根据明细科目的期末余额分析、计算填列

(1)"应收账款"项目,应根据"应收账款"账户和"预收账款"账户所属明细账户的期末借方余额合计数,减去"坏账准备"账户中有关应收账款计提的坏账准备期末余额后的金额填列。

(2)"预收款项"项目,应根据"预收账款"账户和"应收账款"账户所属明细账户的期末贷方余额合计数填列。

(3)"预付款项"项目,应根据"预付账款"账户和"应付账款"账户所属明细账户的期末借方余额合计数,减去"坏账准备"账户中有关预付账款计提的坏账准备贷方余额后的金额填列。

(4)"应付账款"项目,应根据"应付账款"账户和"预付账款"账户所属明细账户的期末贷方余额合计数填列。

4. 根据总账科目和明细科目的期末余额分析、计算填列

(1)"长期待摊费用"项目,根据"长期待摊费用"账户期末余额扣除将于一年内(含一年)摊销的数额后的金额填列。

(2)"长期借款"项目,需要根据"长期借款"总账账户期末余额扣除"长期借款"账户所属的明细账户中的将在资产负债表日起一年内到期、且企业不能自主地将清偿义务展期的长期借款后的金额计算填列。

5. 根据总账科目余额减去备抵科目余额后的净额填列

资产负债表中的"固定资产"项目,根据"固定资产"账户的期末余额减去"累计折旧""固定资产减值准备"账户期末余额后的净额填列;"无形资产"项目,根据"无形资产"账户的期末余额减去"累计摊销""无形资产减值准备"账户期末余额后的净额填列;"在建工程""长期股权投资"和"债权投资"项目,根据其相应总账账户的期末余额减去

其相应减值准备后的净额填列。

6. 根据几个总账科目期末余额分析、计算填列

（1）资产负债表中的"存货"项目，需要根据"材料采购（在途物资）""原材料""周转材料""库存商品""委托加工物资""生产成本"等账户的期末余额之和，加或者减"材料成本差异"账户的期末余额，再减去"存货跌价准备"账户期末余额后的金额填列。

（2）"未分配利润"项目，反映企业尚未分配的利润。未分配利润是指企业实现的净利润经过弥补亏损、提取盈余公积和向投资者分配利润后留存在企业的、历年结存的利润。本项目应根据"本年利润"账户和"利润分配"账户的余额计算填列。未弥补的亏损在本项目内以"-"号填列。

四、资产负债表编制举例

东华集团有限公司（以下简称东华公司）20××年度结账后，各相关账户的期末余额见表10-2。资产负债表见表10-3。

有关总账的明细账余额为：

(1) "应收账款"账户的借方余额20 000元、贷方余额2 000元；
(2) "预付账款"账户的借方余额10 000元、贷方余额6 000元；
(3) "应付账款"账户的借方余额1 000元、贷方余额13 000元；
(4) "预收账款"账户的借方余额610元、贷方余额27 000元。

表10-2　东华集团有限公司20××年12月31日有关账户余额表　　　　　元

账户名称	借方余额	贷方余额	账户名称	借方余额	贷方余额
库存现金	4 850		短期借款		522 000
银行存款	2 091 982		应付账款		12 000
交易性金融资产	17 000		预收账款		26 390
应收票据	3 200		应付职工薪酬		162 772
应收账款	18 000		应交税费		184 945
预付账款	4 000		应付利息		6 000
在途物资	325 008		应付股利		30 830
原材料	935 840		其他应付款		8 000
库存商品	2 838 878		长期借款		1 600 000
长期股权投资	50 000		应付债券		158 000
固定资产	1 373 540		实收资本		4 402 215
累计折旧		375 500	资本公积		265 000
无形资产	27 600		盈余公积		97 708
长期待摊费用	200 000		未分配利润		38 538
合计	7 889 898	375 500	合计		7 514 398

表 10-3 资产负债表

会企 01 表

编制单位：东华集团有限公司　　　　　20××年12月31日　　　　　单位：元

资产	期末余额	上年年末余额	负债和所有者权益（或股东权益）	期末余额	上年年末余额
流动资产：			流动负债：		
货币资金	2 096 832		短期借款	522 000	
交易性金融资产	17 000		交易性金融负债		
应收票据	3 200		应付票据		
应收账款	20 610		应付账款	19 000	
预付账款	11 000		预收账款	29 000	
应收利息			应付职工薪酬	162 772	
应收股利			应交税费	184 945	
其他应收款			应付利息	6 000	
存货	4 099 726		应付股利	30 830	
一年内到期的非流动资产			其他应付款	8 000	
其他流动资产			一年内到期的非流动负债		
流动资产合计	6 248 368		其他流动负债		
非流动资产：			流动负债合计	962 547	
其他权益工具资产			非流动负债：		
债权投资			长期借款	1 600 000	
长期应收款			应付债券	158 000	
长期股权投资	50 000		长期应付款		
投资性房地产			专项应付款		
固定资产	998 040		预计负债		
在建工程			递延所得税负债		
工程物资			其他非流动负债		
固定资产清理			非流动负债合计	1 758 000	
生产性生物资产			负债合计	2 720 547	
油气资产			所有者权益：		
无形资产	27 600		实收资本	4 402 215	
开发支出			资本公积	265 000	
商誉			减：库存股		
长期待摊费用	200 000		盈余公积	97 708	

续表

资产	期末余额	上年年末余额	负债和所有者权益（或股东权益）	期末余额	上年年末余额
递延所得税资产			未分配利润	38 538	
其他非流动资产			所有者权益合计	4 803 461	
非流动资产合计	1 275 640				
资产合计	7 524 008		负债和所有者权益合计	7 524 008	

第三节 利润表

一、利润表的含义及作用

（一）利润表的含义

利润表又称损益表，是反映企业在一定会计期间经营成果的会计报表。它是一张动态报表，通过利润表可以从总体上了解企业收入、成本和费用、净利润（或亏损）的实现及其构成情况；同时，通过利润表提供的不同时期的数据对比（本月数、本年累计数、上年数），可以分析企业的获利能力及利润的未来发展趋势，了解投资者投入资本的保值增值情况。

利润包括收入减去费用后的净额、直接计入当期利润的利得和损失。因此，利润表主要是依据等式"收入-费用=利润"，按照一定的分类标准和顺序排列而成的，它是企业必须按月编制的主要会计报表之一。

（二）利润表的作用

1. 利润表能够反映企业的经营成果

利润表把一定会计期间的营业收入与同一期间相关的营业费用进行配比，确定企业在一定会计期间的税后净利润，从而揭示了企业投入产出的比例关系，表明了企业经营成果的大小和经济效益的高低。

2. 利润表是考核管理者工作业绩的依据

利润表总括地反映了企业在一定会计期间的经营收支和经营成果水平，全面反映企业生产经营的收益情况及成本费用情况。因此，利润表提供的资料，是考核企业管理者工作业绩的重要依据。

3. 利润表为预测企业未来利润发展趋势、获利能力提供了依据

利润表既反映了利润的形成过程，同时也反映了利润的构成情况，通过对不同时期利润表中的各构成因素进行比较、分析，可预测企业利润的发展趋势以及未来的获利能力。

二、利润表的格式

利润表中所列示的项目，来源于全部的损益类账户，按利润的形成过程，可以归纳为三大类，即收入、费用和利润。由于收入、费用和利润三大项目在利润表中排列和揭示的方式

不同，利润表的格式可分为单步式和多步式两种。我国《企业会计准则》规定，企业的利润表采用多步式结构。

（一）单步式利润表

单步式利润表，是用各项收入和利得汇总的合计数，减去所有费用支出和损失汇总的合计数，得出净利润的利润表。为了使收入和费用支出归类清楚，在单步式利润表中，先列示收入与利得项目，然后再列示费用支出与损失项目，两者相减，通过一次计算求得净利润（或净亏损）。单步式利润表的优点在于清晰直观、编制方便、易于理解；缺点在于没有反映企业营业性收益与非营业性收益，不利于利润构成的分析。其报表格式略。

（二）多步式利润表

多步式利润表，是将各种利润按不同性质的收入和费用进行多步配比计算，最后求得净利润的利润表。其主要优点是便于对企业经营成果的分析，有利于不同企业之间的比较，有利于预测企业未来的盈利能力，克服了单步式利润表的局限。多步式利润表计算利润分为三个层次，即营业利润、利润总额和净利润。具体内容如下，

营业利润=营业收入-营业成本-税金及附加-销售费用-管理费用-研发费用-财务费用+其他收益+投资收益（-投资损失）+净敞口套期收益（-净敞口套期损失）+公允价值变动收益（-公允价值变动损失）-信用减值损失-资产减值损失+资产处置收益（-资产处置损失）

其中：

营业收入=主营业务收入+其他业务收入
营业成本=主营业务成本+其他业务成本
利润总额=营业利润+营业外收入-营业外支出
净利润=利润总额-所得税费用

多步式利润表的格式见表10-4。

表10-4 利润表

会企02表

编制单位： ___年___月 单位：元

项目	本期金额	上期金额
一、营业收入		
减：营业成本		
税金及附加		
销售费用		
管理费用		
研发费用		
财务费用		
其中：利息费用		
利息收入		
加：其他收益		

续表

项目	本期金额	上期金额
投资收益（损失以"-"号填列）		
其中：对联营企业和合营企业的投资收益		
以摊余成本计量的金融资产终止确认收益（损失以"-"号填列）		
净敞口套期收益（损失以"-"号填列）		
公允价值变动收益（损失以"-"号填列）		
信用减值损失（损失以"-"号填列）		
资产减值损失（损失以"-"号填列）		
资产处置收益（损失以"-"号填列）		
二、营业利润（亏损以"-"号填列）		
加：营业外收入		
减：营业外支出		
三、利润总额（亏损总额以"-"号填列）		
减：所得税费用		
四、净利润（净亏损以"-"号填列）		
（一）持续经营净利润（净亏损以"-"号填列）		
（二）终止经营净利润（净亏损以"-"号填列）		
五、其他综合收益的税后净额		
（一）不能重分类进损益的其他综合收益		
1. 重新计量设定收益计划变动额		
2. 权益法下不能转损益的其他综合收益		
……		
（二）将重分类进损益的其他综合收益		
1. 权益法下可转损益的其他综合收益		
2. 其他债权投资公允价值变动		
……		
六、综合收益总额		
七、每股收益		
（一）基本每股收益		
（二）稀释每股收益		

三、利润表的编制

（一）利润表的编制方法

利润表各个项目需填列的数值分为"本期金额"和"上期金额"两栏。

1. "本期金额"栏的填列

"本期金额"栏反映的是本期各项目的实际发生数，主要依据各损益类账户的本期发生额分析填列。具体填列方法如下：

（1）"营业收入"项目，反映企业经营主要业务和其他业务所确认的收入总额。该项目根据"主营业务收入"和"其他业务收入"两账户的发生额分析填列。

（2）"营业成本"项目，反映企业经营主要业务和其他业务发生的实际成本总额。该项目根据"主营业务成本"和"其他业务成本"两账户的发生额分析填列。

（3）"税金及附加"项目，反映企业经营业务应负担的消费税、城市维护建设税、资源税、土地增值税和教育费附加等，该项目根据"税金及附加"账户的发生额分析填列。

（4）"销售费用"项目，反映企业在销售商品过程中发生的包装费、广告费等费用和为销售本企业商品而专设的销售机构的职工薪酬、业务费等经营费用。该项目根据"销售费用"账户的发生额分析填列。

（5）"管理费用"项目，反映企业为组织和管理生产经营而发生的管理费用。该项目根据"管理费用"账户的发生额分析填列。

（6）"研发费用"项目，反映企业进行研究与开发过程中发生的费用化支出以及计入管理费用的自行开发无形资产的摊销。该项目根据"管理费用"账户下"研发费用"明细账户的发生额以及"管理费用"账户下"无形资产摊销"明细账户的发生额分析填列。

（7）"财务费用"项目，反映企业发生的财务费用。该项目根据"财务费用"账户发生额分析填列。

（8）"其他收益"项目，反映收到的与企业日常活动相关的计入当期收益的政府补助。该项目根据"其他收益"账户的本期发生额分析填列。

（9）"投资收益"项目，反映企业以各种方式对外投资所取得的收益。该项目根据"投资收益"账户的发生额分析填列，若为投资损失，应在该项目金额前加"-"号。

（10）"净敞口套期收益"项目，反映净敞口套期下被套期项目累计公允价值变动转入当期损益的金额或现金流量套期储备转入当期损益的金额。该项目应根据"净敞口套期损益"账户的发生额分析填列；如为套期损失，该项目以"-"号填列。

（11）"公允价值变动收益"项目，反映企业按照相关准则规定应当计入当期损益的资产或负债公允价值变动净收益。该项目根据"公允价值变动损益"账户的发生额分析填列，如为净损失，以"-"号填列。

（12）"信用减值损失"项目，反映企业各项金融工具减值准备所形成的预期信用损失。该项目根据"信用减值损失"账户的发生额分析填列。

（13）"资产减值损失"项目，反映企业各项资产发生的减值损失。该项目根据"资产减值损失"账户的发生额分析填列。

（14）"资产处置收益"项目，反映企业出售划分为持有待售的非流动资产（金融工具、长期股权投资和投资性房地产除外）或处置组（子公司和业务除外）时确认的处置利得或损失,以及处置未划分为持有待售的固定资产、在建工程、生产性生物资产及无形资产而产生的处置利得或损失。债务重组中因处置非流动资产(金融工具、长期股权投资和投资性房地产除外)产生的利得或损失和非货币性资产也包括在该项目内。该项目应根据"资产处置损益"账户的发生额分析填列;如为处置损失,该项目以"-"号填列。

(15)"营业利润"项目,反映企业实现的营业利润。该项目根据本表中上述项目金额计算填列。

(16)"营业外收入""营业外支出"项目,反映企业发生的与其经营活动无直接关系的各项收入和支出。该项目分别根据"营业外收入""营业外支出"账户发生额分析填列。其中,处置非流动资产净损失,应当单独列示。

(17)"营业外支出"项目,反映企业发生的除营业利润以外的支出,主要包括公益性捐赠、非常损失、盘亏损失、非流动资产毁损报废损失等。该项目应根据"营业外支出"账户的发生额分析填列。

(18)"利润总额"项目,反映企业实现的利润总额。该项目根据营业利润加营业外收入减营业外支出后的金额填列,如为亏损总额,以"-"号填列。

(19)"所得税费用"项目,反映企业根据所得税准则确认的应从当期利润总额中扣除的所得税费用。该项目根据"所得税费用"账户的发生额分析填列。

(20)"净利润"项目,反映本期所取得的税后净利润数额,用表中的利润总额减去所得税费用即为净利润,如为亏损总额,以"-"号填列。

(21)"其他综合收益的税后净额"项目,反映企业根据企业会计准则规定未在损益中确认的各项利得和损失扣除所得税影响后的净额。该项目根据"其他综合收益"账户及所属明细账户的本期发生额分析填列。

(22)"综合收益总额"项目,根据净利润和其他综合收益的合计数填列。

(23)"每股收益"项目,根据每股收益准则规定计算的金额填列。

2."上期金额"栏的填列

"上期金额"栏各个项目,应根据上年该期利润表"本期金额"栏内所列数值填列。如果上期利润表与本期利润表的项目与内容不一致,应对上期利润表项目的名称和数据按本年度的规定进行调整,再填入本表的"上期金额"栏。并在附注中披露调整的原因以及调整的各个项目金额。

(二)利润表编制举例

东华公司20××年12月有关损益类账户的发生额见表10-5。

表10-5 东华公司20××年12月有关损益类账户的发生额　　　　　　　元

账户名称	借方发生额	贷方发生额
主营业务收入		1 100 000
其他业务收入		30 000
投资收益		50 000
营业外收入		20 000
主营业务成本	800 000	

续表

账户名称	借方发生额	贷方发生额
税金及附加	15 000	
其他业务成本	15 000	
管理费用	80 000	
财务费用	10 000	
销售费用	10 000	
营业外支出	30 000	

由表 10-5 编制利润表，见表 10-6。

表 10-6 利润表

编制单位：东华公司　　　　　20××年12月　　　　　会企02表　　单位：元

项目	本期金额	上年金额
一、营业收入	1 130 000	
减：营业成本	815 000	
税金及附加	15 000	
销售费用	10 000	
管理费用	80 000	
研发费用		
财务费用	10 000	
加：其他收益		
投资收益（损失以"-"号填列）	50 000	
其中：对联营企业和合营企业的投资收益		
以摊余成本计量的金融资产终止确认收益（损失以"-"号填列）		
净敞口套期收益（损失以"-"号填列）		
公允价值变动收益（损失以"-"号填列）		
信用减值损失（损失以"-"号填列）		
资产减值损失（损失以"-"号填列）		
资产处置收益（损失以"-"号填列）		
二、营业利润（亏损以"-"号填列）	250 000	
加：营业外收入	20 000	
减：营业外支出	30 000	
三、利润总额（亏损总额以"-"号填列）	240 000	
减：所得税费用	60 000	

续表

项目	本期金额	上年金额
四、净利润（净亏损以"-"号填列）	180 000	
五、其他综合收益的税后净额		
（一）不能重分类进损益的其他综合收益		
（二）将重分类进损益的其他综合收益		
六、综合收益总额		
七、每股收益		
（一）基本每股收益		
（二）稀释每股收益		

第四节 现金流量表

一、现金流量表概述

现金流量表，是反映企业在一定会计期间内有关现金及现金等价物的流入和流出信息的会计报表，是一张动态报表。它在资产负债表和利润表已经反映企业财务状况和经营成果信息的基础上，进一步提供财务状况变动的信息，此信息有助于企业的投资者、债权人和其他会计信息使用者了解和评价企业获取现金和现金等价物的能力，并据以预测企业未来现金流量，分析企业收益质量及影响现金流量的因素。

现金流量表中的"现金"有其特定的含义，通常包括现金及现金等价物。

（一）现金

现金，是指企业库存现金以及可以随时用于支付的存款，具体包括库存现金、银行存款和其他货币资金。

（二）现金等价物

现金等价物，是指企业持有的期限短、流动性强、易于转换为已知金额现金、价值变动风险很小的投资。现金等价物虽然不是现金，但其支付能力与现金的差别不大，可视为现金。一项投资被确认为现金等价物，必须同时具备四个条件：期限短（一般指从购买日起3个月内到期）、流动性强、易于转换为已知金额现金、价值变动风险很小。

（三）现金流量

现金流量，是指企业一定时期的现金及现金等价物流入和流出的金额，具体表现为现金流入量和流出量两个方面。现金流入量与流出量的差额为现金净流量。如果一定时期现金流入量大于流出量，差额为现金净流入量，或称顺差；如果一定时期现金流入量小于流出量，则为现金净流出量，或称逆差。

二、现金流量表的结构和内容

现金流量表的结构包括基本报表和补充资料两部分。

（一）基本报表

基本报表的内容有六项：一是经营活动产生的现金流量，主要包括销售商品、提供劳务、税费返还、购买商品、接受劳务支付的现金，支付职工薪酬，交纳税费等；二是投资活动产生的现金流量，主要包括收回投资，取得投资收益，构建和处置固定资产、无形资产和其他长期资产等；三是筹资活动产生的现金流量，主要包括吸收投资、取得借款、发行股票、分配利润等；四是汇率变动对现金的影响；五是现金及现金等价物净增加额；六是期末现金及现金等价物余额。

（二）补充资料

补充资料的内容有三项：一是将净利润调节为经营活动产生的现金流量；二是不涉及现金收支的重大投资和筹资活动；三是现金及现金等价物净变动情况。

该项目反映企业一定会计期间现金及现金等价物的期末余额减去期初余额后的净增加额（或净减少额），是对现金流量表中"现金及现金等价物净增加额"项目的补充说明。该项目的金额应与现金流量表"现金及现金等价物净增加额"项目的金额核对相符。

（三）基本报表与补充资料两者的关系

（1）基本报表第一项"经营活动产生的现金流量"净额与补充资料第一项"经营活动产生的现金流量净额"，应当核对相符。

（2）基本报表第五项"现金及现金等价物净增加额"与补充资料第三项"现金及现金等价物净变动情况"存在勾稽关系，金额应当一致。

（3）基本报表中的数字是现金流入与现金流出的差额，补充资料中的数字是现金与现金等价物期末数与期初数的差额，其计算依据不同，但结果应该一致，两者应核对相符。

现金流量表的格式见表10-7，补充资料见表10-8。

表10-7 现金流量表

编制单位：　　　　　　　　　　20××年度　　　　　　　　　　会企03表
　　　　　　　　　　　　　　　　　　　　　　　　　　　　　　　单位：元

项目	本期金额	上期金额
一、经营活动产生的现金流量：		略
销售商品、提供劳务收到的现金		
收到的税费返还		
收到的其他与经营活动有关的现金		
经营活动现金流入小计		
购买商品、接受劳务支付的现金		
支付给职工以及为职工支付的现金		
支付的各项税费		
支付其他与经营活动有关的现金		
经营活动现金流出小计		
经营活动产生的现金流量净额		

续表

项目	本期金额	上期金额
二、投资活动产生的现金流量：		
收回投资收到的现金		
取得投资收益收到的现金		
处置固定资产、无形资产和其他长期资产收回的现金净额		
处置子公司及其他营业单位收到的现金净额		
收到其他与投资活动有关的现金		
投资活动现金流入小计		
购建固定资产、无形资产和其他长期资产支付的现金		
投资支付的现金		
取得子公司及其他营业单位支付的现金净额		
支付其他与投资活动有关的现金		
投资活动现金流出小计		
投资活动产生的现金流量净额		
三、筹资活动产生的现金流量：		
吸收投资收到的现金		
取得借款收到的现金		
收到其他与筹资活动有关的现金		
筹资活动现金流入小计		
偿还债务支付的现金		
分配股利、利润和偿付利息支付的现金		
支付其他与筹资活动有关的现金		
筹资活动现金流出小计		
筹资活动产生的现金流量净额		
四、汇率变动对现金及现金等价物的影响		
五、现金及现金等价物净增加额		
加：期初现金及现金等价物余额		
六、期末现金及现金等价物金额		

表 10-8　现金流量表补充资料

补充资料	本期金额	上期金额
1. 将净利润调节为经营活动的现金流量：		
净利润		
加：资产减值准备		

续表

补充资料	本期金额	上期金额
固定资产折旧、油气资产折耗、生产性生物资产折旧		
无形资产摊销		
长期待摊费用摊销		
处置固定资产、无形资产和其他长期资产的损失（收益以"-"号填列）		
固定资产报废损失（收益以"-"号填列）		
公允价值变动损失（收益以"-"号填列）		
财务费用（收益以"-"号填列）		
投资损失（收益以"-"号填列）		
递延所得税资产减少（增加以"-"号填列）		
递延所得税负债增加（减少以"-"号填列）		
存货的减少（增加以"-"号填列）		
经营性应收项目的减少（增加以"-"号填列）		
经营性应付项目的增加（减少以"-"号填列）		
其他		
经营活动产生的现金流量净额		
2. 不涉及现金收支的重大投资和筹资活动：		
债务转为资本		
一年内到期的可转换公司债券		
融资租入固定资产		
3. 现金及现金等价物净变动情况：		
现金的期末余额		
减：现金的期初余额		
加：现金等价物的期末余额		
减：现金等价物的期初余额		
现金及现金等价物净增加额		

三、现金流量表的编制方法

现金流量表的填列方法有直接法和间接法两种。

直接法是通过现金收入和现金支出的主要类别，直接反映企业经营活动产生的现金流量的一种列报方法。在直接法下，一般是以利润表中的营业收入为起算点，调节与经营活动有关的项目的增减变动，然后计算出经营活动产生的现金流量。在我国，现金流量表正表中经营活动产生的现金流量就是采用直接法来列报的。

间接法是以本期净利润为起算点,通过调整不涉及现金的收入、费用、营业外收支以及经营性应收应付等项目的增减变动,调整不属于经营活动的现金收支项目,据此计算并列示经营活动产生的现金流量的一种方法。在我国,现金流量表的补充资料应按间接法反映经营活动产生的现金流量。

(一) 基本报表的编制

1. 经营活动产生的现金流量

(1)"销售商品、提供劳务收到的现金"项目。该项目反映企业销售商品、提供劳务实际收到的现金(增值税销项税额),包括:①本期销售商品、提供劳务收到的现金;②前期销售商品、提供劳务,本期收到的现金;③本期预收的账款。本期退回本期销售的商品和前期销售本期退回的商品支付的现金,应从本项目中减除。该项目可以根据"库存现金""银行存款""应收账款""应收票据""预收账款""主营业务收入""其他业务收入"等账户的记录分析填列。

根据账户记录分析计算该项目的金额,通常可以采用以下公式计算得出:

销售商品、提供劳务收到的现金=本期销售商品、提供劳务收到的现金+

本期收到前期的应收账款+本期收到前期的应收票据+

本期的预收账款-本期销售退回支付的现金+

本期收回前期核销的坏账损失

例如,甲公司本期收到商品销售收入现金120万元;支付客户退货价款5万元;应收账款期初余额为10万元,期末余额为8万元;应收票据期初余额为15万元,期末余额为6万元(均包括增值税)。计算甲公司销售商品、提供劳务收到的现金。

销售商品、提供劳务收到的现金=120+(10-8)+(15-6)-5=126(万元)

(2)"收到的税费返还"项目。该项目反映企业收到返还的各种税费,包括收到返还的增值税、消费税、关税、所得税、教育费附加等。该项目可以根据"库存现金""银行存款""税金及附加""补贴收入""应收补贴款"等账户的记录分析填列。

(3)"收到的其他与经营活动有关的现金"项目。该项目反映企业除了上述各项目外,收到的其他与经营活动有关的现金,如罚款收入、流动资产损失中由个人赔偿的现金收入等。该项目可以根据"库存现金""银行存款""营业外收入"等账户的记录分析填列。

(4)"购买商品、接受劳务支付的现金"项目。该项目反映企业购买材料、商品和接受劳务实际支付的现金,包括:本期购入材料、商品和接受劳务支付的现金(包括增值税进项税额);本期支付前期购入商品、接受劳务的未付款项和本期预付款项。本期发生的购货退回收到的现金应从本项目内减去。该项目可以根据"库存现金""银行存款""应付账款""应付票据""预付账款""主营业务成本""其他业务成本"等账户的记录分析填列。

根据账户记录分析计算该项目的金额,通常可以采用以下公式计算得出:

购买商品、接受劳务支付的现金=本期购买商品、接受劳务支付的现金+

本期支付前期的应付账款+本期支付前期的应付票据+

本期预付的账款-本期因购货退回收到的现金

例如,甲公司本期购买材料支付现金30万元,当期支付前期进货应付账款20万元,当期预付购货款3万元(均包括增值税)。计算甲公司购买商品、接受劳务支付的现金。

购买商品、接受劳务支付的现金=30+20+3=53(万元)

(5)"支付给职工以及为职工支付的现金"项目。该项目反映企业实际支付给职工,以及为职工支付的现金,包括本期实际支付给职工的工资、奖金、各种津贴和补贴等,以及为职工支付的其他费用;不包括支付的离退休人员的各项费用和支付给在建工程人员的工资等。企业支付给离退休人员的各项费用,包括支付的统筹退休金以及未参加统筹的退休人员的费用,在"支付其他与经营活动有关的现金"项目中反映;支付的在建工程人员的工资,在"购建固定资产、无形资产和其他长期资产支付的现金"项目反映。

(6)"支付的各项税费"项目。该项目反映企业按规定支付的各种税费,包括本期发生并支付的税费,以及本期支付以前各期发生的税费和预交的税费(包括所得税、增值税、消费税、教育费附加、矿产资源补偿费、印花税、房产税、土地增值税、车船使用税等),不包括计入固定资产价值、实际支付的耕地占用税等,也不包括本期退回的增值税、所得税,本期退回的增值税、所得税在"收到的税费返还"项目反映。该项目可以根据"应交税费""库存现金""银行存款"等账户的记录分析填列。

(7)"支付其他与经营活动有关的现金"项目。该项目反映企业除上述各项外,支付的其他与经营活动有关的现金,如罚款支出、支付的差旅费、业务招待费现金支出、支付的保险费等。该项目可以根据"库存现金""银行存款""管理费用""营业外支出"等账户的记录分析填列。

2. 投资活动产生的现金流量

(1)"收回投资收到的现金"项目。该项目反映企业出售、转让或到期收回除现金等价物以外的短期投资、长期股权投资而收到的现金以及收回长期债权投资而收到的现金,按实际收回的投资额填列。该项目可以根据"长期股权投资""库存现金""银行存款"等账户的记录分析填列。

例如,甲公司出售权益资本金为 20 万元,收回的投资额为 25 万元,则该项目应按 25 万元填列。

(2)"取得投资收益收到的现金"项目。该项目反映企业因股权性投资和债权性投资而取得的现金股利和利息,以及从子公司、联营企业或合营企业分回利润而收到的现金。不包括股票股利。该项目可以根据"库存现金""银行存款""投资收益"等账户的记录分析填列。

(3)"处置固定资产、无形资产和其他长期资产收回的现金净额"项目。该项目反映企业处置固定资产、无形资产和其他长期资产所取得的现金,减去为处置这些资产而支付的有关费用后的净额。由于自然灾害所造成的固定资产等长期资产损失而收到的保险赔偿收入,也在该项目反映。该项目可以根据"固定资产清理""库存现金""银行存款"等账户的记录分析填列。

(4)"处置子公司及其他营业单位收到的现金净额"项目。该项目反映企业处置子公司及其他营业单位收到的现金,减去相关税费以后的净额。

(5)"收到其他与投资活动有关的现金"项目。该项目反映企业除了上述各项以外,收到的其他与投资活动有关的现金流入。该项目可以根据"应收股利""应收利息""库存现金""银行存款"等账户的记录分析填列。

(6)"购建固定资产、无形资产和其他长期资产支付的现金"项目。该项目反映企业购买、建造固定资产,取得无形资产和其他长期资产实际支付的现金,不包括为购建固定资产而发生的借款利息资本化的部分,以及融资租入固定资产支付的租赁费。该项目可以根据"固定资产""在建工程""无形资产""库存现金""银行存款"等账户的记录分析填列。

(7)"投资支付的现金"项目。该项目反映企业进行权益性投资和债权性投资所支付的现金，以及支付的佣金、手续费等交易费用。该项目可以根据"其他债权投资""其他权益工具投资""债权投资""长期股权投资""库存现金""银行存款"等账户的记录分析填列。

（8）"取得子公司及其他营业单位支付的现金净额"项目。该项目反映企业取得子公司及其他营业单位支付的现金。

（9）"支付其他与投资活动有关的现金"项目。该项目反映企业除上述各项以外，支付的其他与投资活动有关的现金流出。该项目可以根据"应收股利""应收利息""库存现金""银行存款"等账户的记录分析填列。

3. 筹资活动产生的现金流量

（1）"吸收投资收到的现金"项目。该项目反映企业以发行股票、债券等方式筹集的资金实际收到的款项，减去直接支付的佣金、手续费、宣传费、咨询费、印刷费等发行费用后的净额。该项目可以根据"实收资本（或股本）""库存现金""银行存款"等账户的记录分析填列。

（2）"取得借款收到的现金"项目。该项目反映企业举借各种短期、长期借款所收到的现金。该项目可以根据"短期借款""长期借款""库存现金""银行存款"等账户的记录分析填列。

（3）"收到其他与筹资活动有关的现金"项目。该项目反映企业除上述各项目外，收到的其他与筹资活动有关的现金流入，如接受现金捐赠等。该项目可以根据"库存现金""银行存款""营业外收入"等账户的记录分析填列。

（4）"偿还债务支付的现金"项目。该项目反映企业以现金偿还债务的本金，包括偿还金融企业的借款本金、偿还债券本金等。企业支付的借款利息、债券利息，在"分配股利、利润或偿付利息支付的现金"项目反映，不包括在该项目内。该项目可以根据"短期借款""长期借款""应付债券""库存现金""银行存款"等账户的记录分析填列。

（5）"分配股利、利润或偿付利息支付的现金"项目。该项目反映企业实际支付的现金股利，支付给其他投资单位的利润以及支付的借款利息、债券利息等。该项目可以根据"应付股利""应付利息""财务费用""长期借款""库存现金""银行存款"等账户的记录分析填列。

（6）"支付其他与筹资活动有关的现金"项目。该项目反映企业除了上述各项外，支付的其他与筹资活动有关的现金流出，如捐赠现金支出、融资租入固定资产支付的租赁费等。该项目可以根据"营业外支出""长期应付款""库存现金""银行存款"等账户的记录分析填列。

4. 汇率变动对现金及现金等价物的影响

该项目反映企业外币现金流量及境外子公司的现金流量折算为人民币时，所采用的现金流量发生日的汇率或平均汇率折算的人民币金额，与"现金及现金等价物净增加额"中外币现金净增加额按期末汇率折算的人民币金额之间的差额。

5. 现金及现金等价物净增加额

这是指经营活动产生的现金流量净额、投资活动产生的现金流量净额、筹资活动产生的现金流量净额三项之和。

6. 期末现金及现金等价物金额（略）

（二）补充资料的编制

1. 将净利润调节为经营活动的现金流量

（1）"资产减值准备"项目。该项目反映企业本期计提的各项资产的减值准备，包括坏账准备、存货跌价准备、长期股权投资减值准备、债权投资减值准备、投资性房地产减值准备、固定资产减值准备、在建工程减值准备、无形资产减值准备、商誉减值准备、生产性生物资产减值准备、油气资产减值准备等。该项目可以根据"资产减值损失"等账户的记录分析填列。

（2）"固定资产折旧、油气资产折耗、生产性生物资产折旧"项目。该项目可以根据"累计折旧""累计折耗"等账户的贷方发生额分析填列。

（3）"无形资产摊销"和"长期待摊费用摊销"两个项目。这两个项目分别反映企业本期累计摊入成本费用的无形资产的价值及长期待摊费用，该项目可以根据"累计摊销"和"长期待摊费用摊销"等账户的贷方发生额分析填列。

（4）"处置固定资产、无形资产和其他长期资产的损失"项目。该项目反映企业本期处置固定资产、无形资产和其他长期资产而发生的净损失。如为净收益，以"-"号填列。该项目可以根据"营业外收入""营业外支出"等账户所属有关明细账户的记录分析填列。

（5）"固定资产报废损失"项目。该项目反映企业本期发生的固定资产盘亏（减：盘盈）后的净损失。该项目可以根据"营业外支出""营业外收入"账户所属有关明细账户中固定资产盘亏损失减去固定资产盘盈收益后的差额填列。

（6）"公允价值变动损失"项目。该项目反映企业持有的采用公允价值计量、且其变动计入当期损益的金融资产、金融负债以及投资性房地产等公允价值变动形成的净损失（减：净收益）。该项目可以根据"公允价值变动损益"等账户所属有关明细账户的记录分析填列。

（7）"财务费用"项目。该项目反映企业本期发生的应属于投资活动或筹资活动的财务费用。对属于筹资活动或投资活动产生的财务费用，只影响净利润，但不影响经营活动现金流量，应当将其从净利润中剔除。该项目可以根据"财务费用"账户的本期借方发生额分析填列；如为收益，以"-"号填列。

（8）"投资损失"项目。该项目反映企业本期投资所发生的损失减去收益后的净损失。该项目可以根据利润表"投资收益"项目的数字填列；如为投资收益，以"-"号填列。

（9）"递延所得税资产减少"项目。该项目反映企业资产负债表"递延所得税资产"项目的期初余额与期末余额的差额。该项目可以根据"递延所得税资产"科目发生额分析填列。

（10）"递延所得税负债增加"项目。该项目反映企业资产负债表"递延所得税负债"项目的期初余额与期末余额的差额。该项目可以根据"递延所得税资产"科目发生额分析填列。

（11）"存货的减少"项目。该项目反映企业资产负债表"存货"项目的期初余额与期末余额的差额。期末数大于期初数的差额，以"-"号填列。

（12）"经营性应收项目的减少"项目。该项目反映企业本期经营性应收项目（包括应收账款、应收票据和其他应收款中与经营活动有关的部分及应收的增值税销项税额等）的期初余额与期末余额的差额。期末数大于期初数的差额，以"-"号填列。

(13)"经营性应付项目的增加"项目。该项目反映企业本期经营性应付项目(包括应付账款、应付票据、应付福利费、应交税金、其他应付款中与经营活动有关的部分以及应付的增值税进项税额等)的期初余额与期末余额的差额。期末数小于期初数的差额,以"-"号填列。

2. 不涉及现金收支的重大投资和筹资活动

该项目反映企业一定期间内影响资产或负债但不形成该期现金收支的所有投资和筹资活动的信息。不涉及现金收支的重大投资和筹资活动各项目的填列方法如下:

(1)"债务转为资本"项目,反映企业本期转为资本的债务金额。

(2)"一年内到期的可转换公司债券"项目,反映企业一年内到期的可转换公司债券的本息。

(3)"融资租入固定资产"项目,反映企业本期融资租入固定资产的最低租赁付款额扣除应分期计入利息费用的未确认融资费用的净额。

3. 现金及现金等价物净变动情况

该项目反映企业一定会计期间现金及现金等价物的期末余额减去期初余额后的净增加额(或净减少额),是对现金流量表中"现金及现金等价物净增加额"项目的补充说明。该项目的金额应与现金流量表"现金及现金等价物净增加额"项目的金额核对相符。

第五节 所有者权益变动表

一、所有者权益变动表的内容及结构

(一)所有者权益变动表的内容

所有者权益变动表,是指反映构成所有者权益各组成部分当期增减变动情况的报表,包括实收资本、资本公积、盈余公积和未分配利润的当期增减变动情况。所有者权益变动表也是一张动态报表。

(二)所有者权益变动表的结构

在所有者权益变动表中,企业至少应当单独列示反映下列信息的项目:
(1)净利润;
(2)直接计入所有者权益的利得和损失项目及其总额;
(3)会计政策变更和差错更正的累计影响金额;
(4)所有者投入资本和向所有者分配利润等;
(5)提取的盈余公积;
(6)实收资本或股本、资本公积、盈余公积、未分配利润的期初余额和期末余额及其调节情况。

二、所有者权益变动表的编制

(一)"上年年末余额"项目

"上年年末余额"项目,反映企业上年资产负债表中实收资本(或股本)、资本公积、

库存股、其他综合收益、盈余公积、未分配利润的年末余额。

"会计政策变更""前期差错更正"项目,分别反映企业采用追溯调整法处理的会计政策变更的累计影响金额和采用追溯重述法处理的会计差错更正的累计影响金额。

(二)"本年年初余额"项目(略)

(三)"本年增减变动余额"项目

1. "综合收益总额"项目

该项目反映企业当年实现的净利润(或净亏损)金额和其他综合收益扣除所得税影响后的净额相加后的合计金额。

2. "所有者投入和减少资本"项目

该项目反映企业当年所有者投入的资本和减少的资本。

(1)"所有者投入的普通股"项目,反映企业接受投资者投入形成的实收资本(或股本)和资本溢价或股本溢价。

(2)"其他权益工具持有者投入资本"项目,反映企业接受其他权益工具持有者投入形成的实收资本(或股本)和资本公积,应根据"实收资本""资本公积"等账户的发生额分析填列。

(3)"股份支付计入所有者权益的金额"项目,反映企业处于等待期中的权益结算的股份支付当年计入资本公积的金额,是根据"资本公积"所属的"其他资本公积"二级科目的发生额分析填列,并对应填列在"资本公积"栏内。

3. "利润分配"项目

"利润分配"项目,反映企业当年的利润分配金额和按规定提取的盈余公积金额,并对应列在"未分配利润"和"盈余公积"栏内。

4. "所有者权益内部结转"项目

该项目反映企业构成所有者权益的组成部分之间的增减变动情况。

(1)"资本公积转增资本(或股本)"项目,反映企业以资本公积转增资本或股本的金额。

(2)"盈余公积转增资本(或股本)"项目,反映企业以盈余公积转增资本或股本的金额。

(3)"盈余公积弥补亏损"项目,反映企业以盈余公积弥补亏损的金额。

(4)"设定受益计划变动额结转留存收益"项目(略)。

(5)"其他综合收益结转留存收益"项目,反映企业指定为以公允价值计量且其变动计入其他综合收益的非交易性权益工具投资终止时,之前计入其他综合收益的累计利润或损失从其他综合收益中转入留存收益的金额;或企业指定为以公允价值计量且其变动计入当期损益的金融负债终止确认时,之前由企业自身信用风险变动引起而计入其他综合收益的累计利润或损失从其他综合收益中转入留存收益的金额等。

(四)"本年年末余额"项目(略)

三、所有者权益变动表编制示例

所有者权益变动表的格式见表10-9。

表10-9 所有者权益变动表

编制单位：东方集团公司　　　　　　　　20××年度　　　　　　　　　　　　　　　　　　　　　　　　　　　　会企04表
单位：元

项目	本年金额									上年金额								
	实收资本（或股本）	其他权益工具			资本公积	减：库存股	其他综合收益	专项储备	盈余公积	未分配利润	所有者权益合计	实收资本（或股本）	其他权益工具			资本公积	减：库存股	其他综合收益	专项储备	盈余公积	未分配利润	所有者权益合计
		优先股	永续债	其他									优先股	永续债	其他							
一、上年年末余额																						
加：会计政策变更																						
前期差错更正																						
其他																						
二、本年初余额																						
三、本年增减变动金额（减少以"-"号填列）																						
（一）综合收益总额																						
（二）所有者投入或减少资本																						
1. 所有者投入的普通股																						
2. 其他权益工具持有者投入资本																						
3. 股份支付计入所有者权益的金额																						
4. 其他																						
（三）利润分配																						
1. 提取盈余公积																						
2. 对所有者（或股东）的分配																						
3. 其他																						
（四）所有者权益内部结转																						
1. 资本公积转增资本（或股本）																						
2. 盈余公积转增资本（或股本）																						
3. 盈余公积弥补亏损																						
4. 设定受益计划变动额结转留存收益																						
5. 其他综合收益结转留存收益																						
6. 其他																						
四、本年末余额																						

第六节 财务报表附注

财务报表附注简称附注。附注是财务会计报表的重要组成部分，是对在资产负债表、利润表、现金流量表和所有者权益变动表等报表中列示项目的文字描述或明细资料，以及对未能在这些报表中列示项目的说明等。

一、报表附注披露的基本要求

（1）附注披露的会计信息应是定量、定性信息的结合，即从量和质两个角度对企业经济业务事项进行完整的反映，以满足会计信息使用者的决策需求。

（2）附注应当按照一定的结构进行系统合理的排列和分类，有顺序地排列信息，条理清晰，以便于会计信息使用者理解和掌握，更好地实现会计报表的可比性。

（3）附注相关信息应当与资产负债表、利润表、现金流量表和所有者权益变动表等报表中列示的项目相互参照，有助于会计信息使用者联系相关联的信息，并从整体上更好地理解会计报表。

二、报表附注披露的内容

报表附注应当按照有关顺序，至少披露如下内容：（法律、行政法规和国家统一的会计制度另有规定的，从其规定）

（一）企业的基本情况

（1）企业注册地、组织形式和总部地址。
（2）企业的业务性质及从事的主要经营活动。
（3）母公司以及集团最终母公司的名称。
（4）财务报表的批准报出者和批准报出日期。

（二）财务报表的编制基础

企业应以持续经营和权责发生制为编制基础。

（三）遵循企业会计准则的声明

企业应声明编制的会计报表符合企业会计准则的要求，真实、完整地反映了企业的财务状况、经营成果和现金流量等有关信息。

（四）重要会计政策和会计估计

根据会计报表列报准则的规定，企业应当披露采用的重要会计政策和会计估计，不重要的会计政策和会计估计可以不披露。

1. 重要会计政策的说明

一是会计报表项目的计量基础，二是会计政策的确定依据。

2. 重要会计估计的说明

一是编报会计报表所采用的关键假设，二是不确定因素的确定依据。

（五）会计政策和会计估计变更以及差错更正的说明

（1）会计政策变更的内容和理由。

(2) 会计政策变更的影响数。
(3) 累积影响数不能合理确定的理由。
(4) 会计估计变更的内容和理由。
(5) 会计估计变更的影响数。
(6) 会计估计变更的影响数不能合理确定的理由。
(7) 重大会计差错的内容
(8) 重大会计差错的更正金额。

(六) 报表重要项目的说明

企业应按资产负债表、利润表、现金流量表和所有者权益变动表及其项目列示的顺序，采用文字和数字描述相结合的方法进行披露，报表重要项目的明细金额合计，要与报表项目金额相衔接。

(1) 应收款项及坏账的确认标准，以及坏账准备的计提方法和计提比例的说明。
(2) 存货核算方法。说明存货分类、取得、发出、计价以及低值易耗品和包装物的摊销方法，计提存货跌价准备的方法，以及存货可变现净值的确定依据。
(3) 投资的核算方法。说明当期发生的投资净损益，说明证券投资、长期股权投资的期末余额，说明投资总额占净资产的比例。采用权益法核算时，还应说明投资企业与被投资单位会计政策的重大差异等。
(4) 固定资产计价和折旧法。说明固定资产的标准、分类、计价方法和折旧方法，各类固定资产的预计使用年限、预计净残值率和折旧率。
(5) 无形资产的计价和摊销方法。

(七) 其他需要说明的重要事项

(1) 或有和承诺事项。
(2) 资产负债表日后非调整事项。
(3) 关联方关系及其交易。

复习思考题

1. 什么是财务会计报告？财务会计报告有哪些类别？
2. 财务会计报告有哪些内容？
3. 什么是资产负债表？它有何作用？
4. 利润表是如何编制的？

综合练习题

一、单项选择题

1. 最关心企业的盈利能力和利润分配政策的会计报表使用者是（   ）。
   A. 投资人　　　　　B. 货物供应商　　　C. 企业职工　　　　D. 债权人
2. 最关心企业的偿债能力和支付利息能力的会计报表使用者是（   ）。
   A. 政府机构　　　　B. 债权人　　　　　C. 投资人　　　　　D. 企业职工
3. 下列会计报表中，反映企业在某一特定日期财务状况的是（   ）。
   A. 现金流量表　　　B. 利润表　　　　　C. 资产负债表　　　D. 所有者权益变动表

4. 月度报表不包括（　　）。
   A. 资产负债表　　　　　　　　B. 应交增值税明细表
   C. 利润表　　　　　　　　　　D. 现金流量表
5. 向不同的会计报表使用者提供的报表，其编制依据、编制基础、编制原则和方法（　　）。
   A. 应当一致　　B. 有所不同　　C. 因使用者而异　　D. 不能相同
6. （　　）对本单位会计报表的真实性、完整性负责。
   A. 编表人员　　B. 会计主管人员　　C. 单位负责人　　D. 财政部门
7. 资产负债表中资产的排列顺序是（　　）。
   A. 项目的收益性　　B. 项目的重要性　　C. 项目的流动性　　D. 项目的时间性
8. 根据我国统一会计制度的规定，企业资产负债表的格式是（　　）。
   A. 报告式　　B. 账户式　　C. 多步式　　D. 单步式
9. 某企业期末"应收账款"账户为借方余额207 000元，其所属明细账户的借方余额合计为280 000元，所属明细账户贷方余额合计为73 000元，"坏账准备"账户为贷方余额1 000元，其中针对应收账款计提的坏账准备为680元，则该企业资产负债表中"应收账款"项目的期末数应是（　　）元。
   A. 280 000　　B. 279 320　　C. 207 000　　D. 206 320
10. 某企业期末"应付账款"账户为贷方余额260 000元，其所属明细账户的贷方余额合计为330 000元，所属明细账户的借方余额合计为70 000元；"预付账款"账户为借方余额150 000元，其所属明细账户的借方余额合计为200 000元，所属明细账户的贷方余额合计为50 000元。则该企业资产负债表中，"应付账款"和"预付账款"两个项目的期末数分别应为（　　）。
    A. 380 000元和270 000元　　　　B. 330 000元和200 000元
    C. 530 000元和120 000元　　　　D. 260 000元和150 000元

二、多项选择题

1. 会计报表使用者包括（　　）。
   A. 债权人　　　　　　　　　　B. 企业内部管理人员
   C. 投资者　　　　　　　　　　D. 国家政府部门
2. 会计报表编制前的准备工作包括（　　）等。
   A. 将本期发生的全部交易和事项及期末应调整的账项都登记入账
   B. 进行账证核对，保证账证相符
   C. 进行财产清查，保证账实相符
   D. 按时结账并核对账簿记录，保证账账相符
3. 企业对外提供的会计报表，应当依次编定页数，加具封面，装订成册。应在封面上签章的人员有（　　）。
   A. 单位负责人　　　　　　　　B. 单位主管会计工作的负责人
   C. 会计机构　　　　　　　　　D. 总会计师
4. 企业资产负债表所提供的信息主要包括（　　）。
   A. 企业拥有或控制的资源及其分布情况

B. 企业所承担的债务及其不同的偿还期限
C. 企业利润的形成情况及影响利润增减变动的因素
D. 企业所有者在企业资产中享有的经济利益份额及其结构

5. 下列账户中,( )应作为填列资产负债表"存货"项目的依据。
   A. 发出商品　　　　　　　　B. 生产成本
   C. 存货跌价准备　　　　　　D. 工程物资

6. 资产负债表中"货币资金"项目的期末数,应根据( )账户期末余额的合计数填列。
   A. "其他应收款——备用金"　　B. "库存现金"
   C. "其他货币资金"　　　　　　D. "银行存款"

7. 下列项目中,应填列在资产负债表右方的有( )。
   A. 长期投资　　B. 长期负债　　C. 应收账款　　D. 所有者权益

8. 一项投资如果作为现金等价物,应具备的条件有( )。
   A. 持有的期限短、流动性强　　B. 属于债权性质的投资
   C. 易于转换为已知金额现金　　D. 价值变动风险很小

9. 下列各项中,属于收入类要素的有( )。
   A. 营业外收入　　　　　　　B. 主营业务收入
   C. 其他业务收入　　　　　　D. 利息收入

10. 下列各项中,属于经营活动产生的现金流量的有( )。
    A. 收到的税费返还　　　　　　B. 支付给职工的工资
    C. 分配利润所支付的现金　　　D. 购置无形资产所支付的现金

三、判断题

1. 资产负债表是反映企业在一定时期内财务状况的报表。（　）
2. 会计报表应当根据经过审核的会计账簿记录和有关资料编制。（　）
3. 会计报表附注是对会计报表的编制基础、编制依据、编制原则和方法及主要项目所作的解释,以便于会计报表使用者理解会计报表的内容。（　）
4. 根据国家统一会计制度的规定,年度会计报表应于年度终了后60天内对外提供。（　）
5. 编制会计报表的主要目的就是为会计报表使用者决策提供信息。（　）
6. 报告式资产负债表中,资产项目是按重要性排列的。（　）
7. 资产负债表中各项目的"期末余额",都可以根据总账账户和有关明细账户的期末余额直接填列。（　）
8. 资产负债表中的"应收账款"项目应根据"应收账款"和"预收账款"账户所属各明细账户的期末借方余额合计数填列。（　）
9. 根据利润表,可以分析、评价企业的盈利状况并预测企业未来的损益变化趋势及获利能力。（　）
10. 现金流量表中的"现金",是指企业的库存现金和可以随时用于支付的银行存款和其他货币资金。（　）

四、业务分析题

习题一

【资料】某企业20××年11月30日部分账户余额见表10-10。

表10-10 某企业20××年11月30日部分账户余额   元

账户名称	余额	账户名称	余额
库存现金	借 1 200	固定资产清理	贷 13 600
银行存款	借 124 900	无形资产	借 186 000
应收账款	借 32 800	累计摊销	贷 40 000
其中：甲公司	借 35 600	无形资产减值准备	贷 32 000
乙公司	贷 2 800	长期待摊费用	借 96 000
预付账款	借 22 300	其中：一年内摊销部分	借 48 000
其中：A公司	借 30 000	应交税费	借 12 000
B公司	贷 7 700	应付账款	借 141 600
材料采购	借 11 500	其中：丙公司	贷 150 000
原材料	借 123 000	丁公司	借 8 400
材料成本差异	贷 3 200	预收账款	贷 132 000
生产成本	借 156 000	其中：C公司	贷 100 000
库存商品	借 127 000	D公司	贷 35 000
发出商品	借 80 000	E公司	借 3 000
存货跌价准备	贷 11 000	本年利润	贷 258 000
固定资产	借 2 830 000	利润分配	借 100 000
累计折旧	贷 983 000		
固定资产减值准备	贷 95 000		

【要求】根据表10-10中资料，列式计算该企业20××年11月30日资产负债表中下列项目的期末数：

(1) 货币资金；

(2) 应收账款；

(3) 预付账款；

(4) 存货；

(5) 固定资产；

(6) 固定资产清理；

(7) 无形资产；

(8) 长期待摊费用；

(9) 应交税费；

(10) 应付账款；

(11) 预收账款；

(12) 未分配利润。

习题二

【资料】友阿公司20××年9月30日有关账户余额如下：

(1) 应收账款明细账：借方余额合计85 000元，贷方余额合计7 600元。

(2) 应付账款明细账：借方余额合计20 000元，贷方余额合计63 000元。

(3) 预付账款明细账：借方余额合计13 000元，贷方余额合计45 000元。

(4) 预收账款明细账：借方余额合计5 000元，贷方余额合计9 600元。

(5) 在途物资总账：借方余额合计10 000元。

(6) 生产成本总账：借方余额合计6 000元。

(7) 周转材料总账：借方余额合计4 000元。

(8) 材料成本差异总账：贷方余额合计1 000元。

【要求】根据以上资料填列资产负债表中以下项目：

(1) 应收账款。

(2) 应付账款。

(3) 预收账款。

(4) 预付账款。

(5) 存货。

第十一章 财务分析指标

本章内容提示

财务分析指标是会计工作及财务管理工作的重要资料，是企业进行经营决策的主要信息来源，也是企业对经营成果的总结与考核。通过本章的学习，学生应了解财务资料分析在企业经营管理中的作用，熟悉财务资料分析所需要的常用指标及其作用，掌握常用的财务分析指标的计算过程及在经营管理中的深层含义。本章包括的内容：财务资料分析的作用、财务资料分析的常用指标。

财务资料的分析利用，是根据会计报表的有关指标资料，对企业的生产经营过程和结果进行分析的一种方法。通过财务资料分析，可以评价企业的财务状况和经营成果，预测企业的发展前景。

第一节 财务资料分析的作用

对财务资料进行分析利用，其目的主要在于动态地使用会计报表，满足企业内部和外部投资者对会计信息的特定要求。其作用主要有以下三个方面：

一、为企业管理者提供财务状况信息，促进企业内部管理

对企业管理者来说，通过财务资料分析，能及时了解企业的财务状况和经营成果，规范企业的财务行为，评价各种投资方案，测定管理效率，预测经济效益，指导企业生产经营的开发。

二、为企业外部投资者提供决策依据

对企业外部投资者来说（包括潜在的、现在的投资者和融资者），通过财务资料分析，能了解企业有关财务状况和经营成果各方面的信息，帮助有关投资者进行投资分析和选择，有利于其做出正确的投资决策。

三、为社会提供企业财务信息，促进证券市场正常运行

股票上市企业经营的优劣、投资风险的大小、盈利的高低等因素，对证券市场颇有影响。企业定期向社会公布财务分析资料，能及时地、真实地反映企业的财务状况和经营成果，以稳定证券投资者的心态，促进证券市场的正常运行。

第二节　财务资料分析的常用指标

在市场经济条件下，企业由产品经营转向资本经营，财务资料分析应围绕企业的资金营运、偿债能力、获利能力和发展能力等方面进行。

一、资金营运能力分析的指标

运营能力是指企业经营的效率高低，即资金周转的速度及其有效性，其主要分析指标有以下四个：

（一）总资产周转率

总资产周转率（次数）是企业一定时期的销售收入净额与平均资产总额之比，它是衡量资产投资规模与销售水平之间配比情况的指标。其计算公式为：

$$总资产周转率（次数）= 销售收入净额 \div 平均资产总额$$

式中，销售收入净额是指当期销售总额减去销售折扣以后的数额，平均资产总额是指企业全部资产的年初数与年末数的平均值。

运用总资产周转率分析评价资产使用效率时，还要结合销售利润，对资产总额中的非流动资产也应计算分析。总资产周转率越高，说明企业销售能力越强，资产投资的效益越好。

【例11-1】某公司20××年销售收入净额为3 600万元，平均资产总额为1 800万元。其总资产周转率计算如下：

$$总资产周转率 = 3\,600 \div 1\,800 = 2（次）$$

（二）流动资产周转率

分析企业的经营效率时，一般用流动资产周转率来表示其速度的快慢及利用效率。

流动资产周转率（次数）是销售收入净额与平均流动资产总额之比，是指在一定时期内流动资产可以周转的次数。其计算公式为：

$$流动资产周转率（次数）= 销售收入净额 \div 平均流动资产总额$$

式中，销售收入净额是指企业当期销售商品、提供劳务等经营活动取得的收入减去折扣与折让后的数额，数值取自利润表。平均流动资产总额是指企业流动资产总额的年初数与年末数的平均值，数值取自企业资产负债表。平均流动资产总额计算公式为：

$$平均流动资产总额 =（流动资产年初数 + 流动资产年末数）\div 2$$

流动资产周转率反映了企业流动资产的周转速度，是从企业全部资产中流动性最强的流动资产角度对企业资产的利用效率进行分析，以进一步揭示影响企业资产质量的主要因素。一般情况下，该指标越高，表明企业流动资产周转速度越快，资金利用越好。在较快的周转速度下，流动资产会相对节约，相当于流动资产投入的增加，在一定程度上增强了企业的盈利能力；而周转速度慢，则需要补充流动资金参加周转，这样会形成资金浪费，降低企业盈利

能力。

此外，分析企业流动资产周转速度还可以用流动资产周转期指标，它是指流动资产周转一次所需的时间，计算公式为：

$$流动资产周转期（天数）= 平均流动资产总额 \div 日销售收入净额$$

这个指标表明流动资产周转一次的天数。周转一次所需要的天数越少，表明流动资产在各阶段所占用的时间越短，周转越快，利用效果越好。

【例11-2】 某公司20××年销售收入净额为3 600万元，平均流动资产总额为900万元。其流动资产周转率和流动资产周转期计算如下：

$$流动资产周转率 = 3\,600 \div 900 = 4（次）$$

$$流动资产周转期 = 900 \div (3\,600 \div 360) = 90（天）$$

（三）存货周转率

存货周转率（次数）是企业一定时期内主营业务成本与平均存货余额的比率。用于反映存货的周转速度，即存货的流动性及存货资金占用量是否合理，促使企业在保证生产经营连续性的同时，提高资金的使用效率，增强企业的销售能力。

存货周转率是对流动资产周转率的补充说明，通过存货周转率的计算与分析，可以测定企业一定时期内存货资产的周转速度，是反映企业购、产、销平衡效率的一种尺度。存货周转率越高，表明企业存货资产变现能力越强，存货及占用在存货上的资金周转速度越快。存货周转率的计算公式为：

$$存货周转率（次数）= 销售成本 \div 平均存货$$

$$平均存货 = （年初存货余额 + 年末存货余额）\div 2$$

$$存货周转期（天数）= 平均存货成本 \div 日销售成本$$

【例11-3】 某公司20××年销售成本为3 200 000元，年初存货为1 300 000元，年末存货为96 000元。按照上述公式计算如下：

$$平均存货 = (1\,300\,000 - 96\,000) \div 2 = 602\,000（元）$$

$$存货周转率（次数）= 3\,200\,000 \div 602\,000 = 5.316（次）$$

$$存货周转期（天数）= 602\,000 \div (3\,200\,000 \div 360) \approx 68（天）$$

在对存货周转率指标进行分析时，应注意以下问题：

（1）存货周转率指标反映了企业存货管理水平，它不仅影响企业的短期偿债能力，而且是整个企业管理的重要内容。

（2）分析存货周转率时，还应对影响存货周转速度的重要项目进行分析，如分别计算原材料周转率、在产品周转率等，它们的计算公式分别为：

$$原材料周转率 = 耗用原材料成本 \div 存货平均余额$$

$$在产品周转率 = 制造成本 \div 存货平均余额$$

（3）分析存货周转的目的，是从不同的角度和环节找出存货管理中存在的问题，使存货管理在保证生产经营连续性的同时，尽可能少占用经营资金，提高资金的使用效率，增强企业销售能力。

（4）存货周转率不但反映存货周转速度、存货占用水平，还在一定程度上反映企业销售实现的快慢。一般情况下，存货周转速度越快，说明企业投入存货的资金从投入到完成销售的时间越短，存货转换为货币资金或应收账款等的速度越快，资金的回收速度越快。

（四）应收账款周转率

企业的应收账款在流动资产中具有举足轻重的地位。企业的应收账款如果能够及时收回，资金使用效率便能大幅度地提高。

应收账款周转率是指企业在一定时期内赊销收入净额与平均应收账款余额之比。它说明一定期间内企业应收账款转为现金的平均次数。其计算公式为：

$$应收账款周转率 = 赊销收入净额 \div 平均应收账款余额$$

一般情况下，应收账款周转率越高越好，周转率高，表明企业收账迅速，账龄较短；资产流动性强，短期偿债能力强；可以减少坏账损失等。使用这个指标计算时，应注意以下几点：

（1）应收账款应为扣除坏账准备后的净额。

（2）平均应收账款余额＝（期初余额＋期末余额）÷2。

应收账款的周转速度，用时间表示的称为应收账款周转天数，也称应收账款回收期或平均收现期。它表示企业从获得应收账款的权利到收回款项、变成现金所需要的时间。其计算公式为：

$$应收账款周转天数 = 平均应收账款余额 \div 平均月赊销收入$$

或

$$= 360 \div 应收账款周转率$$

【例11-4】某公司20××年赊销收入净额为690万元，假设应收账款年初数为78万元，年末数为60万元。按照上述公式计算如下：

$$平均应收账款余额 =（60+78）\div 2 = 69（万元）$$

$$应收账款周转率 = 690 \div 69 = 10（次）$$

$$应收账款周转期（天数） = 360 \div 10 = 36（天）$$

二、偿债能力分析指标

偿债能力是指企业偿还到期债务（包括本金和利息）的能力。偿债能力指标包括短期偿债能力指标和长期偿债能力指标。

（一）短期偿债能力指标

短期偿债能力是指企业流动资产对流动负债及时足额偿还的保证程度，是衡量企业当期财务能力，特别是流动资产变现能力的重要标志。

企业短期偿债能力的衡量指标主要有两项：流动比率和速动比率。

1. 流动比率

流动比率是流动资产与流动负债的比率，它表明企业每一元流动负债有多少流动资产作为偿还保证，反映企业用可在短期内转变为现金的流动资产偿还到期流动负债的能力。其计算公式为：

$$流动比率 = 流动资产 \div 流动负债 \times 100\%$$

【例11-5】某企业20××年12月31日，流动资产总额为360万元，流动负债总额为200万元。其流动比率计算如下：

$$流动比率 = 360 \div 200 \times 100\% = 180\%$$

使用流动比率指标反映企业短期偿债能力时，应注意以下几点：

(1) 一般情况下，流动比率越高，短期偿债能力越强。但流动比率高，不等于企业有足够的现金或存款用来偿债。国际上通常认为，流动比率的下限为1：1，而流动比率等于2：1时较为适当。

(2) 从债权人角度看，流动比率越高越好；从企业经营者角度看，过高的流动比率，意味着机会成本的增加和获利能力的下降。

(3) 流动比率是否合理，不同行业、企业以及同一企业不同时期的评价标准是不同的。

2. 速动比率

速动比率是企业速动资产与流动负债的比率。所谓速动资产，是指流动资产减去变现能力较差且不稳定的存货等之后的余额。其计算公式为：

$$速动比率 = 速动资产 \div 流动负债 \times 100\%$$

其中：

$$速动资产 = 流动资产 - 存货$$

【例11-6】某企业20××年12月31日，流动资产总额为480万元，其中，存货为240万元，流动负债总额为200万元。其速动比率计算如下：

$$速动比率 = (480-240) \div 200 \times 100\% = 120\%$$

一般情况下，速动比率越高，说明企业偿还流动负债的能力越强。国际上通常认为，速动比率等于100%时较为适当。如果速动比率小于100%，必使企业面临很大的偿债风险；如果速动比率大于100%，尽管企业偿债的安全性很高，但却会因企业现金及应收账款占用过多而大大增加企业的机会成本。

（二）长期偿债能力指标

长期偿债能力，是指企业偿还长期负债的能力。企业长期偿债能力的衡量指标主要有三项：资产负债率、产权比率和已获利息倍数。

1. 资产负债率

资产负债率又称负债比率，是指企业负债总额与资产总额的比率。它表明企业资产总额中，债权人提供资金所占的比重，以及企业资产对债权人权益的保障程度。其计算公式为：

$$资产负债率 = 负债总额 \div 资产总额 \times 100\%$$

【例11-7】某企业20××年12月31日，资产总额为5 800万元，负债总额为2 030万元。其资产负债率计算如下：

$$资产负债率 = 2\,030 \div 5\,800 \times 100\% = 35\%$$

使用资产负债率指标反映企业长期偿债能力时，应注意以下几点。

(1) 一般情况下，资产负债率越小，表明企业长期偿债能力越强。

(2) 保守的观点认为资产负债率不应高于50%，而国际上通常认为资产负债率等于60%时较为适当。

(3) 从债权人来说，该指标越小越好；从所有者来说，该指标过小表明对财务杠杆利用不够。

(4) 企业的经营决策者应当将偿债能力指标与获利能力指标结合起来分析。

2. 产权比率

产权比率又称负债权益比率或资本负债率，是指企业负债总额与所有者权益总额的比

率,是企业财务结构稳健与否的重要标志,反映企业所有者权益对债权人权益的保障程度。其计算公式为:

$$产权比率=负债总额\div所有者权益总额\times100\%$$

【例11-8】某公司20××年12月31日,资产总额为5 000万元,负债总额为3 000万元,其产权比率计算如下:

$$产权比率=3\,000\div(5\,000-3\,000)\times100\%=150\%$$

一般情况下,产权比率越低,说明企业长期偿债能力越强,债权人权益的保障程度越高,承担的风险越小;反之,产权比率越高,企业长期偿债能力越弱,债权人权益的保障程度越低,承担的风险就越大。企业在评价产权比率适度与否时,应从获利能力与偿债能力两个方面综合进行,即在保障债务偿还安全的前提下,应尽可能提高产权比率。

3. 已获利息倍数

已获利息倍数是企业在一定时期内利润总额加上利息费用与利息之比,它是衡量企业偿付借款利息的承担能力和保障程度,同时也反映了债权人投资的风险程度。其计算公式为:

$$已获利息倍数=息税前利润总额\div利息费用$$

其中:

$$息税前利润总额=净利润+所得税费用+利息费用$$

式中的利息费用,包括财务费用中的利息支出和资本化利息。

【例11-9】某企业20××年度税前利润为80 000元,利息为20 000元。其已获利息倍数计算如下:

$$已获利息倍数=(80\,000+20\,000)\div20\,000=5$$

一般情况下,已获利息倍数越高,说明企业承担利息的能力越强。国际上通常认为,该指标为3时较为适当,从长远观点来看至少应大于1。如果倍数小于1,则表示企业的获利能力无法承担借款经营的利息支出。

三、盈利能力分析指标

盈利能力是指企业获取利润的能力。它是衡量企业经营成果的重要指标。其包括的主要指标有以下三个。

(一) 总资产报酬率

总资产报酬率又称总资产利润率,是指企业息税前利润与平均总资产之间的比率。用以评价企业运用全部资产的总体获利能力,是评价企业资产运营效益的重要指标。其计算公式为:

$$总资产报酬率=(利润总额+利息支出)\div平均资产总额\times100\%$$

其中,

$$平均资产总额=(期初资产总额+期末资产总额)\div2$$

【例11-10】某公司20××年税前利润总额为500 000元,利息支出为100 000元,年平均资产总额为4 000 000元。其总资产报酬率计算如下:

$$总资产报酬率=(500\,000+100\,000)\div4\,000\,000\times100\%=15\%$$

总资产报酬率的比值越高,说明资产利用效果越好,资产的盈利能力越强。评价总资产报酬率时,需要与企业前期的这一比率、同行业其他企业的这一比率等进行比较,并进一步找出影响该指标的不利因素,以利于企业加强经营管理。

(二) 资本收益率

资本收益率又称资本利润率,是指企业净利润(即税后利润)与实收资本的比率,用以反映投资者投入资本获得收益的能力。其计算公式为:

$$资本收益率 = 净利润 \div 实收资本 \times 100\%$$

【例 11-11】某公司 20××年度实现净利润 360 000 元,实收资本为 3 000 000 元。其资本收益率计算如下:

$$资本收益率 = 360\,000 \div 3\,000\,000 \times 100\% = 12\%$$

一般情况下,资本收益率越高,说明企业自有投资的经济效益越好,投资者的风险越小,值得其投资和继续投资。因此,它是投资者和潜在投资者进行投资决策的重要依据。对企业经营者来说,如果资本收益率高于债务资金成本率,则适度负债经营对投资者来说是有利的;反之,如果资本收益率低于债务资金成本率,则过高的负债经营就将损害投资者的利益。

(三) 销售利润率

销售利润率是企业利润总额与销售收入之间的比率。它是以销售收入为基础衡量企业的获利能力,反映销售收入收益水平的指标,即每 1 元收入所获得的利润。其计算公式为:

$$销售利润率 = 利润总额 \div 销售收入 \times 100\%$$

【例 11-12】某公司 20××年度实现利润总额 4 500 000 元,销售收入为 30 000 000 元。其销售利润率计算如下:

$$销售利润率 = 4\,500\,000 \div 30\,000\,000 \times 100\% = 15\%$$

一般情况下,销售利润率越高,则反映企业的获利能力越强,其销售收入的收益水平也越高。

企业利润率的主要形式有:

(1) 成本利润率。它是一定时期的销售利润总额与销售成本总额之比。它表明单位销售成本获得的利润,反映成本与利润的关系。

(2) 产值利润率。它是一定时期的销售利润总额与总产值之比。它表明单位产值获得的利润,反映产值与利润的关系。

(3) 资金利润率。它是一定时期的销售利润总额与资金平均占用额的比率。它表明单位资金获得的销售利润,反映企业资金的利用效果。

(4) 净利润率。它是一定时期的净利润与销售净额的比率。它表明单位销售收入获得税后利润的能力,反映销售收入与净利润的关系。

【例 11-13】某公司 20××年净利润为 110 030 元,销售收入为 2 344 190 元。则该公司销售净利率为:

$$销售净利率 = 110\,030 \div 2\,344\,190 \times 100\% \approx 4.69\%$$

该指标反映每 1 元销售收入带来的净利润是多少,表示销售收入的收益水平。

四、发展能力分析指标

企业的发展能力,也称企业的成长性,它是企业通过自身的生产经营活动,不断扩大积累而形成的发展潜能。分析企业发展能力,主要观察其经营规模、资本增值、支付能力和财务成果等增长情况,主要包括以下三个指标。

（一）销售增长率

销售增长率是指企业本年销售收入增长额与上年销售收入总额之间的比率。本年销售收入增长额为本年销售收入减去上年销售收入的差额，它是评价企业成长状况和发展能力的重要指标。其计算公式为：

$$销售增长率 = 本年销售增长额 \div 上年销售收入总额 \times 100\%$$
$$= 本年销售额 \div 上年销售额 \times 100\% - 1$$

【例11-14】某公司产品销售收入上年度为5 000万元，本年度为5 750万元。则该公司销售增长率为：

$$销售增长率 = （5\ 750 - 5\ 000） \div 5\ 000 \times 100\% = 15\%$$

对销售收入增长率的指标分析，应注意以下几点。

（1）销售增长率是衡量企业经营状况和市场占有能力、发展能力的指标，也是企业扩张增量资本和存量资本的重要前提。

（2）该指标值越大，表明销售收入增长速度越快，企业市场前景越好。

（3）该指标如果小于0，则表示销售收入下降，说明产品滞销，市场份额萎缩，企业应及时调整经营战略。

（二）资本积累率

资本积累率，又称股东权益增长率，是指企业当年所有者权益增长额同年初所有者权益总额的比率。本年所有者权益增长额为本年所有者权益的年末数减去年初数的差额。它表示企业当年资本积累能力，是评价企业发展潜力的主要指标。其计算公式为：

$$资本积累率 = 本年所有者权益增长额 \div 年初所有者权益总额 \times 100\%$$

【例11-15】某公司年初所有者权益为1 000万元，年末为1 100万元。则该公司资本积累率为：

$$资本积累率 = （1\ 000 - 1\ 100） \div 1\ 000 \times 100\% = 10\%$$

在使用资本积累率指标反映企业发展能力时，应注意以下几点。

（1）该指标是企业当年所有者权益总的增长率，反映了所有者权益当年的变动水平。

（2）该指标是企业发展强盛的标志，也是扩大再生产的源泉，展示了企业的发展潜力。

（3）该指标反映了投资者投入企业资本的保值性和增长性，该指标越高，表明企业的资本积累越多，企业资本保值性越强，应付风险和持续发展的能力越强。

（4）该指标如为负值，表明企业资本受到侵蚀，所有者利益受到损害，应予充分重视。

（三）总资产增长率

总资产增长率，是企业本年总资产增长额同年初资产总额的比率。本年总资产增长额是资产总额年末数减去年初数的差额。它反映了企业本年资产规模的扩展速度，是分析企业发展能力的补充指标。其计算公式为：

$$总资产增长率 = 本年总资产增长额 \div 年初资产总额 \times 100\%$$

【例11-16】某企业20××年12月31日从资产负债表金额栏中获知，期初资产总额为5 000万元，期末资产总额为5 500万元。其总资产增长率计算如下：

$$总资产增长率 = （5\ 500 - 5\ 000） \div 5\ 000 \times 100\% = 10\%$$

总资产增长率指标表明了企业本年度资产经营规模的扩展速度，该指标值越高，表明企业一定时期内资产经营规模扩张的速度越快。但在分析时,需要关注资产规模扩张的质和量的关系,以及企业的后续发展能力,避免盲目扩张。

复习思考题

1. 反映企业营运能力的分析指标有哪些?
2. 速动资产是如何确定的?
3. 计算已获利息倍数指标需要哪些指标?写出计算公式。
4. 企业利润率的主要表现形式有哪些?如何计算?

综合练习题

一、单项选择题

1. 某企业20××年营业收入为6 000万元,平均流动资产为400万元,平均固定资产为800万元。假定没有其他资产,则该企业2012年的总资产周转率为(　　)。
   A. 10　　　　　　B. 15　　　　　　C. 7.5　　　　　　D. 5
2. 用于评价企业获利能力的总资产报酬率指标中的"报酬"是指(　　)。
   A. 息税前利润总额　B. 营业利润　　C. 利润总额　　D. 净利润

二、多项选择题

1. 如果流动比率过高,意味着企业可能(　　)。
   A. 存在闲置现金　　　　　　　　B. 存在存货积压
   C. 应收账款周转缓慢　　　　　　D. 偿债能力很差
2. 下列说法正确的有(　　)。
   A. 产权比率与资产负债率对评价偿债能力的作用基本相同
   B. 资本保值增值率=本年所有者权益增长额÷年初所有者权益×100%
   C. 营业利润率=营业收入÷营业利润×100%
   D. 产权比率侧重于揭示自有资金对偿债风险的承受能力
3. 下列各项中,反映企业偿债能力的指标有(　　)。
   A. 流动比率　　　B. 产权比率　　　C. 速动比率　　　D. 资本保值增值率

三、业务分析题

【资料】已知东华公司20××年会计报表的有关资料见表11-1。

表11-1　东华公司20××年会计报表资料　　　　　　　　　　　万元

资产负债表项目	年初数	年末数
资产	8 000	10 000
负债	4 500	6 000
所有者权益	3 500	4 000
利润表项目	上年数	本年数
营业收入	(略)	20 000
净利润	(略)	500

【要求】计算下列指标（计算结果保留两位小数）：
1. 净资产收益率。
2. 总资产增长率。
3. 营业净利率。
4. 总资产周转率。

第十二章

会计工作管理

本章内容提示

会计工作管理体制是顺利完成会计工作任务，保证会计工作质量的前提。会计档案保管是会计核算工作的延续。通过本章的学习，学生应了解会计工作管理体制、会计制度的制定、会计工作的组织；熟悉会计工作的组织形式、岗位责任制和会计工作的法律责任；掌握会计档案的内容、归档的要求。本章包括的内容有会计工作管理体制、会计工作组织形式和会计档案管理。

第一节 会计工作管理体制

会计工作管理体制是指国家管理会计工作的组织形式和基本制度，包括会计机构的设置、职责范围的确定和管理职权的划分，是国家会计法律、法规、规章、制度和方针、政策得以贯彻落实的组织保障和制度保障。

一、会计工作领导体制

会计工作领导体制是保证会计工作正常、有序、规范进行的前提，包括会计工作的管理部门和会计机构的设置两个方面。

（一）会计工作的主管部门

会计工作的主管部门，是指代表国家对会计工作行使管理职能的政府部门。根据《会计法》第七条的规定，国务院财政部门主管全国的会计工作。县级以上地方各级人民政府财政部门管理本行政区域内的会计工作。这一规定明确了会计工作由财政部门主管，并在管理体制上实行"统一领导，分级管理"的原则，即在国务院财政部门统一规划、统一领导的前提下，实行分级负责、分级管理，充分调动地方、部门、单位管理会计工作的积极性和创造性。

无论在全国范围内，还是在地方各行政区域范围内，由财政部门管理会计工作，基于以下三方面的原因。

(1) 财政部门具有长期管理会计工作的经验。

(2) 会计工作与国家财政收支关系密切。

(3) 财政部门管理会计工作也是它的一种责任。

(二) 会计机构的设置

会计机构是由专职会计人员组成，负责组织、领导和处理会计工作的职能部门。在我国实际工作中，由于会计机构往往行使会计工作和财务工作的全部职权，所以又称财务会计机构。

《会计法》对会计机构和会计人员的设置做了如下规定：各单位应当根据会计业务的需要，设置会计机构，或者在有关机构中设置会计人员并指定会计主管人员；不具备设置条件的，应当委托经批准设立从事会计代理记账业务的中介机构代理记账。在实际工作中，对于会计工作量较少、会计业务简单的单位，可以不设置会计机构，但要设置专职的会计人员，从事会计工作。

《会计法》规定，会计机构内部应当建立稽核制度；出纳人员不得兼任稽核、会计档案保管和收入、支出、费用、债权债务账目的登记工作。

二、会计人员管理体制

会计人员管理体制，是指会计人员的职责、权限以及任免等方面的管理制度。

(一) 会计人员从业基本要求

(1) 会计从业人员必须具备必要的专业知识和专业技能。我国对不同专业水平的会计人员设立了不同的专业技术职务，包括高级会计师、会计师、助理会计师和会计员。

(2) 会计从业人员按照规定参加会计业务培训，接受继续教育。主要包括会计理论、政策法规、业务知识、技能训练和职业道德等。继续教育的形式以接受培训为主，每年接受培训（面授）的时间累计不得少于24小时。

(二) 会计机构负责人的任职资格

担任单位会计机构负责人（会计主管人员）的，除取得会计从业资格证书外，还应当具备会计师以上专业技术职务资格或者从事会计工作3年以上经历，同时还应具备相应的素质、能力和水平。

(1) 坚持原则，廉洁奉公。

(2) 具有专业技术资格和工作经历。

(3) 熟悉国家财经法律、法规、规章和方针、政策。

(4) 有较强的组织能力。

(5) 身体状况能够适应本职工作的要求。

(三) 单位负责人的会计责任

《会计法》规定：单位负责人对本单位的会计工作和会计资料的真实性、完整性负责。这一规定明确了单位负责人是本单位会计行为的责任主体，其会计责任包括以下内容。

(1) 组织领导会计机构、会计人员和其他相关人员严格遵守《会计法》的各项规定，依法进行会计核算，实行会计监督。

（2）对认真执行《会计法》、忠于职守、坚持原则，做出显著成绩的会计人员，给予精神的或物质的奖励；不得对依法履行职责、抵制违反《会计法》行为的会计人员实行打击报复。

（3）在单位财务会计报告上签名并盖章，并保证财务会计报告的真实、完整。

（4）保证会计机构、会计人员依法履行职责，不得授意、指使、强令会计机构、会计人员违法办理会计事项。

（5）对会计机构、会计人员发现会计账簿与实物、款项及有关资料不相符而无权处理的报告，应当及时做出查处决定。

（6）如实向受托的会计师事务所提供会计资料，不得以任何方式要求或示意注册会计师及其所在的会计师事务所出具不实或不当的审计报告。

（7）组织本单位接受有关监督检查部门的依法监督，如实提供会计资料和有关情况，不得拒绝、隐匿、谎报。

（8）依法任用具有会计从业资格的会计人员，并依法保障本单位会计人员的继续教育和培训，促使会计人员业务素质的提高。

（四）会计机构、会计人员的基本职责

根据《会计法》和国家统一的会计制度的规定，会计机构、会计人员的基本职责是进行会计核算，实行会计监督。

（1）应当根据实际发生的经济业务、按照会计制度的规定确认会计要素，及时审核原始凭证，编制记账凭证，登记会计账簿，编制会计报告。

（2）在依法审核原始凭证过程中，对不真实、不合法的原始凭证有权不予受理，并向单位负责人报告；对记载不准确、不完整的原始凭证予以退回，并要求按照国家统一的会计制度的规定更正、补充。

（3）应当定期进行会计账目核对，如实提供真实可靠的会计凭证、会计账簿和会计报告。

（4）对违反会计法规的事项，拒绝办理或予以纠正，及时处理账实不符的情况。

（5）应当遵守职业道德、更新知识，提高业务素质。

三、会计制度

会计制度是指政府管理部门对处理会计师事务所规定的规章、规则、制度、办法等规范性文件的总称，包括对会计工作、会计核算、会计监督、会计人员、会计档案等方面所做的规范性文件。

《会计法》规定，国家实行统一的会计制度。国家统一的会计制度，是国务院财政部门根据《会计法》制定的关于会计核算、会计监督、会计机构和会计人员以及会计工作管理的制度、准则和办法。国家实行统一的会计制度，突出了国家统一的会计制度的法律地位，有利于强化会计制度的统一性和权威性，有利于保障国家统一的会计制度的贯彻实施，是规范会计行为的保证。

我国的会计制度，既是规范各单位会计行为的标准，也是国家经济政策在会计工作中的具体体现，更是维护社会经济秩序的重要保证。根据规定，国家制定会计制度的权限主要体现如下。

（1）国家统一的会计制度由国务院财政部门根据《会计法》统一制定并公布。这是一个授权性的条款,也就是说,只有国务院财政部门根据管理会计工作的需要,按照《会计法》所确立的基本原则和要求,制定国家统一的会计制度并予以公布。但并不排除国务院财政部门会同其他有关部门联合制定国家统一的会计制度中的有关制度。

(2) 有特殊要求的行业、系统可以制定实施国家统一的会计制度的具体办法或者补充规定,但应按规定报批或备案。国务院有关部门可以依照《会计法》和国家统一的会计制度制定对会计核算和会计监督有特殊要求的行业实施国家统一的会计制度的具体办法或者补充规定,报国务院财政部门审核批准;中国人民解放军原总后勤部(现中国共产党中央军事委员会后勤保障部)可以依照《会计法》和国家统一的会计制度制定军队实施国家统一的会计制度的具体办法,报国务院财政部门备案。

第二节　会计工作组织形式

会计工作组织形式,是指独立设置会计机构的单位内部组织和管理会计工作的具体形式,一般可分为集中核算与非集中核算两种。

一、集中核算

集中核算是指企业的主要会计工作都集中在财务会计部门进行。与这种核算形式相适应,企业可以集中设置一个会计机构,配备专职的会计人员进行工作。在这种核算形式下,企业内部有关部门发生的经济业务,可以不进行全面、完整的核算,只需取得或填制原始凭证,并对原始凭证进行适当的汇总,定期将其送到企业财务会计部门,由财务会计部门进行审核,登记入账。

集中核算的优点是有利于分工协作,精简人员,提高会计工作的效率;缺点是不利于企业内部各有关部门经济核算的积极性。因此,集中核算适合那些规模小、部门机构设置简单的企业。

二、分散核算

分散核算也称非集中核算,是指对企业内部各部门发生的经济业务,由各部门进行核算。与这种核算形式相适应,企业除了要设置总的会计机构外,还要在所属部门设置会计分支机构,比如大型工业企业,在厂部设财务处,在车间设财务组。在这种核算形式下,企业内部有关部门发生的经济业务,由所设的会计分支机构负责核算,包括填制原始凭证或原始凭证汇总表、登记有关账簿、单独核算成本费用、计算盈亏、编制会计报表等。

分散核算有利于企业内部单位开展全面经济核算,同时也有利于加强内部的会计管理。因此,分散核算适合那些具备一定规模的企业。

在一些实行分散核算形式的企业,企业内部有关部门具有一定的经营管理权,有一定数量的资金,同时也负有一定的经济责任。对这些部门可以进行比较全面的核算,单独计算盈亏,编制会计报表。但是这些内部部门不能在银行开设账户,不能单独与外部单位签订合同,也不能单独进行债权债务的核算,这样的部门通常称为半独立核算单位。

在企业内部还有一些部门,如商品流通企业所属的门市部,一般只向上级领取备用金和一定数量的商品,收入全部上交,支付的各项费用由上级报销。这些部门不单独计算盈亏,只计算一部分指标，不设置会计账簿，也不需要编制会计报表，大部分经济业务由所在的财务会计部门集中核算，这样的部门通常称为报账制单位。

第三节　会计档案管理

一、会计档案的概念

会计档案，是指会计凭证、会计账簿、会计报告以及其他会计核算专业资料，它是记录和反映单位经济业务的重要历史资料和证据。

各单位必须根据财政部和国家档案部门发布的《会计档案管理办法》的规定，加强对会计档案管理工作的领导，建立会计档案的立卷、归档、保管、查阅和销毁等管理制度，保证会计档案妥善保管、存放有序、方便查阅，严防毁损、散失和泄密，切实把会计档案管好用好，发挥其应有的作用。各级人民政府财政部门和档案行政管理部门共同负责会计档案管理工作的指导、监督和检查。

二、会计档案的内容

会计档案的内容是指会计档案的范围，主要包括以下四个部分。

（一）会计凭证类

会计凭证类包括原始凭证、记账凭证、汇总凭证及其他会计凭证。

（二）会计账簿类

会计账簿类包括总账、明细账、日记账、固定资产卡片、辅助账簿及其他会计账簿。

（三）会计报表类

会计报表类包括月报、季报、半年报、年度会计报告及其他财务会计报告。

（四）其他会计资料类

其他会计资料类是指属于经济业务范畴，与会计核算、会计监督密切相关，由会计部门负责办理的有关凭据及数据资料，包括银行存款余额调节表、银行对账单、会计档案移交清册、会计档案保管清册、会计档案销毁清册，以及其他应当保存的会计核算资料。

采用电子计算机进行会计核算的单位，应当保存打印出的纸质会计档案。具备采用磁介质保存会计档案条件的单位，应当将保存在磁介质上的会计数据、程序文件及其他会计核算资料视同会计档案一并管理。

三、会计档案的归档

根据《会计档案管理办法》规定，各单位当年形成的会计档案，应由会计机构按照归档的要求负责整理立卷，装订成册，编制会计档案保管清册。单位当年形成的会计档案，在会计年度终了后，可暂由本单位会计机构保管1年，期满之后，应由会计机构编制会计档案移交清册，移交本单位的档案机构统一保管；未设立档案机构的，应当由会计机构内部指定专人保管，但出纳人员不得兼管会计档案。单位会计机构向单位档案部门移交会计档案的程序是：

（1）编制会计档案移交清册，填写交接清单；

（2）在账簿启用登记表和经管人员一览表中填写移交日期；

（3）交接人员按照会计档案移交清册和交接清单所列项目核查无误后签章。

移交本单位档案机构管理的会计档案，原则上应当保持原卷册的封装，一般不得拆封，个别需要拆封重新整理的，档案机构应当会同会计机构和经办人员共同拆封整理，以分清责任。

四、会计档案的保管期限

会计档案保管期限，是指会计档案应予保管的时间，分为永久保存和定期保存两类。会计档案中，年度财务会计报告、会计档案保管清册、会计档案销毁清册和会计档案鉴定意见书为永久保管的会计档案，其他为定期保管的会计档案。定期保管的会计档案的保管期限分为两类：10年和30年。其中，月度、季度、半年度财务会计报告的保管期限为10年；固定资产报废清理后保管5年；银行存款余额调节表和银行对账单为10年；各种会计凭证、总账、明细账、辅助账簿和会计档案移交清册为30年；库存现金日记账和银行存款日记账为30年。会计档案的保管期限，从会计年度终了后的第一天算起。会计档案保管期限详见表12-1和表12-2。

表12-1 企业和其他组织会计档案保管期限表

序号	档案名称	保管期限	备注
一	会计凭证类		
1	原始凭证	30年	
2	记账凭证	30年	
二	会计账簿类		
3	总账	30年	
4	明细账	30年	
5	日记账	30年	现金和银行存款日记账保管30年
6	固定资产卡片		固定资产报废清理后保管5年
7	其他辅助性账簿	30年	
三	财务报告类		包括各级主管部门汇总财务报告
8	月度、季度、半年度财务报告	10年	包括文字分析
9	年度财务报告（决算）	永久	包括文字分析
四	其他会计资料		
10	纳税申报表	10年	
11	银行存款余额调节表	10年	
12	银行对账单	10年	
13	会计档案移交清册	30年	
14	会计档案保管清册	永久	
15	会计档案销毁清册	永久	
16	会计档案鉴定意见书	永久	

表 12-2 财政总预算、行政单位、事业单位和税收会计档案保管期限

序号	档案名称	保管期限			备注
		财政总预算	行政单位、事业单位	税收会计	
一	会计凭证				
1	国家金库编送的各种报表及缴库退库凭证	10 年		10 年	
2	各收入机关编送的报表	10 年			
3	行政单位和事业单位的各种会计凭证		30 年		包括：原始凭证、记账凭证和传票汇总表
4	财政总预算拨款凭证和其他会计凭证	30 年			包括：拨款凭证和其他会计凭证
二	会计账簿				
5	日记账		30 年	30 年	
6	总账	30 年	30 年	30 年	
7	税收日记账（总账）			30 年	
8	明细分类、分户账或登记簿	30 年	30 年	30 年	
9	行政单位和事业单位固定资产卡片				固定资产报废清理后保管 5 年
三	财务会计报告				
10	政府综合财务报告	永久			下级财政、本级部门和单位报送的保管 2 年
11	部门财务报告		永久		所属单位报送的保管 2 年
12	财政总决算	永久			下级财政、本级部门和单位报送的保管 2 年
13	部门决算		永久		所属单位报送的保管 2 年
14	税收年报（决算）			永久	
15	国家金库年报（决算）	10 年			
16	基本建设拨、贷款年报（决算）	10 年			
17	行政单位和事业单位会计月、季度报表		10 年		所属单位报送的保管 2 年
18	税收会计报表			10 年	所属税务机关报送的保管 2 年
四	其他会计资料				
19	银行存款余额调节表	10 年	10 年		

续表

序号	档案名称	保管期限			备注
		财政总预算	行政单位、事业单位	税收会计	
20	银行对账单	10年	10年	10年	
21	会计档案移交清册	30年	30年	30年	
22	会计档案保管清册	永久	永久	永久	
23	会计档案销毁清册	永久	永久	永久	
24	会计档案鉴定意见书	永久	永久	永久	

注：税务机关的税务经费会计档案保管期限，按行政单位会计档案保管期限规定办理。

五、会计档案的查阅与复制

各单位应建立健全会计档案的查阅、复制登记制度。会计档案原则上只为本单位使用，各单位保存的会计档案不得借出。如有特殊需要，经本单位负责人批准，可以提供查阅或者复制，并办理登记手续。查阅或者复制会计档案的人员，严禁在会计档案上涂画、拆封和抽换。各单位严格会计档案的查阅、复制和收回手续，保证会计档案的安全完整。

六、会计档案的销毁

经鉴定可以销毁的会计档案，应当按照以下程序销毁。

（1）单位档案管理机构编制会计档案销毁清册，列明拟销毁会计档案的名称、卷号、册数、起止年度、档案编号、应保管期限、已保管期限和销毁时间等内容。

（2）单位负责人、档案管理机构负责人、会计管理机构负责人、档案管理机构经办人、会计管理机构经办人在会计档案销毁清册上签署意见。

（3）单位档案管理机构负责组织会计档案销毁工作，并与会计管理机构共同派员监销。监销人在会计档案销毁前，应当按照会计档案销毁清册所列内容进行清点核对；在会计档案销毁后，应当在会计档案销毁清册上签名或盖章。

电子会计档案的销毁还应当符合国家有关电子档案的规定，并由单位档案管理机构、会计管理机构和信息系统管理机构共同派员监销。

需要注意的是，对于保管期限满，但未结清的债权债务原始凭证和涉及其他未了事项的原始凭证，不得销毁，应当单独抽出另行立卷，仍由档案部门保管到未了事项完结时为止。单独抽出另行立卷的会计档案，应当在会计档案销毁清册和会计档案保管清册中列明。正在项目建设期的建设单位，其保管期满的会计档案不得销毁。

> **复习思考题**
>
> 1. 会计交接之前，前任会计人员应办理哪些事宜？
> 2. 会计人员职业道德包括哪些内容？
> 3. 会计档案的范围包括哪些？
> 4. 为什么要建立会计档案？怎样建立会计档案？

综合练习题

一、单项选择题

1. 会计工作由财政部门主管并明确在管理体制上实行（　　）原则。
   A. 统一领导、分级管理　　　　B. 统一规划、分级管理
   C. 统一领导、条块管理　　　　D. 统一规划、集中管理

2. 下列关于会计档案的说法中，不正确的是（　　）。
   A. 档案部门接收保管的会计档案，原则上应当保持原卷册的封装，即入档后的单位会计档案不得随意拆封
   B. 会计档案原则上不得借出，以确保单位档案的安全和完整，防止丢失。遇有特殊需要，经本单位负责人批准，在不拆散卷册的前提下，可以提供查阅或复制件
   C. 会计机构保管会计档案的专职人员不得由单位出纳员担任
   D. 正在建设期间的建设单位会计档案，无论其是否保管期满，都不得销毁，必须妥善保管，等到项目办理竣工决算后按规定的交接手续移交给项目的接收单位进行妥善保管

3. 根据我国有关法律规定，在公司制企业下列人员中，应当对本单位会计工作负责的主体是（　　）。
   A. 董事长　　　B. 总经理　　　C. 总会计师　　　D. 会计机构负责人

4. 在我国，代表国家对会计工作行使管理职能的政府部门是（　　）。
   A. 财政部门　　B. 税务部门　　C. 审计部门　　D. 业务主管部门

5. 会计档案的保管期限是从（　　）算起。
   A. 会计档案形成时　　　　B. 会计档案装订时
   C. 会计年度终了后的第一天　　D. 会计档案移交时

6. 根据《会计法》的规定，（　　）对本单位的会计工作和会计资料的真实性、完整性负责。
   A. 会计主管人员　　　　B. 单位负责人
   C. 总会计师　　　　　　D. 会计机构负责人

7. 固定资产卡片的保管期限为（　　）。
   A. 固定资产报废时　　　　B. 固定资产清理完成
   C. 固定资产报废5年后　　D. 永久保存

8. 根据《会计档案管理办法》的规定，下列各项中，不属于会计档案的有（　　）。
   A. 原始凭证　　　　B. 会计档案移交清册
   C. 信贷计划　　　　D. 财务报告

9. 下列会计档案中，不需要永久保存的是（　　）。
   A. 会计档案保管清册　　B. 会计档案销毁清册
   C. 会计档案移交清册　　D. 年度财务会计报告

二、多项选择题

1. 会计工作组织形式一般包括（　　）。
   A. 集中核算　　B. 分散核算　　C. 手工核算　　D. 微机核算

2. 会计人员继续教育的主要内容包括（　　）。
   A. 会计理论　　B. 政策法规　　C. 职业道德　　D. 技能训练

3. 我国的会计档案分为（   ）。
A. 会计凭证   B. 会计账簿   C. 财务会计报告   D. 其他会计资料
4. 对于下列经济业务活动，依照《会计法》的规定，应当办理会计核算的有（   ）。
A. 款项和有价证券的收付   B. 财务成果的计算和处理
C. 资本、基金的增减   D. 财物的收发、增减和使用
5. 关于会计档案的销毁，下列说法正确的有（   ）。
A. 会计档案保管期满需要销毁的，由本单位档案部门提出意见，会同会计部门共同审定，并在此基础上编制会计档案销毁清册
B. 销毁会计档案时，应当由单位的档案机构和会计机构负责人共同监销
C. 各级财政部门销毁会计档案时，应当由同级审计部门派人监销
D. 正在建设期间的建设单位，其保管期满的会计档案不得销毁

三、判断题

1. 管理会计档案的都属于会计档案。   （   ）
2. 会计工作管理体制，是国家会计法律、法规、规章、制度和方针、政策得以贯彻落实的组织保障和制度保障。   （   ）
3. 初级会计专业技术资格的取得实行评审制度。   （   ）
4. 按会计制度的规定，从事会计工作的人员，必须取得会计从业资格证书。   （   ）
5. 会计档案销毁清册和会计档案移交清册必须永久保存。   （   ）
6. 企业提供会计信息是为了满足会计信息使用者的决策需要。   （   ）
7. 会计行政法规是调整经济活动中各种会计关系的法律规范。   （   ）
8. 国家统一的会计制度，是国务院财政部门根据《会计法》制定的关于会计核算、会计监督、会计机构和会计人员以及会计工作管理的制度、准则和办法。   （   ）
9. 会计人员对违反《会计法》和国家统一的会计制度规定的事项有权拒绝办理或按照职权予以纠正。   （   ）
10. 对未设立档案管理机构的单位，应当由会计机构内部指定专人保管，但不得由单位的出纳人员保管。   （   ）

参 考 文 献

[1] 企业会计准则编审委员会. 企业会计准则及应用指南 [M]. 上海：立信会计出版社，2021.
[2] 企业会计准则编审委员会. 企业会计准则——案例讲解 [M]. 上海：立信会计出版社，2020.
[3] 财政部会计资格评价中心. 初级会计实务 [M]. 北京：经济科学出版社，2020.